北京教育科学研究院学术著作出版资助基金项目

U0955765

破解减负难

针对『过重课业负担』问题的新探索

POJIE JIANFU NAN

单 鹰◎著

知识产权出版社
全国百佳图书出版单位

图书在版编目（CIP）数据

破解减负难：针对“过重课业负担”问题的新探索/单鹰著．—北京：知识产权出版社，2015.6

ISBN 978－7－5130－3017－5

Ⅰ.①破… Ⅱ.①单… Ⅲ.①中小学教育—教育研究 Ⅳ.①G632.0

中国版本图书馆 CIP 数据核字（2015）第 025672 号

内容提要

本书全面分析了“减负”问题，提出了很多新的观点和看法。

1.“过重课业负担”概念分析，分析这一概念的前科学性质及其含混性。2.“过重课业负担”概念的复杂性分析。3. 提出了转换成“不当课业”的设想，提出判定不当课业的几个标准。4. 对“过重课业负担”进行历史回顾。5. 对国外相关问题的梳理和介绍。6. 对“过重课业负担”源头进行梳理。7. 对导致“过重课业负担”教育自身内因的分析和揭示。8. 对“减负”政策文本进行梳理总结。9. 对导致“过重课业负担”的合力进行分析。10. 分析顶层源头不减和儿童权利的缺乏，导致减负乏力。11. 给出几个相应的政策建议。

责任编辑：石红华　　**责任校对：**韩秀天

封面设计：邵建文　　**责任出版：**刘译文

破解减负难

——针对“过重课业负担”问题的新探索

单　鹰　著

出版发行：	知识产权出版社有限责任公司	**网　　址：**	http://www.ipph.cn
社　　址：	北京市海淀区马甸南村1号	**邮　　编：**	100088
责编电话：	010－82000860 转 8130	**责编邮箱：**	shihonghua@sina.com
发行电话：	010－82000860 转 8101/8102	**发行传真：**	010－82000893/82005070/82000270
印　　刷：	北京科信印刷有限公司	**经　　销：**	各大网上书店、新华书店及相关专业书店
开　　本：	787mm×1092mm　1/16	**印　　张：**	19.25
版　　次：	2015 年 6 月第 1 版	**印　　次：**	2015 年 6 月第 1 次印刷
字　　数：	306 千字	**定　　价：**	49.00 元

ISBN 978-7-5130-3017-5

出版权专有　侵权必究

如有印装质量问题，本社负责调换。

自　序

对笔者来说，搞“减负”课题纯属是误闯白虎堂的无知行为。不知深浅，不知天高地厚，磕磕碰碰，踉踉跄跄，至今总算是完成了这一负担沉重也很不完善的思索之旅。

当初，一位很有见地的退休老校长听说我搞这个课题，就直摇头。他很直率地说这是个伪问题，“过重课业负担”是伪概念。其理由是这样的：校长是上级选派的，教师标准是上级定的，教师也是上级选的，大纲或课标是上面定的，课程教材是上级决定的，上课时间还是上级决定的，现在你上面却说学生课业负担过重，这怎么说得通？

对这位老校长的意见，我虽然可以用下级与上级、个人与组织的非机械耦合关系这一道理来反驳，但我知道这种反驳是没有什么力度的，也没有什么意义。在这一过程中，我还曾经与本单位的一位年轻女博士细致探讨过这个难题，设想依据调研数据的比例达成度来拯救这个概念，如数据超过50%即可判定“过重”成立。但检验数据后发现，很多调研数据不支持这种设想，起码在小学阶段不支持；尤其是对主观题与客观题反应上的反差很大，以致都无法做出课业负担“重”还是“不重”的基本判断。更致命的是，很多课业现象或表现是不能仅仅归结在“重与不重”的维度下的，这一发现使得本人的这一探索出现了重大危机，迹近崩溃。为此，笔者只好重新思考，最终通过转义的方式及区分宏观特指和微观非特指来处理这个概念。

减负难，虽然还没有人将其比作“难于上青天”，但耳闻有校长感叹比推翻“蒋家王朝”难，网上则有“比八年抗战难”的说法。这个难，有概念不清和减负大方向不明的原因，有制度或政策打架、民生竞争加剧方面的根源。本书的思考是以几个基本假设为框架，如理性人假设、竞争假设、人性预期反应假设、群体互激假设，将其作为不证自明的公理，以此来窥探这一难题，发现“过重课业负担”不过是这些基本公理作用在教育及学生身上的产物和表现而已。因此，从大背景格局上看，“过重课业负担”表现在教育上，危害于孩子，但根子却在社会，是社会深层问题在教育上的投射和反映，即教育的功利性更趋劣化的结果，也是基础教育过早适应并服务于现实竞争格局所致。由于基础教育过早成为“生计教育”或“身份转换教育”，所以局限于基础教育范围和层面探讨和解决这个问题，是不会有出路的。按道理讲，“教育优先发展”或“教育现代化”的战略提出，应该有助于减缓和解决“过重课业负担”，但历史实事却是前后两者比翼齐飞。说白了，这是这一历史阶段中，在“效率优先”、“政绩为要”这股强大潮流支配下，教育主动或被动适应这一强大潮流的结果。

本书把“过重课业负担”作为特指概念来揭示，并尽可能梳理其因果关系。在“过重课业负担”生成中，尽管源头性、中介环节性和终端微观性原因常常混合一体，但不从整体考虑，不从顶层设计，不从源头治理，摸着石头过河，那么微观或中介环节因素造成的动态随机性的课业负担，也难以改善和校正，因为这种微观或中介环节的提质或增效，出现了一个宏观上的悖论，即更加扩大了对终端性和过程性稀缺资源竞争的基数，从而也意味着更加剧了这一竞争的力度；而竞争加剧的信息反馈回来，就意味着参与竞争的当事者须更加拼命，才能保证拉开分差并增加出线保险性。可见，这样的反馈回路，其实就是以减负始却以增负终。何况，不做这样的归因分析，减负的责任不清、越位和卸责都难免，最后也无法持续，减负必然沦落为“说起来重要、做起来次要、急起来不要”的软约束。

就笔者的观察而言，当前减负除了概念上不清外，也表现为政府的顶层设计阙如、源头治理无力，任由源头课业及其不当因素泛滥，却过度专注于微观层面上减负。这种减负的错位和越位，不仅混淆了范畴，也致使人们对减负号召及其工作产生了很大的餍足反应。来自我们项目组组织的“‘减负大家谈’征文”中，有校长说减负“年年发文件，皆因年年做不到”，就是这种餍足反应的一种经典表达。

因此，分类减负的提法很好，但政府、学校、社会及家长、教师都要各守其位，从而破解催生“过重课业负担”的系统合力，扭转教育教学以各类考试为中心运转的逻辑，减缓基础教育注重社会升迁功能的目标惯性。只有这样，基础教育才能真正回归公民教育及育人为本的定位，才能形成现代化的育人模式，才能培育出全面发展与个性发展融合为一的创新型、多类型人才苗子。

最后，本书有大致的逻辑构架，但没有阅读框架，任意从哪一部分切入，都不会太妨碍阅读理解。当然，先浏览第一章的约定部分和第二章的概念定义部分，对阅读本书还是有提纲挈领作用的，从中也可以体察到笔者对这一老旧问题探讨的新视角和新思路。此外，还有一点需说明，即本书引用的材料中，有的来自一线教师参与本单位减负项目组发起的“‘减负大家谈’征文”的文章，有的来自一线教师撰写的有关新课改或教育教学科研的参评文章，还有的来自减负项目组研究人员（包括笔者）与学生的座谈。出于可以理解的原因，笔者保留了这些原始材料，但未指名道姓。

以上是本书完成后的简要回顾，并作为本书的开场白。当然，这里也应感谢本单位即北京教育科学研究院的出版基金资助，感谢知识产权出版社的相助，使本书得以出版。

单 鹰

2014 年 12 月

目　录

第一章　问题探讨前的基本约定

与“减肥”一样，减负是有前提的。从历史回顾可知，减负所针对的前提对象，其叫法有五六种之多，如“学生负担、学习负担”之类，更具体的叫法是“作业负担”。这些叫法在政策文件和最高领导人讲话中都出现过，都在表达同一个现象或事实，所以减负的前提对象，其叫法已形成了一组或一群“家族类似性”概念，也可称之为“家族类似概念”。家族类似概念的形成或出现，使研究“过重课业负担”及其减负趋于复杂化，选择哪一个来表达更合适，也成了颇为棘手的问题。

“家族类似概念”的出现，表明了这一问题所涉及的内容、事实及其范畴极为多样和复杂，其间关系更是相互纠缠，不易厘清；同时，这表明“过重课业负担”或“课业负担过重”，还不是具有确切内涵外延的严谨的概念或判断。为此，本书就概念的运用和表达先做出一些基本约定，以便建立一个良好的思考基点。

一、概念运用和表达的基本约定

（一）减负前提概念中的问题

“过重课业负担”或“课业负担过重”作为减负的前提对象，据笔者思考，其提法目前还不是一个严谨的概念，尚处于前科学概念的层次，其缺乏科学严谨性，体现在如下几个方面。

其一，“过重课业负担”或“课业负担过重”属于概念还是判断？至今为止，没有人提出这个问题。按理，“过重课业负担”属于概念，但至今为止并无“过重课业负担”的定义，所有的定义都是围绕和针对“课业负担”而言，但什么是“过重课业负担”则无从知道。同样，

“课业负担过重”应属于判断，但判断需要标准，至今为止没有制定出判断“过重”与否的普遍适用的标准。

其二，“过重课业负担”或“课业负担过重”是客观问题还是主观问题，抑或主客观兼有或合一的问题？属于客观问题，那么用“课业过重”或“过重课业”就够了，但又加上了“负担”，说明涉及了主观方面，属于主客观兼有或合一。这就增加了问题的复杂性，也导致问题认识的随意性，实践上则偏重于学生主观层面来改善和解决，结果出现减负悖论：越减越重。

其三，“过重课业负担”或“课业负担过重”中的“课业”属性复杂，性质各异，维度多维。它有多与少、轻与重、难与易、长与短、有用与无用、合理与不合理、合法与不合法等等的维度，无法在“负担”的名下都归结为“重与轻”的维度，或“过重与过轻”的维度。这种简约抹杀了教育行为及其事务的复杂性，导致减负缺乏说服力，并导致减负简单化和主观化。

其四，这一概念导致了人们对概念理解和运用上的简单化，把“过重课业负担”或“课业负担过重”理解为“课业负担” + “过重”。这种理解的潜台词或潜意识，就是课业负担是必要的、合理的、正当的，过重了就不好了。这是一种朴素直观的理解，显然还不是科学严谨的理解。在这种理解下，“过重课业负担”无法形成大致可靠的内涵外延，而“课业负担过重”也无法制定出合理的判断标准。从而疏漏或放任了不合理、不合法、不正当的课业负担。

其五，这一概念使得人们把理解的重点或着眼点落在“过重”上，而“过重”则是一个很相对，甚至很主观的问题。由于至今也无法简约出一个可行的衡量指标或标准，所以“过重课业负担”或“课业负担过重”就成了公说重、婆说不重的相对问题；并且，说重的或说不重的都可成立。结果，这成了一个大家明里承认“过重”，暗中则各自我行我素的橡皮概念。

最后，由于人们理解的重点或着眼点被引导到“过重”上，这一概念实际上起到遮蔽课业负担中不合理、不正当和不合法课业的作用，从而有意无意中把减负归结为一个“减轻”的范畴，或者说归结为一个良心发现，而不是归结为法权问题，从而遗漏了其中的不正当和不合法的问题，更会把正当必要的重型课业都减掉了。这并不合乎教育的性质和规律，更不合乎教育的时代特征。

由于存在以上问题，需要进行一些基本约定和含义转换，使之尽可能趋向严谨化、科学化。

（二）基本约定

第一，由于当前政策文件上选用了“课业负担”和“过重课业负担”，为了避开不必要的求新、求异，并与政策表达相统一，这里延用“过重课业负担”或“课业负担过重”这类表达；但这两者的区别，本书做了约定并阐述理由。

第二，为了行文简练和概念清晰，“过重课业负担”一律简化为“过负”，而“课业负担过重”一律简化为“负重”。后者区分出两类情况或含义；并且，如无特殊需要，“过负”或“负重”都不再标加引号。

第三，过负或负重的承受者即“学生”，均指基础教育阶段的学生。所以，随后的论述中，如非必需，过负或负重前不另加“学生”或“中小学生”之类赘词。

第四，过负或负重中的“课业负担”可以有广义、狭义的理解。狭义理解仅仅指课业本身，是学生按要求在规定时间内应从事和完成的学习任务，是学生应尽的责任和义务。广义理解则包括多方面的负担，除了课业上的各种负担外，还指由此延伸出来或与此有关的经济负担、心理机能负担、精神压力，以及身心代价。应当指出的是广义理解的“课业负担”，不都是学生及其家庭应尽的责任和义务。

第五，过负在这里作为特指概念，而负重在这里分为微观理解与培养手段理解。微观理解是指脱离求学的民生大背景及其格局、教育自身的制度通道、教育教学支配逻辑及系统合力的驱动，而由日常教育中各种微观因素引发的动态随机性现象或问题，是可在师生互动反馈的过程中随时发现和随机校正的现象或问题；培养手段理解是指针对特定的对象，为了特种培养目的或培养项目而采用的选拔、训练手段，其特征是以选拔和自愿相结合为前提，以设退出机制和过程防护机制为保障。这类动态随机性现象与为特种培养项目或特种培养目的而采用的选拔、训练手段，都归入“负重”范畴，以示与“过负”相区别。

前者即过负，是不能脱离求学的民生大背景及其格局、教育内部的制度通道、教育教学基本逻辑及其系统合力所催生出来的非动态随机性问题，是在当前各种约束条件下必然发生又容易造成多类危害性风险的问题，并单靠教育部门及其一线中小学及其教师是难以阻挡其发生，又难以改善、克服的问题。❶

第六，在以上的基本约定下，本书对“过负”采用狭义理解，并阐述其特指性。这有助于避免当前的减负要么总方向不明，要么前提对象不清而任意泛化，更有助于防范减负因概念不清而对教育教学带来可能的干扰和束缚之类新问题。

二、浩瀚的减负研究及其瓶颈

探讨过负，首先就面临一个如何看待并界定“过重”的问题。这个问题涉及为什么会“过重”，更涉及依据什么判定“过重”，这是减负研究上始终不能有所突破的瓶颈。对此，本书用含义转换的方式作出处理，并作为本书的基础。

（一）减负研究上的一个瓶颈

有关过负，相关的调研及其文献，无论是全国层面、省市层面、学区层面，还是单个学校层面，对此都有大量实证性的调研文献；不少研究生以此作为自己学位论文的主题进行调查分析和探讨。过负作为热点问题或热门话题，新闻界更喜欢追踪，相关报道也十分密集；至于领导、学者、老师、家长，以及学生本身对此问题的个性意见、看法和观点，则是数不胜数，类似绵绵沙海，尽管人们从没有区分过特指理解、微观理解和手段理解，都是笼统言之或统而言之。

大体而言，舆情或学界公认过负存在。但这是什么性质的问题？政策上倒是明确指出了：是违反教育方针，不合乎素质教育而片面追求升

❶ 为了省事，可以设定“过负”是广义概念，即包含特指理解、微观理解和作为特种手段理解。事实上这三种理解也是可以互通互变的，但本书主要是刻画过负的特指性，所以“过负”在此为特指理解，不包含后两者。

学率所滋生出来并危害学生身心及其健康成长发展的问题；而学界却把它忽略了，把它当成一般中性现象来探讨了。

学界的这种思路，导致了一个绕不过的难题：既然“课业负担”是中性的，那怎么会“过重”，又怎么衡量“过重”？即“过重”的缘由、依据、标准或指标为何，从哪些方面来揭示或界定“过重”，是否可能形成明确、公认并科学有效的指标来预警过负的存在及其状况？对此，探讨的不多，深入探讨的更少。因此，绝大部分研究及其建议，都是以直观对比或情感体验之类自由心证作为“过重”的依据或标准。

例如，减负最初是从减轻学生书包重量切入的，[1]也有一些与国外比较的方式来看待“过重”，多的则是依据一些法定规范如在校时间、作业时间或睡眠时间，或者以“纲”“标”为据，来判定“过重”；更多的看法其实是随声依附，也就是上级说了，政策说了，公众或报刊上都这么说，那就一定是“过重”，尽管这种认定方式属于倒果为因。

可以说，至今为止，减负研究中有关“过负”概念及其对“过重”的界定是最薄弱的一块；对这一“过重”的指标或标准，就笔者目力所及，还未见到明确加以否定的看法或结论。

（二）确立“过重”指标的不可能性

过负难以探讨，与无法形成“过重”与否的明确而有说服力的标准或指标是相连的，所以“过重”与否只能依据各方的共鸣，或者说是依据各方感觉交集而定。这就成了一个相对问题，成了主观意见和主观诉求的问题，学者或教师，都有把兴趣当作“过重”函数的看法或说法，就是由此而来。可见，有关过负及减负的研究，都还谈不上是科学研究，还只是意见或诉求陈述。

有关“过重”的指标，目前出现了一种设想，即指望搞出一个类似于 CPI 这样的指标来监测或衡量课业负担状态，从而作为过负的预警指标和减负的定量依据。显然，这是一种简单类比的思路。

首先，在笔者看来，这个指标或标准是制定不出来的。理由很简单，因为课业负担不是“产品及劳务”，没有明确公示的价格信号，很多都是隐而不显或不能反映出来的；即使硬搞出来一个所谓的监测或衡量指标，也不可能有效实施。例如，数据采集是一个问题，数据真实与否是一个问题，数据发布及其时效又是一个问题，而它给教育教学带来的不明影响是什么，更是一个问题。可见，即便硬搞出一个监测或衡量指标，如这些问题存在于其中，监测者也难有自信将其作为认定“过重”与否的依据。

其次，经验常识告知，“过重”只是表达程度，过重与否是很相对、很主观的问题，或者说是因人、因时和因地而异的。“课业负担”作广义理解，涉及并包含很多不同范畴的内容、对象和事实，而对这些不同范畴的内容、对象和事实，无法在程度层面简约出一个通用的一般指标，因为“课业负担”与具有同一的价格信号呈现出来的“产品及劳务”不是一回事；何况“课业负担”其价值不都是中性的，而是性质不一而无法通约。因此，具有复杂内容、对象和事实的“课业负担”，找不到像市场价格信号那样公示并可以通约的信号依据，从而简化为一种近似可靠的衡量指标或标准。

再次，“课业负担”不是一种单纯的物理现象，如“过热水”或“过冷水”。后者可以找出“过热”或“过冷”的衡量依据加以定义，前者则不具有这种纯净单一性。与交通上的“超速”或“超载”之类现象也不可类比，因为“课业负担”无法简约为单一的“速度”或“重量”，并设立标准而加以衡量。无论你是用学生的能力、水平或需要，还是以学习时间作为判定依据；是以课程标准作为依据，还是以社会需要作为判定依据；是以历史对比，还是以横向国际比较作为判定依据，等等，都会遇到诸多无法兼容的监测或衡量窘况，从而或者使监测或衡量的意义和价值归零，或者因实施成本过大而得不偿失。

最后，从以上基本约定可知，过负与负重包含了三种含义或理解，即特指理解、微观理解和手段理解。在日常教育中，这三者常常会混杂起来，很难有效地离析，但它们的性质及其效用是不同的。假定搞出一个所谓监测或衡量“过重”的指标，那它到底针对哪一个含义而言的“过重”？假定也针对微观理解上的“过重”，那么日常教育中由各种微观因素引发的动态随机的，并可在师生、家校互动反馈的过程中随机发现或随时校正的负重，都要等监测结果出来才来认定和校正，那这是减负还是积负？这种等靠上级监测及其结果发布，学校及其教师，还有家庭，还需要减负的日常主动性和敏感性吗？

另外，这种监测及其实施，属于治标还是治本？说是治本，除了看出它明显会增加高昂的行政成本外，看不出它与过负的多种源头有何关系；说是治标，那么已经有这么多减负规范，如睡眠时间、在校时间或作业时间之类规定，都没有能阻挡过负的生成和加剧，那再增加一个治标的监测指标，一眼就可看出它除了会给学校及其学生又增添额外负担外，真看不出会出现什么奇迹。

可见，仅从单维的效果分析看，这类所谓监测或衡量指标及其实施，或者是弊大于利，或者是价值不确定性极大。例如，像某市搞的成本不菲的“绿色监测指标”，就存在能否持续下去的问题，因为其本身没有明确“过重”的根源何在。

（三）“过负”概念的含义转换

由于以上原因，有关过负就不能纠缠于“过重”与否的认知维度来思考和理解，需要进行含义转换才能成为一个有效概念。

笔者认为，所谓过负即“过重课业负担”，意思是“不正当、不合理和不合法的课业负担”，是指课业负担施加各方明知这样不好、不对和不法却依然会外加或强加于学生，并由此增加了各类危害学生身心健康的风险。这种现象，类似于体育界的兴奋剂现象，明知不对、不好和不法，或明知对自己的身心危害很大、风险很大，但也依然会冒险服用一样；也与医生明知没有必要开药方而乱开的问题类似。

为了简略，这里的“不正当、不合理和不合法”或“不好、不对和不法”，均用简略的“不当”来表达，既指“不正当”，也指“不应当”。所以，过负通过含义转换，就是指“不当”的课业负担，即“不当课业负担”。

显然，“不当课业负担”是负面概念。它既指学生所承受的整个课业负担构成有外加和强加的不当课业内容、任务及义务，也指使学生所承受的总体课业负担变得不当，并使学生承受的学习义务、压力和标准变得不当，也自然导致学生学习过程及其身心机能运用和代价上的不当。

是否正当、合理和合法，这是可以探讨并可以衡量的，既可以从理念角度来衡量，也可以从政策角度来衡量，还可以从法律角度来衡量，不依赖当事人的感受、能力、水平和需求；既可从源头起因，也可以从中间环节，还可以从结果状况来检测、分析。这样，减负作为特指行动，就是指减去不当的课业负担，也指减去课业负担及其学习义务、压力和标准中不当的构成部分，哪怕当事学生不觉得“重”或“过重”，都应减去。当然，更指明了减负的根本目的是教育功能目标及其育人模式需要整体转换，[1] 而“过负”这一概念，不能预示并导向这一方向，因为“过重”只是程度差异，而非性质差异，不意味着需要教育功能目标及其育人模式的整体转换。“过重课业负担”给人的直观印象，是当今的教育及其课业负担因为“过重”了所以有问题，不过重则意味着没有问题。这显然不是实情。

从尊重约定俗成的角度，本书依然保留了“过重课业负担”的表达，简略为“过负”；但通过含义转变的方式来探讨过负，并从特指理解的角度来刻画它。

三、衡量“不当”与否的具体标准

衡量过负，或者说是否属于不当课业负担，有多元的依据或标准。这里梳理了几个依据或标准，为衡量“不当”提供具体的多类依据或标准。这可拓宽和加深对过负的认识，并可拓宽和加深对减负实践及其价值属性的认知。

（一）道义标准

中小学生的学习是一种义务，但他不是童工，更不是学习机器或得

---

[1] 当然，教育功能目标及其育人模式的整体转换，需要教育内外部一系列的实质条件来支撑。这些条件目前是否具备，从而是否可以推进并实现这一整体转换，本身还是个问题。过负之所以是特指问题，就是因为它是当前民生大背景及其格局下的产物，具有一系列深刻的社会根源；它不仅是教育教学基本逻辑扭曲的表现，也是教育教学适应和服务于当前现实大环境及其格局的产物。这种现象具有正当性与不正当性、合理性与不合理性合一的特征，但从孩子作为家庭、国家和民族的天然基础这一底线看，危及这一天然基础，其间再大的正当性和合理性都不足为道，所以它是属于价值上被否定的现象，更是需要从源头治理才能真正成功的问题。显然，这不是单靠发减负文件、开减负大会和规范上学时间或作业时间等手段能改善、解决的。

分机器。

他与成人之间包含着一种交换关系，即大人承担抚养责任和义务，而孩子尽到服从大人正当要求的责任和义务，但孩子不是也不应是达成成人目的的免费载体、免费资源或工具。

过负之所以是问题，实际上是把孩子的学习——主要是把具有明确功利目的的学习标准及义务无限放大了，使孩子成了在教育或学习上可由大人任意驱使的童工或奴工，结果孩子上学比大人工作还要辛苦，学习时间比大人工作时间还要长，学业竞争和升学竞争比大人的就业竞争或晋级竞争还激烈，睡眠时间比大人还少，游戏或休整时间比大人更少。儿童属于身心未成熟体，其机体处于生长发育阶段，而身心机体的发育和成长具有自然节律性并需要更多地维护，儿童自身则缺乏自我调节或自我防御的意识、经验和能力。从社会群体的类型上讲，儿童是典型弱者，属于弱势中的弱势，所以其成长和成熟，还需要更健全的外部保护和维护条件。但过负超出了合理的学业负荷，任意挑战孩子未成熟机体的生理极限，过度耗用孩子未成熟的身心资源或机能，客观上使得教育或读书成了对孩子成长和成熟的变相摧残，成了对儿童其他正当权利和权益的侵夺，而不是保护和维护。

从维护弱者的角度看，过负就是不合道义的现象，是不应该、不应当的，所以违背道义的教育及其课业负担即为不当。这个不当，不是仅对不能胜任或勉强胜任过负的儿童是不当的，对能够胜任的儿童，不论其本人是否有所异议，同样是不正当的，所以是普遍的不正当。❶

（二）政策标准

这类政策标准，与教育自身上的学业负担规定有些交叉；但比起后者来，又具有明确针对性，所以另列一条。政策标准也是减负工作的依据，其优点是明确清晰，缺点是约束力不强却机械死板，并不合乎教育自身的弹性特点和多重性特征。

过负涉及一些物理变量，如书包沉重，上学时间加长，作业时间过

❶ 当然，道义标准是人性标准，也就是孟子说的恻隐之心的觉醒和觉悟，或者说取决于良心、良知的发现和呈现。

长，睡眠时间不足，等等。针对这些表征，出台了一些相关的政策规定，如教育部的“减负十条”之类，针对小学生、初中生的睡眠时间，小中高各阶段学生在校上学时间、作业时间，以及每天体育活动一小时的规定，等等。这些政策规定，虽不全面、不完整，各地也有差异，但表明已有一些明确可操作和可衡量的规范性约束。

这类明确可操作和可衡量的约束是一种消极约束。从指导思想的角度讲，教育方针的规定、素质教育的号召都可以说是政策，且是大政策。但实情是，过负之所以发生，恰恰是实际运行的教育教学不断突破了大政策的约束所致。大政策失灵，而靠小政策规范，是否真起作用，毋庸赘言。就当前而言，依据这类具体标准来减负，既是当前中小学减负的基本做法和说法，可称之为规范性减负；但在事实层面，对此上有政策下有对策的事例不胜枚举，学校及其教师把握的尺度，就是只要不出恶性事件，怎么着都行。这类政策规范其效用在基础教育的顶部阶段，更是聊胜于无。例如，有高中校的住校生，一天硬性安排的学习时间都远远超过十二三个小时，连法定的周六、周日休息日都被消减，[1]那表明这些规范其实是无效的。其次，这类政策规范约束范围有限，对家庭或市场类机构则不起作用。

不管怎么说，课业负担有违当前的政策约束即为“过重”，更确切说是“不当”。

（三）法权标准

学习是学生的义务，所以他是一个义务体；同时，基础教育阶段的学生又是儿童，是一个特殊的被保护体。当然，儿童不仅仅是特殊的被保护者，还是一个未成熟主体，有其特有的主体权利。可见，学生是三体合一、三重性一体，更需要三重性的动态均衡。

在法律层面，有一些规定防范来自各种理由或目的对儿童权利和权益的任意侵犯，哪怕有些理由本身是正当的。中国有《义务教育法》和

[1] “我认识一个中学校长，他任职的学校是当地最好的中学，他这个学校考上清华北大的多了，考上北师大的算差的。怎么做到的？全封闭管理，两周休息一天。在应试体制下，不这样做，他的学校就会出局。他见我的第一面就说：周老师，我们这些人都是历史的罪人，我们将来是要受历史的审判的。”——周国平微博

《未成年人保护法》，也签署了联合国的《儿童权利公约》，如果通读这些法律文本，然后对照过负的表现及其事实，很容易看到过负是违背了诸多法律的规定。

例如，《儿童权利公约》指出：“《公约》规定了世界各地所有儿童应该享有的数十种权利，其中包括最基本的生存权、全面发展权、受保护权和全面参与家庭、文化和社会生活的权利。《公约》还确立了4项基本原则：无歧视、儿童利益最大化、生存和发展权以及尊重儿童的想法。”即便只对照这一条，就可以看到过负不合乎“全面发展权”“全面参与家庭、文化和社会生活的权利”的规定，更谈不上是“儿童利益最大化”和“尊重儿童的想法”；相反，过负背后隐藏着的是成人意志、成人利益和部门利益最大化的追求与表现。

中国的成人对自我的公民权利都缺乏敏感性，对儿童的公民权利就更缺乏明确意识了。无论家庭还是学校，教师还是家长，对这些法律文本都很生疏。即便是学校，作为一种社会公共机构，其行为或作为主要不是依据法律或法条，而是依赖于政策及其上级的行政指挥，所以不熟悉、不了解这些法律文本无关紧要，法律意识淡薄也属必然。何况，过负又是普泛性的公共问题，法不责众的示范效应明显，这意味着遵循法权标准反而成了冗余行为或多余动作，起码可称为“不经济”的行为。

综上所述，儿童法律意识的薄弱或缺失的实情，是造成家庭或学校对过负的预警和自纠机能丧失的一个原因，结果只能是等待危害爆发或者等待上级减负令发出才能被动校正或修正。但不管哪种情况，过负事实明显表现为有违儿童法权，而有违法权准则的课业负担显然是不正当、不合法的，所以判定过负的一个重要依据和标准就是儿童法权标准。

（四）发展标准

现代基础教育不是古代私塾，只要“一心只读圣贤书”就行，以达成科举目的为最大目标。“全面发展”是教育方针上的规定，尽管全面发展不是平均发展，也不是无差别发展，更不是平庸发展，但也肯定不属于过负那样的外驱、片面和高耗性发展。这种发展，理论上以前也叫“片面发展”或“畸形发展”；用人们常说的话形容就是“竭泽而渔式”

“榨取式”或“透支性”的发展。

这里，常识表达倒更准确地刻画出了过负的特征。不管哪种表达更准确，但过负不合乎现代基础教育的发展标准，则是可以肯定的。这种训练模式下培养出来的人，即便是状元，这种最出色也只是解题考试上的出色，不意味着做人和做事上的最出色。有调查表明，高考状元在事业发展上并不能必然保持原先的那种巅峰优势，[2]所以社会、学校和家庭对考试及其分数保持一份平常心是必要的，满足多元发展需求并采取多元发展策略是必要的，维护孩子的可持续发展更是紧迫的；而过负的表现及其可能的后果，显然不合乎当今时代的发展趋势及其儿童自身智能多元的实情，自然就属于不合理了；从其容易造成多危风险来看，过负则是明显有害的。

显然，并非相关各方的成年人不懂这些常识，而是其认识与行为发生大背离并形成了一个不断增负的系统合力，外加群体互激及其他原因强化这一系统合力驱动，导致学业标准越来越高，学习压力越来越大，课业负担越加越重；反过来，由此也必然导致了学生睡眠越来越少，学生生活越来越单一，学生发展越来越片面的局面。

总之，不管原因何在，把教育或读书化简为读书——做题——考试——夺分的模式，并把所有孩子及其学习都纳入这一教育模式或造人模式，的确是有违现代基础教育的发展标准和育人宗旨。所以，改变过负现状要以现代基础教育的发展观和育人观为标准。

（五）风险标准

风险标准是判定过负的不可或缺的标准。这种判定虽然是事后诸葛亮，大人们对此更是常抱侥幸心理，但过负对儿童的身心健康及其成长发展会带来或大或小、或多或少、或轻或重的损害，还会连带出其他一些社会危害，则是可以认定的。这类高危和多危风险不仅在逻辑上是可推论的，在经验上是可推定的，而且很多已不是推论或推定了，而是震惊世人的危害性事实，远比古代和以前年代为多、为重。因此，这种推论或推定具有相当高的可靠性，是理性人所必备的风险防范意识，更是办学、搞教育的人须有的风险防范意识。

从多危风险的角度看，过负不仅仅是教育问题，而是一个社会问题及民族根基的重大问题。中国教育上存在的负面现象，没有哪一个比它更能引发最高层领导的密集关注，原因也在于此。但风险标准最不易形成共识的地方，就是代价和后果的混合难分。风险即为后果或危害，那么会被视为不值得，而风险如是代价，那么往往会被认为是值得的，是必然的，更是必要的。过负效应确实具有代价和后果的混合性，即对有的人而言只是代价，而对有的人来说则成了后果或危害；对有的人而言只是小代价，对有的人却是大代价，等等；再加上代价和后果之间的信息不对称及其因果非线性化，很容易导致在此问题上的机会主义盛行。减负共识难以形成，更不易牢固，就是因为这一点。

不管怎么说，即便后果或危害再少、再轻，风险还是存在的。目前，体现为中小学生近视率大幅攀升，小学生近视率趋近于50%，[3]体质、健康状况明显下降。据国家“八五”重点科研项目“中小学心理健康教育实验课题组”的专家学者对76所学校的万余名学生进行心理检测发现，中小学生心理异常和不及格水平的比例相当高。[4]从一些最新数据看，这类非极端性的危害还无多大的改观。

外国人过去曾说我们是“东亚病夫”，对此我们难以接受，但我们的教育现在还在不断制造新的“东亚病夫”，却浑然不觉，甚至坦然自得。当然，过负的后果或危害不全是学校的原因，责任也不能都由学校来承担；但过负会带来多重风险，则由诸多事实表明了，对此失去警觉，风险成真往往为时已晚。因此，风险迹象显现即为“过重”或不当，是判定过负的最后的标准。

（六）风险及其后果的责任伦理

由上可见，通过含义转换，可以找到不少明确的依据或标准来判定过负，从而为减负提供明确清晰的各类依据或标准。

这里需要指出，风险标准及其后果标准是最消极的低线标准。如果办学搞教育完全依据风险标准来行事，那就成了投机做买卖，孩子则成了大人投机的交易品。没有比这个更不应该、更不正当的事了，因为这不仅违背儿童权利公约，也违反投机的责任伦理：投机是风险及后果自担，而在教育上这样做则等于是把风险及后果转嫁到孩子及其家庭身上，孩子成了大人投机的免费资源或工具。

教育必然会掺杂着各方成人的利益和诉求在内，过负也是综合成因和系统合力驱动下的产物。在当前大背景及其格局下，完全消除风险也不可能，因为还无法从根本上改变教育的敲门砖性质，但防范风险成真或使风险最小化，尤其是在学校的范围内防范风险成真或使风险最小化，还是需要努力争取的。这个努力方向，就是权力与责任的匹配，而不是权力与责任的倒错；是口号与政策措施的一致，而不是口号与政策措施的背离。[1] 不然，减负难免会沦落为祥林嫂那样的可怜唠叨，最后只能不了了之。

四、过负与“病症”

把“过重课业负担”转换成“不当课业负担”，是一次含义转换；把“不当课业负担”转换成“病症”问题，是又一次含义转换。不经过这种转换，就很容易把常态现象当成病症现象，或者反过来，把病症现象当成常态现象，从而对减负针对什么，也不明就里。

（一）“病症”及其比拟

把过负视为“病症”或“病症现象”，是一种比拟。其实，政策文件上称它为“顽症”，已经是把它比作一种病症或病症问题了，所以这种比拟不是笔者的发明。

生理上如血糖或血压的高与低、过高或过低，不一定就是疾病，它可能是应急状态或临时摄糖过多导致的，只有当它在排除了这些原因的条件下还是稳定态的超指标时，才成了病症或疾病。同理，课业负担重或过重，不一定就是病症，但当它成为一种持续不变或只增不减的恒定状态时，才是一种“病症”或“疾病”。这也意味着各个主体包括儿童自身的自我防御、调节和修复的机能的失灵，从而来自教育或读书上的多危风险不断降临，并大大增加了。受教育是好事，学习是好事，训练

---

[1] 这已为教师所感知，有教师在“‘减负大家谈’征文”中说：“国家喊着减负和素质教育的口号，对分数的要求却不见降低，反而加大对其他方面的要求，名为减负，其实加大了对学生和教师的负担。”可见，这类倒错的确存在，需要检点。

智能是好事，但当它们的负荷和压力不顾学生的主体需要和可能，突破儿童成长发展的规律和节奏而一味外加或强加，并以牺牲孩子身心健康为代价时，好事也变成了坏事。

把过负作为“病症”看待，本书后面还会涉及。这里就社会现象作为“病症”所涉及的依据，作一点梳理和分析。

（二）价值观的变换及其过负

过负作为病症或病症问题，跟价值观的转换有关。由此，可以看出“过负”概念的转义是正确的；即便只从当今被张扬的价值观角度，也可以看出过负即为不当课业负担。

中国传统上历来宣传、赞美并习惯于苦读、死读。“勤为径”“苦作舟”的格言成了读书的圣经，“铁杵磨成针”“悬梁刺股”的励志故事更是千年榜样，读书、学习或教育的目的就是冲着“成凤成龙”“飞黄腾达”或“光宗耀祖”而来，读书或学习的标准和方法也都是强调书柜式的博学及其死记硬背之类。在这种价值观及其读书观的主导下，过负或负重无法区分，也无须区分，更非病态或病症问题；相反，却是被鼓励和被赞赏的正当行为和堂皇做法，甚至那些自残型的学习，如悬梁刺股和凿壁借光之类还被当成推崇的典范。

当前，教育或读书上的价值观毕竟有所转换，起码在形式或外观上有所不同：强调的是全面发展、素质教育；教育现代化倡导健康第一、生命价值张扬。官方的新提法有“以人为本”“育人为本”“科学发展观”；目的上以前以培养“有文化的劳动者”为荣，现在则强调创新型人才培养。总体上，书柜式的博学及其死记硬背或题海战术之类应试教育不再被推崇，起码是台面上不再宣扬并被判定为应予消除的现象，提倡创新或独立思考，提倡合作学习和自主学习；评价上也不再强调唯分数论，而提倡多元评价、过程性评价并强调动手实践能力的价值；教育方法上，既讲古老的因材施教、寓教于乐、重“渔”轻“鱼”，也用时髦的多元智能理论指导、个别化教学、分层作业或个性化作业。

可见，过负与这些主导价值观不符，其本身也是教育价值观或学习观转换不彻底或表面化的产物，所以从被倡导的价值观或学习观角度看，过负是不当现象，也是病症问题。

（三）名臭实香的悖论及其过负

过负的产生具有很大的荒谬性和悖论性，而负担的自纠或防御机能的丧失或失灵，也表明了其致“病”机理。

一般而言，法定的价值观具有很大的强制力，因为它与行政、道德、法律、舆论相关联。违背法定的价值观会面临行政处罚、法律惩戒、道德谴责或舆论指责的巨大风险，但事实上，搞应试教育或暗中追逐升学率却能置行政处罚、法律惩戒、道德谴责或舆论指责于无形之中而风风火火、蓬蓬勃勃，甚至风风光光，使得所谓的法定价值观成了一道“纸上画画、墙上挂挂”的摆设。即便舆论上指责或声讨过负的很多，但实际上它却类似臭豆腐，闻着臭吃起来香，所以口头上、台面上是反对过负，但行动上、私底下则是走应试老路的不减，而犹豫傍徨者更多。这种言与行的反差、倡导与实行的反差，表明躲避法定价值观而行事，反而具有很大的利益收益，再加上其他制度的激励或压力，理性和公理必然起作用，因此过负要不发生都不可能。

因此，过负的荒谬性和悖论性，就在于一方面它是在台面上被反对或否定的现象，另一方面却又是被暗中奉行而生机勃勃的事实；一方面人们讨厌它，另一方面又离不开它并强化它。由于这个病症主根并不在教育，并由现实大背景格局下强大的系统合力所驱使，所以导致了各个当事方对此的自纠或防御机能难以单独起作用，进而也不想起作用：因为我减你不减，吃亏的可能是我；你减我也不必减，因为我能承受，不觉得过重；彼此都在视对方或多方的反应作为自己作出反应的依据或前提，结果谁都不愿从自我做起，也不能从自我做起。

无论是自然机体还是社会机体，都具有相应的防御和自纠机能，这种防御和自纠机能失灵、失常或被突破，就意味着载体的病症或危机的出现。过负类似于艾滋病，艾滋本身不是病，但它会摧毁人体整个免疫系统，这才被视为重大危害。从这个意义上讲，过负也就是相关各方自身及外部的“整个免疫系统”失灵、失力的产物和结果。

（四）代价过大、违背儿童天性及其过负

过负会形成多危风险和造成多危后果，其最大特征是少数人的学业

成功和多数人的失败。这也算是过负带来的最大好处，甚至社会也在刻意追求这种少数人的成功。这与举国体制下的竞技体育所造成的结果极为类似：巨大风光底下众多牺牲者不堪目睹，其社会代价、家庭代价和个人代价都相当巨大，却隐而不显。

这一好处是以太大的生命成本或代价换取得来。反过来，恰好也意味着生命价值的普遍低廉以及制度上的非理性。因此，表面看起来是N多单个的理性行为、正当竞争行动和预期追求行动，但在当下大背景格局及其制度环境下，集合出来的却是总体性的非理性结果。这个总体性的非理性结果，从社会整体角度看，是得不偿失的：因为孩子的失败、家庭的失败，这种失败如大面积扩大，最后汇总起来，总归是社会的失败、国家的失败。中国的中小学生是一个有近两亿人口的超大群体，其中哪怕只有20%的学生由此有这样那样的身心健康问题，就是一个巨大的国家灾难和民族灾难。而且，过负带来的最大、最直接的受害者是孩子，它不仅会造成孩子身心上、行为上的多种疾病，带来素质发展上多种缺陷，也表现为严重违背孩子的自然天性，以知识获取和技能训练压倒天性展示，以外部强加磨灭孩子的自然好奇心，使孩子失去当下，过早失去童真、童心和童趣而变相催熟。显然，违背儿童的自然天性，不仅不人道，也只能称为社会病症或病态了。

中国教育或读书上的很多现象，如重智轻体、重应试轻动手、重分数轻能力、重义务轻权利、重划一轻差异、重服从轻自主、重灌输轻启发、重书本轻实践，等等，不仅是价值观落后的产物，更是民生差异过大背景格局上所诱发出来在教育或读书上的表现，也是教育教学适应这一现实大环境的一种表现。这些落后价值观与民生差异格局相适应并发生共振，成了过负生成在思想上的催化剂。

五、本章小结

本章把“过重课业负担”和“课业负担过重”分别简约为“过负”和“负重”，并区分了两者含义。把“过负”和“负重”区分为特指理解、微观理解和手段理解，并把前者作为特指理解加以分析阐述。

本章对探讨“过重”的认知惯性及思路，作出了否定性结论，并进行了含义转换。把“过重课业负担”转换为“不当课业负担”，突出了其特指性，可减少概念理解和运用上的主观性和相对性；并梳理出判定过负的几个标准，可为减负认识和实践提供明确依据或说法。

本章对“不当课业负担”做了两次含义转换，将其转换为病态或病症问题；并从价值观的变换、名臭实香的悖论、代价过大、违背儿童天性角度揭示其病症或病态性，从而进一步揭示了其特指性。

过负是一种社会病，但通过教育而强行表现出来。从根子上讲，过负只能靠“共同富裕”、公民社会建设、国家现代化和人的现代化进程来消除。单靠所谓教育现代化是无解的，何况当前的教育现代化多多少少走歪了，它变成了器物设备的现代化或烧钱的现代化。过负持续不断，就表明了前些年搞的所谓“教育现代化”偏离了人的现代化，不是有利于过负的改善和解决，相反是人的现代化的退化。校际差异扩大更激化、强化了择校的势头。

目前的减负措施或行动，是否已减少或降低过负的烈度及其危害性？应该说有向好的变化或迹象，但最终结果尚需时日验证；减负中的概念不清、方向不明、权限不清、减负泛化、政令相悖等问题，也给学校及其教师带来了不小的思想困惑，增加很多的工作负担，需要引起注意。

其实，本书就是这种“注意”下再思考的产物。

参考文献

[1] 潘志鸿. 知否，知否，孩子们的肩头多重——乌市人大常委会调研小学生课业负担 [J]. 新疆人大，2007.5.

[2] 西部胡杨：30 年全国各省高考状元因何“全军覆没”？[OL]. 人民网 http://bbs1.people.com.cn/postDetail.do? id=92552737.

[3] 北京教育科学研究院基础教育科学研究所. 减负新探 [M]. 北京：北京出版集团公司北京出版社，2012，186.

[4] 邓积珍. 中小学生心理健康状况探析 [J]. 广西教育学院学报，2004 (2).

第二章 概念界定及分析

有关减负的研究及文献极为浩瀚，但对“过负”的概念界定却不多，原因是过负涉及的内容、对象和范畴多重混合，关系复杂，不易定义。至今为止，有关过负的定义或界定，有的是针对“学习负担”[1]，有的是针对“学业负担”[2]，有的是针对“课业负担”[3]，有的是针对“学生负担”[4]。浏览一下文献即可知，对“学习负担”和“学业负担”进行概念探讨的相对多一些，但没有看到对“课程负担”下定义的。

这些定义是在谈论同一件事吗？好像是在谈论同一件事，又好像是在谈论不同的事，或者只是在谈论相似或相关的事。可能是定义很难达到充分、必要层次，有关过负的概念探讨已无人热心，正如有人所总结的那样：“近年来国内学者关于学生课业负担的研究主要集中于学生课业负担的现象、学习压力根源和解决对策三个方面。”[5]

本章集中探讨概念上的问题，并对过负作出界定。

一、现有的概念界定及分析

分析、探讨过负顽症，研究者大都是先探讨什么是“课业负担”或“学业负担”之类，然后分析什么是“过重”，没有直接就“什么是过重课业负担”发问，并探究其实质。这个思维定势是如此巨大，因此突破这一思维定势的难度也非常大。

这里挑选出七个定义，主要是依据其论述比较学术化和系统化，也依据其一定的影响力。但从中可以看到，这些定义也是二分法，并没有直接回答：什么是过重课业负担？

（一）具有一定影响性的七个定义

（1）徐敏认为：“负担是指主体在超负荷或违背其意愿要求的压力下所产生的一种生理和心理方面的感受和体验。学习负担则是指学生在学习过程中，因教育者提出的要求超出学生的身心承受能力或违背学生意愿需求以及学生对学习后果的担心等所造成的疲劳性身心体验。这里指的是广义的教育者，既包括社会教育机构的人员，也包括学生家长，应该说主体是学校的教师。”[6]

（2）刘合荣认为，学业负担是指当代中小学学生在学校里承担的学习任务，所履行的学生职责，以及因为学业、生存和发展竞争所承受的生理、心理压力，同时包括所付出的身心发展代价。[7]

（3）阴国恩、吕勇认为，学生学习负担指的是与在校学生学习活动有关的各种负担，其中既包括主体以外的客观环境因素构成的学习负担（外源型负担），也包括主体本身心理因素构成的学习负担（内源型负担）。在分析了学生的学习行为系统中的物理技术环境、学习的人际关系环境、学生作为学习主体的自我系统以及三者之间的相互作用过程之后，该作者用紧张环模型分析了学习压力形成的过程及其影响因素，并且提出了教育改革的政策建议和调控学习压力来源的六个方面的具体对策——改善学习的物理技术环境、学习的社会人际关系环境、学习的自我系统、学习的行为环境、学习任务、学生角色，以期通过调整压力源使其处于最佳状态，在一定程度上将学习压力调控在适当水平。[8]

（4）刘珍珍认为，学生的课业负担是教育者在教育过程中为完成教学任务、达到教育目的所采用的一种手段。课业负担是指学生在课业方面应承担的责任、履行的任务和承受的压力。很明显，课业负担的工具价值应定位于促进个体和社会的发展。[9]

（5）肖建彬认为，学业负担是人类个体经验的方式，是在对人类经验吸纳、加工以认识和适应生存环境的过程中，对认定的目标、承担的任务和责任所带来的压力的一种体验，以及为此而消耗的生命。体验是主观的，消耗（时间、生理、心理）则是客观的。他划分出几类负担，如“外加负担和自寻负担”“生理负担和心理负担”“学科负担和活动负担”“校内负担和校外负担”。[10]

（6）还有一种学习疲劳恢复论："在学习过程中，学生需要对自己的情绪与行为进行有意控制，这会产生一定程度上的体力与心理上的疲劳。一般而言，假如这种身心疲劳程度在休息后可以得到恢复，不影响身体或心理健康，则被认为是合理的课业负担；倘若学生学习任务太重，学习时间过长，由此造成的身心疲劳程度在休息后也难以调整和恢复，并产生某种疾病或心理偏差，如视力减退、厌学情绪、考试综合症等，则被认为是课业负担过重。"[11]

（7）最后一种，也可称"任务或压力论"，但把学业负担从微观、中观和宏观三个层面予以解析："学生学业负担过重这一有着不同内涵的术语，可以从几个侧面来界定。微观意义上的学业负担过重是指学生承当了与其能力不相符合的任务或压力，直接源于为取得好成绩必须付出的努力，这是属于个体因实际学习能力而产生的学习问题。中观层面的学业负担过重是学生承当了与课程设置的标准不相符合的任务和压力，检验指标可以量化，即以国家教育机关规定的课程、时限等来衡量负担是否过重；宏观地看，学业负担过重学生承担了与社会规定的正当要求不相符合的任务或压力，这可以依据相关的管理法规和法律制度来加以判定。据此，可以加深对学业负担的理解：它是学生在与环境相互作用过程中而承当的学习任务或产生的学习压力，它呈现于个体而辐射于全社会。"[12]

（二）对七个定义的简要分析

第一个是"身心体验"论。这一定义，有新的视角，因为看到了"超出"的问题，但有含混的地方：其一就是不清楚作者是在界定"过重学习负担"，还是在界定"学习负担"。如果说是在定义后者，那就意味着减负是要消除学习上的负担，这在政策上似乎通不过，事实层面也未必都讲得通。其二，难点也在于"超出"不"超出"以什么可行的客观标准来衡量。该定义是以"学生的身心承受能力或违背学生意愿需求以及学生对学习后果的担心"为判定依据，但这个依据本身是动态的、相对的，也是含糊的，很难成为有效或可靠的依据。那么，以政府规定，以学校感觉，以家长感觉，以学生自我感觉，能不能找出这么一个被各方共认又正确的标准？遗憾的是，国家有不少具体的相关规定，如在校时间、睡眠时间、作业时间等，但“三超”或“六多”之类现象不能遏制，也表明这些规定失灵或失效。那么，这到底是谁的问题？是学校或家长无视政策规定的问题，还是政策规定本身就不合理的问题？

另外，教育上的“超出”是否一概都是非法的，都是不合理、不正当的？维果茨基的“最近发展区”概念是主张超出的，苏霍姆林斯基则明确鼓励教学超纲的，那是否就是错误的、非法的？这也是一个很实际的问题。该论者将“学习负担”与“过重学习负担”合为一体；这样，减负就不仅要减后者，也意味着要减前者，从政策需要明确清晰的信号指令这一要求看，这不合乎要求了。这种定义，给人的感觉不是在定义一种客观事实，而是定义自己心目中的“事实”。

第二个是“任务、职责、压力和代价”论。刘合荣的这一观点，与其在博士论文中的略有不同。这个定义看不出是否涉及“过重”的意思，也有将“学业负担”与“过重学业负担”合二为一的问题。尽管作者是清楚两者的区分的，出于技术考虑和价值考虑，而把“过重学业负担”还原为“学业负担”问题。[13]当然，能不能这样还原，还原是否有助于问题的探索，并不能从中看出来。

这一定义的问题，首先是涉及的外延种类太多，很难把握；其次是范围窄了，只涉及“学校里”；最后，作者用还原的办法，消解了“过重”，也可以说是绕过了“过重”难题，但没有病理学的设想，也没有技术上的含义转换，所以“还原”后使人无法知道这课业负担是应该有的还是不应该有的，是必然有的还是非必然的。结果，这种对过负的哲学探讨，成了一种“从教育学、经济学、社会学、心理学、伦理学、人性论”[14]方面的概念漫游和博学展示了。

第三个是“在校学生双源论”。这种负担观，好像只是种类划分，但由于学生各各不同、差异不小，所以这种划分，很少具有实用或可操作的价值。这一定义，把问题归结为一个抽象问题，或者说归结为“封闭环境下的工程设计”，又要求调控六个方面。那么，为什么要调控它，谁来调控，怎么调控，调控的标准是什么，这种调控要不要考虑成本与收益的问题？政府不是一直在调控吗，实际结果又怎么样？学校与学校差异不小，老师与老师也不一样，这些怎么考虑？等等。这些问题抽象地谈谈并无不可，但减负是无法抽象地进行的，所以一接触实际，各种问题都会马上涌出来。

第四个是“手段及责任、任务和压力论”。这个定义有新意，但也是抽象探讨，与“过重”有何关系？如果“过重”，那是手段出了问题还是目的出了问题？“应承受”是否有客观的标准或指标，等等。这些问题一发问，往往很难回答。况且，“课业”可以是手段，也可以是任务，还可以是过程或压力，但把“课业负担”设定为正面概念而不是中性概念，就使“过重课业负担”成了悖论，可以理解为“不正当的正当”或“正当中的不正当”。这容易导致归因过窄，不能概括因不当因素或原因导致的过负，也不能揭示过负构成中的不当内容和压力。

第五个是“压力体验和生命消耗”论。它比较抽象，但有一定影响力，被人介绍和接受的较多。目前，与这类“生命消耗论”相类似的，也有从“生命成本”“生命透支”角度，来看待或研究中小学生问题的。这一定义力图在最抽象层次概括一切，显得很学究气；而把课业负担与生命联系起来看是有新意的。问题是跨度太大，把“学业负担”一下子跨越到“认识和适应生存环境”及其“生命”的最基本层面来定义，显得不尽合理；这是其一。其次，与上面其他定义的问题一样，很难划出“过重”的界限：不管有无课业负担，生命都是要消耗的，所以什么是正当、正常的消耗，什么是不正当、不正常的消耗，就无法说清楚。

从技术上看，这一定义有三个问题：一是“学业负担”的外延过宽。从下面第三章对“学习”“学业”这类基本概念的探讨看，作为“学习负担”的定义似乎更适宜些；二是指涉范围不清。这个“学业负担”是整体还是单项，抑或两者都包括？这个不清楚；三是内涵构成要件的因果关系含糊。“带来压力—形成体验—消耗生命”，这种因果关系是定义学业负担的充要条件吗？简单说，压力体验下的消耗生命，就是学业负担吗？作为假设，并无不可；但如果不感到学业有压力，那么还存在学业负担吗？是否就没有生命的消耗了？可见，无论是认可它还是不认可它，都会成问题，因为我们并没有关于“压力”“体验”和“消耗生命”的具体标准或指标，或许永远不会有这类具体标准或指标。

第六个是“学习疲劳恢复论”。这是一种描述性的定义，优点是突出了过负的多危性，也有一定的接受度。但缺点是一样的：因为疲劳的“调整和恢复”也好，“产生某种疾病或心理偏差”也好，都是因人而异的、很相对的。很多学生没有“产生某种疾病或心理偏差”，有的学生睡四五个小时就能“调整和恢复”了，那么对他们而言，是否就不存在过负了？即便可以这样，可以从程度和范围上来确定“过重”与否，但到了什么“程度和范围”，比如是20%、40%，还是60%以上才算是过负存在？有什么技术手段能够客观准确地测定出这个“程度和范围”？这些问题都会延伸出来，这里不加细究。

这类定义最大的问题：一是循环论证，事后诸葛亮；二是默认实践非理性或非理性实践，因为什么都要等到出了后果才知道或判定“过重”与否，那研究减负就等于不必研究，作出界定等于无需界定，提出减负等于无需减负。这说明，过负的定义不准，那么定量分析也无法做好，甚至无从做起。

第七个是“任务或压力论”。这最后一个界定，从外延种类讲并无新意，但其三个层面的划分有一点新意。这个观点因为已出现于教师的减负征文中，所以这里予以展示和分析。

说学业负担过重是学生承担的学业或学习任务或压力过重，这种定义是分析性的，并没有提供信息增量，而与上面的几种定义相比，外延种类收缩了一些。从思路上看，没有新的变化，依然是围绕“过重”并力图寻找可衡量的依据或标准。作者寻找到的依据和标准分为微观、中观和宏观三个层面。作者所说的微观上的依据或标准，即“学生承当了与其能力不相符合的任务或压力”，但这是很相对、很主观的问题，因为学生的能力或动机之类差异很大，动态变化更大，大范围内很难立出一个统一而有效的标准；即便能立出这么一个统一而有效的标准，人们也未必会遵守它，不然也不会有过负顽症了。中观或宏观上的依据或标准，是一种客观标准，它无需考虑学生的实际感受及其能力状态，即便不感到重或过重，也都可认定为“过重”，所谓的“超标、超时、超纲”之类被认为“过重”的表现，就是由此而来。

这类标准用之于减负，则有明显“一刀切”的弊病。但宏观上标准是否就是明确针对学业负担的标准？这并不清楚，尽管这并非主要问题。主要问题，一是这种认定“过重”的思路，其本身就先假定了所援用的这些依据或标准具有天然正确性、正当性，而这就堵死了从源头探讨并治理过负的路子；二是这类定义也没有揭示过负的实质是什么。

（三）以上各定义中的共同瑕疵

前面说过，家族类似概念的涌现，表明了过负顽症具有相当大的复合互绕性，很难用一个简单定义概括周全。当然，公平地讲，家族类似概念也给减负工作带来了某些好处。好处就是这类概念各自点明了相应的范畴边界，从而可以有针对性地在有限范围内去发现问题和改善问题。

例如，如果是学习上的过重负担，就着重于从学习方面对付；是学业上的，就着重于学业方面对付；是课程上的，就着重于课程方面对付；是课业上的，就着重于课业方面对付，等等。这是一种头痛医头、脚痛医脚的办法，甚至无须区分特定和非特定的性质，但是有必要或有意义的，比瞎子骑马式的头痛医脚或脚痛医头要好。

不过，以上七种定义的目的并非是要界定各个家族类似概念，而是想揭示过负的共性实质。尽管批评或解构总是容易的，但其中存在的共性瑕疵还是有必要加以揭示。

首先，不清楚这类定义是在定义一种事实，还是在定义一种价值偏好。“学生负担”“课业负担”，抑或“学习负担”，不是一种单纯的事实或现象，而是混合着浓厚价值意味的事实或现象。以上的定义或者在负担层面，就可以成为被否定或被“减轻、减掉”的对象，更不用说在“过重”的层面了；相反，在“过重”的层面，同样可以成为被采用、被认可的手段。“让多数人去争取注定只有少数人才能达到的标准”[15]当然荒诞不经，但能够胜任“过重课业负担”的少数人及其作为培养和选拔上的手段，也不可无视其价值而一概否定，不然教育就不具备甑别选拔功能。所以，对减负工作或实践，这种概念界定的理论指导价值不大。

其次，这类定义不能揭示过负的特定性。这类定义都消解了过负的特定性，把过负有意无意地看成是教育上的永恒现象或混同于日常教育中的动态随机性现象或问题，结果是实践上要么造成减负泛化，要么减负大方向不明，甚至减负成了对常态教育教学的干扰或束缚。

第三，以上定义不触及民生根源。这导致归因不准，责任难分，最后是导致减负的大方向和总诉求不明。所以，当过负是由民生格局失衡导致了教育基本逻辑、功能目标变异及其合力驱使所催生出来的时候，这种定义就不足敷用了。政府也好，学校、校外机构也好，老师也好，家长、学生也好，因受自身利益和立场的局限，都是这个总体格局的被决定者和受害者，同时也是这一总体格局的支持者和支撑者，因为不管他们的主观态度如何，他们的行为在客观上则在顺应这一总体格局，各方都想使自己在这个总体格局中得益最大化，所以变相地支撑和固化了这一总体格局的存在和延续。当然，作为受害者，过负顽症的最大受害者是儿童，这个最大中的“最大受害者”是那些升学或/和择校竞争失败的儿童；这个最大“最大中的‘最大受害者’”，则是升学或/和择校竞争失败并由此又遭受身心创伤或损害的儿童。

可见，不能揭示过负的特定性，并与日常教育中动态随机现象相区分，与作为特定选择或培养手段的现象相区分，减负就不会有大方向，而只能在时生时减中打摆子。“减负”令箭多达几十道，也表明了既要维系这一总体性民生差异格局，又要减负这一矛盾难解甚而无解。例如，有中学的负责人在家长会上非常恳切地说：“分数是学校的生命线”，“成绩是孩子前途和家庭前景的通行证”，“谁减负谁倒霉”；有的教师说“不管成绩好，成绩差，都要找家教”之类，就表明了减负政策与具体现实之间的悖论状态。有的文章论及对减负的对策，还有很精到的总结：“象征性执行，敷衍性执行，选择性执行和替代性执行。”[16]

以上这些说法，清楚地表明了教育或读书的“敲门砖”性质，已经内化于教师及管理者的内心。结果，下级政府的减负令往往成了对上级决策的政策版表态，而一线学校的减负工作成了对减负政策的相机应付，几乎都与这一“总体格局”或“敲门砖”性质的强势驱动有关，与有关方顺应这一强势驱动而可带来或明或暗各种可观利益的预期有关，也与大部分居民及其子女不顺应这一强势驱动也别无他途可选有关；❶

❶ 笔者参加有的区县的减负会，区县研究所就明确提出减负的最大阻力来自家长，而家长行为来源于对未来的不安全感，贫富都没有安全感，将竞争绝对化、唯一化，把所有期望都压给孩子，结果转化为压在孩子身上的各种各样负担。这种认识及其说法有正确的地方，有的调研依据也能印证这一点。北京市2011年调研数据显示，城市、城镇和农村学生问卷中对“家长要求高”的反应，都居于首位①，就印证了这一点。但就归因说，微观角度或许是确切的，但宏观角度就不一定确切，因为“家长要求高”，很多也属于“果”而不宜作为“因”。这种归因，很容易导致“社会生病，家长吃药”的一般结局。

当然，与研究上对过负顽症的认识方式老化和认知惯性难以突破有关。

二、“过负”概念的复杂性及分析

过负难以确切定义，首先在于其构成部分如“学生负担”或“课业负担”本身，就具有主观和客观、规律和人为、事实和价值的双重或多重性质。

例如，“学业负担”或“课业负担”既可看作为一种客观赋加，又可看作为一种主观感受；既可以看作被肯定的对象，也可以看作被消解的对象；既可以看作规律性必然现象，也可以看作人为选择的产物；这些既取决于两者混合一体的关系和程度，也取决于谈论者和听众的心理背景状态如何。这种概念本身就具有很高的混沌性质，与可以清晰厘清内涵、外延的概念很不同，导致了人们在现象或事实层面就容易产生认知漂移，难以形成必要的确定性，从而在措施和工作层面很容易导致针对性错失，甚至滋生混乱。

有些现象，无论谈论者、听众还是当事者的主观状态如何，在事实层面都成立。这是一种客观现象，如经济学上谈的“代际负担”即是：不论你是上代人还是这代人，不论你乐意承担还是不乐意承担，也不论感受到还是没有感受到，这借债发生了并总要由下代人来偿还则是必然的；而像“过重学业负担”或“过重课业负担”之类，则可以因听众或当事者的心态不同、能力不同或价值观不同，而在事实层面不成立。

例如，有家长或学生喜欢应试竞争，那么就不认为作业多、考试多或作业难、考试难是一种负担，而认为是一种刺激或挑战，这样“学生负担过重”“过重课业负担”或“过重学业负担”在事实层面就难有共识，只是价值观相异群体的感受差异和意见诉求而已。过负概念具有相当大的混合性，其复杂性由此而生。

这里，探讨一下过负概念所含的几种混合性，有助于提高减负的精细性。就笔者分析来看，可以梳理出七大混合性。

（一）主观性与客观性的混合

上面谈到，“课业负担”之类既可看作一种客观事实，又可看作一种主观感受。不仅如此，连“过重”也都是主、客观混合一体的词语。其次，“负担”可以从客观来理解，也可以从主观来理解，而且从主观理解，还有中性和贬义的区分。很多工作、任务或责任被视为负担，是由人消极的心理背景赋予的。可见，这个常识性提法蕴含着复杂的多义性，给准确界定带来了困难。

揭示这一主观和客观、中性和贬义的含义区分，从实用的角度讲，是可为减负工作或实践提供向客观或主观两个方面引申的思路，并区分中性和贬义的性质而分别对待，从而提高减负工作或实践的精准性。

（二）一般性和特定性的混合

“课业负担”之类具有一般性，因为它可以作为一个个人或学校层面上的微观问题来议论，但“过负”应视为特定的病症问题。如撇开了特定的民生根源或大背景，以及由此形成的“敲门砖性质”、合力和基本逻辑，它只是教育中动态随机发生并在师生互动反馈过程中可以随时发现和随时校正的现象或问题，所以是教育中的日常现象或问题，不是宏观上会带来多危风险的严重问题。如作为某个特定培养和选择目的而设置的任务和手段，更是必然的，但有自愿进入及退出机制作保障，不会危害学生的身心健康及其成长发展。

可见，如不把过负视为特定病症，那就等于说：凡教育必然发生和存在“过重课业负担”。显然这不合乎事实，没有这样的规律。如有这样的规律，也等于是宣判了减负的死刑。这是其一。

其次，过负的生成在某些原因、环节和因素上有一般性，对有些国家也有一般性，但从现代社会及其教育的目的、性质、模式和功能看，则不具有一般性，所以减负的大前提是现代国家和现代社会减负的依托和方向，是与现代国家和现代社会相吻合的教育体制、教育功能和教育模式的真正转换。不完成这些根本转换，过负本质上是不可能终结的。[1]

[1] 由此可见，方向依然是教育面向现代化，而不是教育的产业化、市场化和商品化。减负的根本条件和前提是政治和法治率先现代化，而不是特权化和等级化，是“共同富裕”，而不是两极分化或分配不公。这个一般性和特定性的界限不清楚，有关减负的认识及其工作，要么浮在表面应付，要么没有大方向而时紧时松、时消时生、永无穷期。仅仅基于教育上的一些美好理念或美好口号来减负，是不可能取得根本效果的，这已为近三十年来的减负实践所证明了。

（三）定性与定量的混合

过负本身就是定性、定量的混合表达，绝大多数人的理解是“课业负担”+“过重”，无人将“过重课业负担”作为一个整体来定义。由于“课业负担”含义上的多重性，定量就会出现自相矛盾的逻辑窘况：政策表达的是“减轻”，而措施上又强调“增加”，课程上又要求“开齐开足”。有人把“学生负担”分为四种：应当取消的负担、应当减轻的负担、应当保持的负担、应当增加的负担。[17]教师中现在也形成了一些模式化的表达，如“三减一放弃一革除”❶ 和改变“五重四轻”的所谓有所减有所加的“辩证统一”❷

由上可见，这种分类和表达，一个政策上的“减轻”表达及其动作是无法涵盖的。更多的说法和做法，是把学校及其教师应尽的职责，都当成因为减负而要做的行为，或者是把良好的教育教学可能产生的减负效果（客观），当成是减负行动本身的问题。这种混合导致的一个问题，就是政策理解和说明及其减负工作的非逻辑化，结果是巧辩盛行，怎么说都对，怎么做都是减负，结果连“备好课”和“如何备好课”都成了减负举措或减负经验。学校及其教师的这种联想能力让人佩服，从好的方面看，可能会“歪打正着”；从不好的方面看，则成了“精卫填海”或屠龙之举。

（四）原因和条件的混合

从现象看，过负很多是违背道义、违背政策，也违背了法律的产

---

❶ 减去超出学生生理和心理发展能力以外的学习任务，减去学习活动中机械性的重复而对开发学生智能无用的作业练习，减去过时烦琐与实际应用无关的教学内容，要求教师放弃违反教育规律、简单粗暴、落后的教育方法，革除教育管理中仅以教学成绩评价教师教育成果的不当做法。

❷ 是要求人们从根本上改变重知识灌输，轻创造性思维培养；重智育，轻德育；重升学考试科目教学；重文化知识传授，轻体音美等基本素质练习；重关心学生学习成绩，轻学生思想变化、心理状况和行为仪表等违反教育规律的做法。要加强和突出对学生进行思想素质教育，教育引导和帮助学生逐步形成健康的心理、正确的世界观、人生观和价值观，养成勤奋、刻苦、探索、博闻、慎思、好问、有恒的学习品质和礼貌、文雅、友爱、自尊、自重的交际习惯等，培养其健全健康的人格。

物，如《未成年保护法》或《儿童权利公约》等。但事实上对待这类问题，又没有或不能进入法治程序，所以法治缺失或其机制失灵，既是减负条件不到位的问题，也是问题加重的外因。

又如，对儿童的教育应是一个社会整体的系统作为和共同责任，需要营造一个良好的教育公共场。应该说，北京市的“社会大课堂”[18]设想和举措，是一个良好开端，也是素质教育的一个宏观体现，尽管调研数据与设想之间还存在很大的背离[19]。但市场经济变成了市场社会，一切向钱看的社会导向，致使社会教育的公共场极其萎缩，要么投入不足，要么成了各部门自己把持并用来谋取部门利益的分肥资源，导致社会教育的公共空间狭小甚至消失，导致儿童自由、自主活动及学习的公共场所和安全场所相当匮乏。这既是减负外部配套条件不到位的问题，反过来又变成了因怕孩子受到不良环境的“污染”或人身不安全之由，而把儿童封闭在学校或家庭中苦读、苦学的充分理由。

可见，大人们尤其是大人中的决策者，容易看到问题或别人的问题，却看不到各自的责任和理想缺失早就在这过负之中了。因此，离开了现代化的大教育观，减负其实也是独木难支。

（五）内部和外部的混合

首先，过负之类，不仅涉及学校内外、家庭内外，也涉及学生身心内外；从内部看，对有的学校、有的家庭或有的学生而言可能不存在过负，因为有的学校的学生大都是被挑选出来的“好”学生，有的是天资出众的孩子，有的是学习上异常勤奋的孩子。这导致归因及其减负追求的内向化。有的小学介绍减负经验，认为“‘提升学生的学习境界’是‘根本’”，就是这种归因内部化并使减负内向化的经典表达。这种归因内向化的最大问题，是把一个他虐问题转变为自虐问题，并由此将之合理、正当化。

其次，内部和外部的边界随概念或提法不同而变。例如，学生负担、课业负担或学习负担，都存在校内外的问题，也有学生身心内外的问题，但学业负担则没有校内外的问题，因为学业是学历教育的概念和范畴。这样，就存在一个减负因概念或提法不同而变的问题，有的学校也有理由不减负，因为其学业合乎规定。

这一混合会导致减负随意化，而什么都可扯到减负上去，结果是要么捆住了教育教学的手脚，要么越减越重，越减问题越多。

（六）后果与代价的混合

过负从后果或危害表现看，大致可归结为这么几类：一是健康损害，如学生近视率大幅攀升、身体素质下降；二是心理压力大，精神及行为异常增多；三是极端性事件如自杀、自残或他杀时有发生，最轻的也会致使亲子关系或师生关系恶化；四是学业失败者增多，上学或求学的自信丧失，厌学、恐学、仇学及辍学者增多；五是实践能力、社会交往能力、生存能力，以及所谓创新素质之类的欠缺，即所谓“高分低能”和“低分也低能”现象普遍化。总体上，表现为基础教育培养的人与学生个人持续发展的要求和社会发展的基本趋势不适应、不吻合。

这其中，直接、直观的表现是儿童权利受侵，即首先侵害了学生正当的休息权、娱乐权和自我发展权，但却往往不被认为是后果或危害，甚至也不认为是个问题。其他方面，有的为政府、学校或家庭有相同认知，认为是后果或危害；有的则未必，政府认为是后果或危害，而学校、家长则认为不过是达到升学或/和择校竞争目标的代价，是必要或值得的，更多则认为是无奈的。

这一混合是造成减负动力差巨大的认识根源。这一动力差巨大，减负往往成了相关各方的同床异梦。

（七）后果及风险的混合

过负造成或带来的后果或危害，有的已是事实，更多的则属于风险。有风险就必然会出现一个对风险的评估考虑。

由于减负上有关各方的地位、利益、条件和动力不同，对风险的态度和看法是极为不同的。政府或许认为这种风险太大，风险一旦成真，社会危害巨大，需要遏制，更需要预防。有的家长则认为，不冒这个风险孩子没有好的出路和前途，或者说不冒这个风险也没有别的路可走；有的认为，尽管有风险，但是值得冒的风险；还有的认为，尽管有风险，但自己的孩子则可以在风险之外，等等。家庭，甚至学生自己对这一竞争的风险评估，如果是这几种类型为大多数，那么就为过负提供了存在并延续的动力和空间。何况，教育管理部门、学校及老师作为主体也会有自己独立的风险评估参与其中，在政策利益、市场利益和个人利益驱动下，风险评估的动力就更复杂多样了。

可见，这种风险与后果之间的信息不对称，以及风险与后果之间因果关系的非线性化，是减负的政策和宣传常常缺乏说服力的原因之一。

（八）客观混合性与主观困惑性齐飞

以上七大混合的存在，是减负难以聚焦而经常发散或走样的事实根源和认识根源；这也是当前减负工作或实践中一直在发生的事。结果，给人的感觉好像教育的中心工作和中心任务就是减负，学校及其老师为此也困惑了，甚至担忧了，于是又提出一些补充性命题如“减负增效”“减负提质”“减负不减责任”“减负不减质”，以及更为一般化的“减负促成长（发展）”或“轻负高质”的口号，或者以此作为对减负政策及其实践可能出现偏差的担心或预警，或者是作为依然故我的巧妙挡箭牌。

“增效”也好，“提质”也好，“成长”也好，“发展”也好，当前背景下最后往往还是考分说了算，这也是行政管理上最具有可行性并最具有权威性的依据或标准，尽管北京、上海对此的考评标准近年来有所松动。例如，有老师在“‘减负大家谈’征文”中写道：“不管是教师的层次水平所致，还是学生的基础原因，成绩始终是学校是否坐‘红椅子’的依据，是学校经济分级的标准之一。这样的标准线，怎能不让一线的教师们，想尽一切办法去提高学生成绩，而多安排练习、作业就是一个最基本的、最廉价的方法。”对家长而言，“要选择学校，成绩就是唯一的硬性敲门砖。现在尽管各大知名重点中学的招收生源由公开的选拔到暗地选收，但还是以成绩定乾坤。”

可见，学校的最高策略必然是“两手抓”和“两手都要硬”，即一手抓减负，一手抓成绩。但几个学校“两手抓”或“轻负高质”能成功？那些“两手抓”或“轻负高质”不成功的学校，会做什么选择？估计还是会选择“先抓出考分后再说别的”的策略，而这一策略选择，必然是激活或强化考试领导、指挥和支配教育教学的基本逻辑，或者说强化了教育或读书的敲门砖性质。

有关减负，很容易衍生出来的问题就是这类两难或多难选择。所以，支配学校及其教师行为的质量标准或评价标准，在没有实质改变或不可能有实质改变的前提下，减负很容易在实践上被边缘化和应付化，尽管汇报的时候一定是减负精神走笔下，减负口号挂嘴上。

三、界定前的病理学思考

除以上说的共性瑕疵，就笔者目力所及，诸多文章和调研中还显示出另一个共性的思维模式或惯性，即把“课业负担”看作一种中性现象，然后通过调研，再来探究“过重”与否。这种判定，列举过负的各种表现，所依据的标准大多数是政策上有关上学时间、作业时间和睡眠时间的规定或课程安排上的规定，更多的是依据文件精神或大众意见，然后再探究和分析各种根源或原因。

（一）看似客观的调研及其隐藏的问题

这种调研，看起来很科学，即无态度、无倾向性的客观调研在先，有态度、有倾向性的结论在后。但存在的问题，首先是倒果为因，因为往往是先有过负存在，然后才有政策限制，而不是相反；其次，这类调研及其报告，可以看作是针对课业负担的一般现状进行调研和分析，但不是对过负这一病理问题是否存在进行调研和分析。

以上两者有关系，但不是同一个问题。前者的调研和分析，即便得出课业负担“重”或“过重”存在，但不一定能得出它就是一个病症的结论，也就是说不一定就是“过负”。就如离开了特定的前提条件，检测出的血压高或血糖高结果，并不证明某人一定犯有高血压或高血糖病是一个道理。

因此，有关课业负担的研究，可以类比为基础研究，它类似于研究和探讨正常机体生理状态下的形态结构、机能及代谢的变化规律的各门基础医学，从而研究并总结出正当学业负担的范围、指标、特征和机理，从而为过负与否建立诊断或临床的条件、依据或标准。这类调研结论可以起预警作用，但不起判定作用。当然，要做到这一点，首先对

“课业负担”或“学业负担”要有严格的定义或限定，同时对“什么是教育的正常状态”或“学业负荷及其标准”要有可行和可靠的基本假设。实际上，对这一点目前并没有明确的认识，尽管目前提出监测或纳入督导的言论颇多。❶

但是，由于“课业负担”是一种复杂性、复合性现象，不仅仅是教育现象，更不是教育上的单维性现象，其内涵、外延都难以确定，甚至“负担”一词是否准确都是问题，所以对此也难以入手研究和探讨。既然对“什么是教育的正常状态”或“学业负荷及其标准”都缺乏可靠假设，那么“过重课业负担”就难免不是公说公理、婆说婆理，最后往往要靠权力方的偏好来定夺。

（二）病症不清及其不当风险

这里探讨的过负，不是指“课业负担” + “过重”，而是指一个特定的社会病症或问题。为此，首先要确定其是否存在；存在的话，范围多大，程度又如何，类似于高血压有三级标准之类；它有哪些主要的特征，主要表现在哪些方面，以及作为病症的根源和机理。因此，这里的过负是指一个特定病症，不是日常教育上动态随机现象，也不是作为某个特定培养和选择目的而设置的任务和手段。虽然这二者或三者往往混合一体而不易区分，但理论上应该区分，也需要区分。

正是由于这个病症性质不清楚、不确立，所以减负政策及其号召给学校及其教师带来了不小的误导，即减负的泛化。绝大多数学校汇报起来，无论想什么做什么，都属于减负，都是减负设想、举措和经验，哪怕说不出过负在其校的表现何在，学生身心上出现了哪些危害风险或迹象，甚至说不出这些危害风险和迹象是否可归结为过负引发的，等等。结果，这种汇报看起来更像是应付上级的策略，以不变应万变。

例如，有的小学汇报，总结过负的“根本原因”有四条：“学生没有形成良好的学习习惯”“课堂教学效率低”“教师专业化水平低”和“学校管理不规范、理念不明确”。且不说这种归因是否合理，单说这些问题本身，有的是教育行政部门和学校应做的事，有的是学校和老师应

---

❶ 有的直辖市有这种课业负担的长期监测，但其可靠性及其效果目前不好评价。

该做的事，有的是老师应该做的事。这些问题如果存在，就已经是教育行政部门、学校及其老师的失责。不管有没有造成或带来过负，这些都是要解决或改进的，并非因为有了减负要求才需要去解决或改进。至于很多的老师从如何备好课的角度谈减负，更是把良好的教育教学行为与特定的减负行动本身混为一谈了。备好课、如何备好课是教师的基本职责和应尽职责，这个尽职或许起一定的减负效果，主要是对减少或减轻教学过程中动态随机的负重有益、有效，但本身并不是减负行动或减负动作。

可见，不对过负做出病症转义，就会导致学校及其教师的减负泛化，做什么都要首先追求一个减负效应，而不是育人效应，就会主次颠倒。这也导致减负责任和压力加大，而真正的过负却不经意中被忽略了。这有违教育的中心主题，似乎培养人和提高教育质量（当然不是考分至上意义上的教育质量）不是教育的永恒主题，而减负成了教育的中心主题或永恒主题，从而可能诱发培养上的投机取巧，也可能引发教育上的弄虚作假。

四、“过负”的概念界定及分析

以往的减负研究还有一个共同的思维模式或惯性，即不断劈分概念，如劈分“课业”“负担”，再劈分“过重”，把“过重课业负担”或“学业负担过重”之类，看成是三个概念的机械组合。这种思维模式或惯性，把问题的特定性消解了，或者成了对一般现象的探讨，或者成了一种概念组合游戏。

本书把“过重课业负担”看成一个事实整体，是具有相对独立边界的特定问题或病症。这里直接探讨这一病症或事实界定，并揭示和刻画其内涵特征。

（一）过负的现象学表现

1.“超限”或“超常”特征

过负就表现看有一些明显的“超限”或“超常”特征。例如，学业难度、范围和数量上的超纲，学业难度超出了很多儿童当下的发展需要和水平，所以也是超需。学生学习类似于童工，甚至不如童工，因为童工多少还是付费的，而学生则是免费资源，连节假日也难得休息、放松。义务过大，是道义上超负，也是对儿童权利的侵权或剥夺。

儿童上学主要为了获得遥远未来的竞争优势，还要承载教育主管部门、学校、教师的多重期望压力，而不仅是学业或课业本身的自然压力，所以是精神压力上的超压。

儿童学习尤其考分追求以优异为本，实际上是超出了教育方针上的“合格”标准，把基础教育培养合格的普通公民目标不当转换成了培养成绩优异公民的目标，所以也可以说是超标。

学生的学习属于一种艰苦的脑力劳动，教育上几百年来也形成了一些惯例，如两学期或三学期休整放假制度。从对规律的应用上讲，这是顺应脑神经兴奋与抑制、脑体支出与恢复或劳动与休息的机体平衡规律的措施，以避免大脑及其神经系统过劳带来的损害，但过负则表现为无视这种教育上的经验惯例和机体平衡规律，竭泽而渔、拔苗助长的表现相当明显，从而给儿童的身心、机体的发育成长带来多危风险，所以，过负既表现为教育上的违例，也表现为规律上的违规。

以上各个方面及其特征归结到一点上就是，儿童身心机能在外部合力驱使下的超限使用，同时儿童学习或受教育主要归结为考试和分数标准上的竞争，所以也导致儿童身心机能的片面化使用，可以简缩为“高耗化”“片面化”。从现象上看，有关课业负担上的“几重几轻”表现，就是儿童身心机能运用上高耗化和片面化的表现。[20]有的学者在研究择校问题时，把择校类型归结为“拼爹、拼钱和拼命”三类[21]，而“拼命”就是儿童学习机能超限使用形象的直观描述。

2. 应试驱动下的教育异化

从发展角度讲，过负与应试教育或与教育教学围绕考试运转是一回事，两者是表里关系，都是教育及学生的片面发展或畸形发展，都意味着基础教育的运转逻辑是应试驱动，意味着以几门主课的书本知识及其技能训练为中心，核心价值观是分数至上，质量观是按分论质。

过负主要是一个由外部汇合的合力驱动，并依据升学、择校或创优之类的明确标准为目标，所以这种高耗化、片面化的学习机能运用，体现在儿童成长发展上，必然要依赖外驱化和高压化。外驱化，也意味着“失我化”，即儿童成长发展上的自我动力和自主意识被倭化甚至丧失，成了满足外部统一而狭隘要求和标准下的学习机器或考试机器，最好的结局也只是成为一个被世俗共认或可用的人力资源或工具。儿童成长发展无论目标还是方式抑或结果都单维化了，也必然高压化了，因为不合乎这一连串的升学或/和择校、创优所需标准和要求的，往往还被视为次品、残品，甚至是废品。儿童的人生才刚刚开始，就已跨入了次品、残品或废品分类和筛选的教育进程中了。

从理论上讲，过负的发生和日益严重也意味着夸大教育在儿童成长发展中的作用，是教育万能论的一种表现。之所以能够这样，则是因为儿童的成长发展及其教育、学习过程，被简化为以考试及分数为终极目的的知识灌输和技能训练，并简化为刺激——反应的机能熟练。学习不再是为了求知，而是为了通过考试，求知是可以也需要商讨的，是还可以犯错误的，而考试则不可以也无需商讨，更是不可犯错误的。在后者服从于前者的前提下，后者对前者有很大促进作用，而前者服从于后者的前提下，则对前者没有促进作用，应试反而会损害求知，甚至摧毁求知欲。

在满足应试及其夺分目的这一点上，加班加点、集体补课，以及应试训练或题海战术的效用确实很显著。这是已为千百年来的应试实践所反复证明了的古老经验，从而教学被过度简化，又被无限推崇。显然，儿童成长发展上的外驱化及高压化，不能造就身心健全的自主人格和创新品质，而更多是制造出大量高分低能和低分也低能的应试“机器人”或“分数人”；从信息化时代看，不合乎时代发展的基本趋势。

3. 过负与应试教育

由上可见，过负与升学或/和择校、与应试教育，是多位一体的问题。过负或者意味着基础教育偏离了其应有的定位、目标、功能、过程、标准，或者意味着基础教育定位、目标、功能、过程、标准及其课业、学业、学习、评价、方法上不当来源和因素的存在和增多，并被潜规则为正当化、合理化和合法化，使得知识、学习及其考试不是孩子成长或幸福的要素，而成了摧毁很多孩子自信或给很多孩子带来痛苦的毒素，从而使得基础教育不是有利于孩子的健康成长，相反会危害孩子的身心健康及其成长发展，甚至成了制造新“东亚病夫”的基地；大人们不是引导、帮助孩子成就他自己，而是硬逼孩子按统一而狭隘的标准“成才”或“成功”，学校则成了按分数标准指导和鉴定孩子成长发展的单一训练营，儿童则成了分数奴隶、学业童工和考试机器。

此外，过负危害一旦普泛，必然连带引发出一系列社会问题。

（二）“过负”的概念界定

过负所牵涉的范围和内容远不止于狭义的“课业”范畴，本书已经对这一术语作了“含义转换”的处理，避开了“过重”所带来的主观性、相对性和概率性陷进，并区分了过负和负重的三大类含义或理解，在表达上相对应。

1. 分析性定义及其问题

就指涉的外延种类而言，有关过负的很多定义，大都从“任务、责任和压力”这几方面来界定，如前面提到的“任务、职责、压力和代价论”和“手段及责任、任务和压力论”之类都是，尽管这几个指涉的外延种类也未必能完全囊括所有的外延种类。不过，如果“过重”或不当存在的话，也就意味着无论这三个或四个方面，还是这三或四方面总和，都存在了“过重”或不当的问题，而减负的话，也意味着从这几个方面来减轻或减掉。

事实很可能是这样的。仔细分析过负的表现，可以发现或找出无论在任务方面，还是在责任、压力或代价等方面，的确都存在过多、过大、过重或不当的问题；但从定义尽可能揭示本质的角度看，则有瑕疵。

本章列举的那七个定义，都是以拆析方法来定义的，属于分析命题。这就是说，“课业”或“学业”本身就包含了任务、责任、压力、手段或代价之类的含义，而任务、责任、压力或代价，就可称之为所承担或承受的“负担”，所以这类定义只是把被定义概念中本已包含的内容或含义，进行离析解剖一番而已。

这类分析定义有一定的意义，但并没有揭示过负的实质或要害。这类定义其实也只是在回答“什么是课业负担”或“什么是学业负担”，但没有回答“什么是过重课业负担”或“什么是过重学业负担”。

2. 狭义理解和狭义定义

前面已指出，过负与负重可以对应于特定现象和非特定现象，后者中还可以细分出作为特定培养和选择目的手段方式。过负作为狭义或特定概念，是指“在民生出路竞争与对优质教育资源竞争的强关联的前提下，教育适应升学、择校或创优的潮流而强化了教育教学围绕考试而运转的逻辑，能够直接、间接影响和支配儿童的各方在考分上形成了一种共同默认并由此汇成外部合力，持续驱使儿童通过高难度、高强度、高密度的应试学习及训练，去争夺考试高分，争夺对升学、择校或创优权重大的其他成绩和优势，致使儿童成长发展长期处于外驱化、高压化状态，并致使儿童未成熟身心机能长期持续地片面化、高耗化运用。”

因此，过负的实质及其要害，首先就是“在民生出路竞争与对优质教育资源竞争的强关联的前提下，教育适应升学、择校或创优的潮流而强化了教育教学围绕考试而运转的逻辑”；简言之，即是教育或读书未改“敲门砖”的性质。其次，就是它的四个基本特征：“外部合力驱使儿童“争夺考试高分，争夺对升学、择校或创优权重大的其他成绩和优势，致使儿童成长发展长期处于外驱化、高压化状态，并致使儿童未成熟身心机能长期持续地片面化、高耗化运用”；简言之，即外驱化、高压化、片面化和高耗化。因此，“过重课业负担”，就是在教育或读书“敲门砖”性质未变的条件下，致使儿童成长发展长期处于外驱、高压状态，是其身心机能长期处于高耗和学习机能长期片面化运用状态的一种教育现象，也是一个教育问题，更是一个社会问题。[1]

（三）“过负”概念的内涵梳理

内涵一：“敲门砖”。“敲门砖”是比喻，但它形象而深刻地揭示了

[1] 过负生成或出现，表现为法定的教育方针被悬置，相应的政策规定被突破，行教的责任伦理被弱化，同时由于其成因复杂、过程曲折、环节繁多、源头多类，也导致法治或行政惩戒难以找到明确的责任对象，从而也表现为法治或行政惩戒的失灵和不作为。服用兴奋剂的作为可以找到明确、直接的责任主体和连带的责任主体，也可随着检测手段的发展而检测出来，进而还可进行事后追究。过负则做不到这一点，这是减负政策效应快速递减或被虚拟应付化的缘由，因为没有或无法配套刚性惩戒的政策或法律，必然是这样的结局。

教育或读书的根本性质，也揭示了对其他几个特征的内在生成性。笔者梳理历史发现，教育或读书具有敲门砖性质，学业负担或课业负担是不可能不重或不过重的。这是一条基本规律，深深贯穿于中国的教育史中。教育或读书只要还不是儿童成长发展的第一需要，而是为了自身及其家庭实现未来体面生存，乃至“飞黄腾达”或“光宗耀祖”的阶梯，那么过负不可能不发生。在本书而后的材料及其梳理中可以看到这一规律的制约作用，都指向这一点，在此不再赘述。

内涵二：外驱化。这是指儿童成长发展长期处于外部多元合力驱动状态中，无论是外部强加的高目标和高标准，还是外部的多元驱动主体，都处于绝对主导、强势地位。家长是一个驱动主体，家教市场造成家长群体互激也可以成为一个外加驱力，学校及其教师是驱动主体，政府虽然号召减负，但很多时候各级政府之间也不一致，有时是号召和实行不一致，所以政府也常常成为加负的强力主体。例如，上面向学校要“两分一率”，校长自然会向教师要成绩分数，教师也必然要学生交出好的分数成绩；择校需要分数标准，家长自然也要逼孩子交出好的分数；择校增加其他标准，那么家长自然会驱使孩子参加各种训练来满足新设的标准；名牌大学喜欢挑高考状元，那么中小学自然会以此为教育目标；而强势的政府部门喜欢从极少数名牌大学挑选毕业生，那么家长也自然会有意无意地驱使孩子奔这个目标；等等。

这类事实，无穷无尽，而且都打着为了孩子的旗号，孩子则丧失了必要的自我，完全按成人设定的轨道成长，按大人喜好的标准努力，而围绕考试目标苦读勤读。成为“三好学生”或全优学生，则是大多数家庭及其孩子的不二选择，因为这些条件在“择”与“被择”中，权重很大。[22]“不能输在起跑线上”的广告，之所以能捕获家长们的心，就在于已形成了把人生完全当成竞争博弈的社会环境，人生只是输和赢的零和博弈，并且竞争博弈越拉越长，起跑线越定越低，以至于延长到胎教，而基础教育都要搞成残酷的竞技体育，却没有多少能体现人生平等、尊严的转轨线和退跑线。

归根到底，由于过程性稀缺资源的获得对终端性稀缺资源的获得具有强关联性，所以也必然引发对过程性稀缺资源持续不断的一连串残酷竞争。[23]择校就是对过程性稀缺资源持续不断竞争的一种外显表现。这个竞争链如此漫长，外驱化主体自然而然会不断参与进来并增多起来，外驱动力也随之处于不断累加和增强之中，而儿童自小就生存于这个激烈的竞争链中，却要其不发生各种身心健康问题，那只能靠奇迹了。

儿童的各种身心健康问题接踵而来，连带出的家庭问题及其社会问题也自然层出不穷。中国的中小学学生是个近两亿人口的超大群体，只要其中有20%的儿童出现这样那样的身心健康问题，就是一个巨大的社会灾难。孩子的不幸，就是家庭的不幸；家庭的不幸，就是社会的不幸；自然，最后也是民族、国家的不幸。

内涵三：高压化。这是指儿童成长发展长期处于被外部激活的高压状态中。起跑线越定越低，终端性和过程性稀缺资源的争夺都十分残酷，儿童身心尚未成熟，就要纳入这种残酷竞争中，某种意义上讲，也是很不人道的。由于过程性稀缺资源的获得对终端性稀缺资源的获得具有强关联性，所以儿童会面临着一个一步错步步错、一步跟不上步步跟不上的结局，甚至导致一步错就全盘皆输，并面临四面受责的恐怖结局。这犹如儿童头顶上时刻悬着一把达摩克利斯之剑，高压自然不期而来。

高压化与外驱化是必然相连的，后者也是直接源头。教育学虽然反复声称儿童或学生是主体，但实际上儿童或学生的这个主体性长期受压抑，他的生活和学习，不仅受外部目标导引，更要受各种外力驱使，而外力就意味着压力，外力越多越大，也意味着压力越多越大。所以，外驱化也意味着孩子的成长发展长期处于高压化状态。众所周知，高压长期化，且不能良好内化或无法内化，即便对成人而言，也从来就是各种身心健康的直接杀手。

完全没有压力的社会或人生不存在，孩子一点压力没有也不是好事，但过多、过大的压力，对身心未成熟的孩子来说则弊多益少，不然，就不需要专门的“未成年人保护法”和“儿童权利”的概念了。儿童意味着未来，但以牺牲他的当下来换取未来是否就合理？学习是孩子的义务，甚至也只是成人眼里的学习，但将这个义务或责任无限化，使之成为学习童工或学习机器，是否正当？在外驱化作为一种不可抗的合力下，儿童事实上成了各种“老板”手下的无偿童工，各种“老板”都伸手向儿童要成绩、要表现，儿童要满足各各不同“老板”的要求，儿童的学习义务真的成了变相的无限义务。显然，让儿童尽无限责任，这是违背规律的，也是违反儿童权利的。

内涵四：片面化。这是指儿童身心的学习机能长期处于片面化运用状态中，说白了就是在外驱高压下的片面发展或畸形发展。[24]儿童是一个未成熟主体，但他是一个完整体，需要有丰富的学习活动和丰富的生活。由于外部竞争的标准很单一，在考试支配、驱动教育教学的强大逻辑下，学校评价标准事实上也很单一，主要归结为几门文化主课的分数成绩，[25]意味着这个分数好就一切都好，所以被指定的书本知识成了学生学习的唯一中心，争夺该几门主课的高分就成了儿童或学生的最大使命或最高宗旨，其他都微不足道。即便参加校外琴棋书画等各种培训班的孩子很多，但其目的大都是为了增加自身竞争优势而已，很多并非是出于自愿或爱好。这种所谓的“丰富”和“全面”其实是被丰富和被全面，甚至是“伪丰富”和“伪全面”，因为孩子往往成了连自我服务能力都缺乏的生活白痴，成了只受外部目标和外部压力驱使的被动反应的机器。据有位校长介绍，有个孩子按家长意愿，六年连续学了六门乐器，最后他对音乐厌恶得什么都不想学了。

这类事实数不胜数，一般是越到基础教育顶部就越发严重，学生成了高难度、高密度、高强度应试训练的做题机器，整个身心机能被归结为几种片面智能的运行。有的学校搞双课表，有的连体育课都被压缩，等等，都是学生身心学习机能片面强化的表现，也是导致片面发展及其他病态问题频现的直接源头。

内涵五：高耗化。这是指儿童身心机能长期处于高支出状态。高耗化也意味着孩子正当休息、休闲或娱乐权的被剥夺，成了摧毁孩子身心健康的直接杀手。这类问题，也是年级越高问题越严重，很多超级中学为了做题答题达到准确化、自动化、高速化，学生的学习训练每天高达14~15个小时，完全成了身心机能的一种超限高耗。这是政策上明文规定学生睡眠时间和限定在校时间的缘由。这类事实或案例举不胜举，有的教师跟学生说“不管学习好，学习差，都要找家教”，有的教导主任跟家长反复强调“5 < 2”的道理，意思是指周六周日学校放假，但家长不能让学生放假，不然五天在校的学习效果就消散掉了。总之，除了必要的吃饭、睡觉时间，孩子的学习必须超限支出，一切可能的时间和精

力都必须用到那些跟考试直接相关的学习上，不然，家长不放心，学校不放心，教师也不放心。

孩子是身心未成熟主体，他的身心健康首先需要保护和维护，而不能以正当理由变相剥夺。孩子的身心发育和发展，有它自身的自然节律和进程，是不可违抗和任意干预的。但实际上，教师也好，父母也好，往往见不得孩子有自由玩耍的时间，除了必要的睡眠外，不把这个时间填充进无穷内容，并且是为大人完全认可的内容，是不放心的；学校成为应试集中营还嫌不够，家庭也要成为一个附属的应试集中营。结果，外部赋加的诸多任务，如过多的作业和课业，过多的训练班或课外班，不仅挤走了孩子自由闲暇的时间，也常常挤走了孩子必要的睡眠时间，孩子的自我、自由和自主总是处在不断被剥夺的状态中。

身心机能长期处于高耗化状态，即便对成人来说，也是其身心健康的严重杀手。但在儿童成长受外部合力驱使下，高耗化反而被视为常态或正当现象了，因为大家都这样，所以就是正当的、正常的；而且，孩子的身心健康问题多多，心理不健康问题增多，甚至自杀、自残增多，也被视为正当、正常的了，因为人们已见多不怪，习以为常了；但结果，自然是一代又一代的学生，成了不断复制的新“东亚病夫”。这不需要从国家、民族战略高度上看，即便从学生个人生活及其幸福的角度，经过一个基础教育过程而使很多儿童成了新“东亚病夫”，是不应该的，更是其个人的大不幸。

由上可见，在教育或读书的“敲门砖”性质未变或趋强化的条件下，儿童成长发展长期处于外驱、高压状态，其身心机能长期处于高耗、片面化运用中的现象，就是特定的过负。这不是一种可随机调节或随时防御的微观现象，而是一种由民生竞争必然要大范围互激催发出来的问题。它表现在教育上，通过教育的内因而作用，但根子不在教育自身。因此，减负既要治标，也要治本，才能根治。

五、本章小结

本章探讨了如下几个问题，即“现有的概念界定及分析”“‘过负’的概念复杂性及分析”“‘过负’的概念界定及分析”。

以往有关过负的概念界定消解了过负的特定性。这类概念探究，会使减负研究和治理失去大方向，无法导向源头。本文对过负作了狭义界定：“在教育或读书的敲门砖性质未变或趋强化的条件下，儿童成长发展长期处于外驱、高压状态，其身心机能长期处于高耗、片面化运用中的现象，就是特定的过负。”简言之，即具有“一个性质、四个特征”的现象，就是“过重课业负担”。

从减负界定的社会角度看，要改善或减轻教育的“敲门砖”性质，从教育自身的角度看，更要注重源头治理，因为教育是一个整体，往往是上游决定下游，应试决定教学，出路决定行为。不然，政策就会打架，左手减负、右手增负；今天提减负就减负，明天强调教育质量了就变成了加负，来回摇摆不定；今天是这种要求，明天是新的标准，后天又因新形势要加新课程、新内容，等等。最后是哪头都放弃不得，哪头都得应付，学校及其教师搞得身心俱疲，反而不利于教育质量的提高。

参考文献

[1] 徐敏．小学生减负的教育政策设计［D］．复旦大学硕士论文，2008：4. 中国知网．www. chki. net.

[2] 刘合荣．学业负担问题研究——从事实到价值的判断与反思［M］．北京：华中师范大学出版社，2008：15.

[3] 杨槿．小学高年级学生课业负担现状、成因研究［D］．南京师范大学硕士论文，2005：14. 中国知网．www. chki. net.

[4] 邬志辉．关于学生负担问题的深层次思考［J］．课程、教材、教法，98（1）.

[5] 李佳．减轻我国中小学生学业负担的综述研究［J］．基础教育，2008（4）.

[6] 徐敏．小学生减负的教育政策设计［D］．复旦大学硕士论文，2008：4. 中国知网．www. chki. net.

[7] 刘合荣．学业负担问题研究——从事实到价值的判断与反思［M］．北京：华中师范大学出版社，2008：15.

[8] 阴国恩、李勇．学习负担的压力理论与对策［J］．天津教育，2004（10）.

[9] 刘珍珍．关于初中生课业负担问题的研究［D］．华中师范大学硕士学位论文，2006：3. 中国知网．www. chki. net.

[10] 肖建彬．学习负担：含义、类型及合理性原理［J］．教育研究，2001（5）.

[11] 王厥轩，等．上海市中小学生课业负担问题的调查与研究［J］．上海教育情报，1995（2）．
[12] 孙小利．关于学生学业负担的社会学研究及教育对策［OL］．百度文库．
[13]［14］刘合荣．事实与价值——教育哲学视野的学业负担问题研究［OL］．中国知网．www. chki. net.
[15] 唐彩斌．“减负”（2011 版）［OL］．新浪博客，http：//blog. sina. com. cn/u/1915657625.
[16] 陈传锋，等．中学生课业负担过重：程度、原因与对策［J］．中国教育学刊，2011（7）．
[17] 何齐宗．对学生的学习负担要区别对待［J］．江西教育科研，2000（10）．
[18] 北京教育科学研究院基础教育科学研究所．减负新探［M］．北京出版集团公司北京出版社，2012：26.
[19] 同上：178－179 页．
[20] 楮远辉．学生课业负担的特点及其对“减负”的启示［J］．探索与争鸣，2001（13、15）．
[21] 杨东平．择校成拼爹游戏缩小差距是关键［OL］．2011－09－08，中国新闻网 http：//www. chinanews. com/shipin/2011/09－08/news44058. html.
[22] 小升初推优需要具备哪些资格？［OL］．小学频道网．http：//xiaoxue. eol. cn/tyrx_ 9610/20111020/t20111020_ 696598. shtml.
[23] 山子．课改迷死——从就学出路前景的角度看教育的困境［J］．基础教育，2012（8）．
[24] 北京教育科学研究院基础教育科学研究所．减负新探［M］．北京：北京出版集团公司北京出版社，2012：174.
[25] 上海市教科研德育咨询与研究中心．学习负担困扰孩子六成小学生为成绩而烦恼［OL］．人民网，http：//www. people. com. cn/GB/jiaoyu/1053/2443125. html.

第三章　减负的前提对象及分析

“减负”是“减轻学生过重课业负担”的缩写，下面不再用引号标明。但实际上，减负的含义要比过负的含义宽泛得多，并不仅仅对应于过负；这也是减负容易泛化的一个根源。历史上，减负所针对的前提对象有好几种提法，更具体的是“作业负担”；前面已说过，这些提法或概念，都在政策文件中出现过，而所用的词语均为日常用语，即所谓“生活中常用，人人都懂”。这看似方便易解，但却给看待和分析过负带来了难度，因为一看就懂的现象或事情，很容易陷入“民意”决定论或“权力”决定论。对此，没有更好的办法，只能采取既要解剖分析、又要回归常识的办法。

这里首先对几个类似概念做出分析，然后对这些概念的组合进行剖析。这一探讨，不仅仅为了减负，也有力求提高教师的教育学素养之意向。

一、五个类似概念及分析

第一章中提及，“过重课业负担”或“课业负担过重”是后来的提法，一开始的提法是“学生负担过重”。迄今为止“学业负担”“课程负担”“学习负担”“课业负担”都在政策文件中出现过，所以这些提法就构成如维特根斯坦所说的一组“家族类似性”概念，[1]用以刻画和表达近似、类似的一组或一类现象和事实。一般认为：“家族类似概念的指称之间没有共同本质，其范畴成员之间是有层级关系的，有些成员是典型的，有些是非典型的，有时甚至可以出现反例”[2]，但彼此之间又

呈或近或远的血缘关系，并且带有互渗的特征。❶

由于减负与五个实体和非实体对象即“学生、学习、学业、课程、课业”都有关系，也都在政策文件或领导人讲话中出现过，这里尝试厘清其间的关系。这些厘清和分析，对老师借此检点并提高自己的教育学或教学论素养也是有用的。

（一）学生

“学生”是日常用语。当今时代，无论干什么工作或从事什么职业，大都当过学生，经历过学生时代，所以从日常感觉或经验上把握“学生”这一概念不是难事，也足够敷用了。但真要说明“什么是学生”，则是连我们的教育学都没有探讨清楚的问题，所以老师尽管天天接触学生，也不一定都能从概念上准确把握。

1. 教育学上的“学生”概念

教育学中关于“什么是学生”的论述，如“学生是人”；“学生是发展中的人”；“学生是一个完整的人”；“学生是以学习为主要任务的人”。[3]这一组有关学生的定义，主要是从哲学角度作出的推论，属于规范或约定性命题，而不是揭示性命题。就与过负的关系来看，依据第二章的定义，过负与第三个命题所构成的冲突比较明显，也就是说过负型的教育及其学习一定是片面化或畸形化的，并导致孩子的片面发展或畸形发展，肯定不能造就“完整的人”；与第一个命题也构成冲突关系，也就是说过负型的教育及其学习，是不把学生当人，起码是不以学生为本的，而把学生当灌输容器或争夺高分的做题机器或考试机器。可见，即便从教育学有关学生的规范命题看，过负就已是不正当、不合理了。

教育学上关于学生的定义，表达出的是教育追求的主观目的：因为

---

❶ 突出家族类似概念的价值，强调认识和表达上的个性或差异，或强调认识的丰富性和表达的丰富性，是哲学上的反本质主义，或反绝对主义、反还原主义和反科学主义的后现代潮流，以维特根斯坦为代表。但减负中家族类似概念的涌现，则并非因为这一缘由，而是这一问题所关涉的内容、对象、范畴很多及其关系复杂，由此造成认识复杂所导致的。家族类似概念的出现有其合理、正当的一面，因为有很多概念，的确难以按传统或苏格拉底式充要标准加以定义；问题的另一面，即家族类似概念出现的根源，很多则是认识尚不到位和不成熟的产物，所以迷恋家族类似概念，停留在家族类似概念上，也会掩盖认识的不到位和不成熟，并阻碍认识的深化或对问题根源和实质的揭示。对减负而言，这后一点尤须预防。

我们重视人，所以他是人；因为看重发展，所以他是发展中的人；因为我们肯定并追求完整的人，所以他是并要成为完整的人。但谁不是人，谁不是发展中的人，谁不是完整的人呢？可见，这种定义不能揭示学生的性质，缺乏关系事实的确定性。

学生就社会关系来看，是构成一种社会关系的相对一方，也是分阶段或学段的，不都属于儿童范畴的人。

2. “学生”的定义及其分析

第一章说过，这里的“学生”是指义务教育或基础教育阶段的学生，所以其事实确定性是：学生是一种社会角色和身份，专职于由学制设定的学习而不是专职于营生事务。学生是这类专职学习及其相应义务的承载体，也是角色和身份的同一体。所以，学生是以专职于由学制设定的学习为其责任义务的社会角色和身份。

作为角色，学生体现的是一种共生的双边关系，即没有老师就没有学生；反之，没有学生也没有老师。作为身份，体现的是制度性事实，当今时代主要是由学制赋予的，所以没有学制也就没有学生，学制是学生身份的依据和来源。作为义务，体现的是与学制设置中专职学习的关系，也就是说学生的学习具有一定的强制性质，服从计划安排和学习规则，而非学生的学习未必具有这一性质，而可以是出自自我爱好或兴趣的自发举动或自由行为。

以上的定义，与上面教育学中的第四条定义即“学生是以学习为主要任务的人”似乎是一致的，但这条定义不能算综合性命题，因为其内涵或含义已经包含在“学生”这个概念中了，属于分析性命题。本定义点明了其特定的角色、身份及其义务；换言之，本质上学生与“工人”“农民”之类符号是一样的，表明一种人群划分或定位，是用于指称特定身份、角色及其义务的专用符号。

3. “学生”概念与过负的关系

学生学习作为义务，会受社会发展水平和需要的制约，也会受学生身心机体及其发展水平、可能和需要的制约，但这是另一个问题了。就与过负的关系看，过负往往也意味着突破了以上的两个“制约”，更多的是突破后一个制约，使学生的学习成为一种不当或失衡的任务及义务，从而使教育或读书不成为学生身心成长发展的有益因素，相反成了无益于甚至有害于其身心健康及其成长发展的有害因素。

学生的学习与非学生的学习具有很大的不同，除了前者的学习是被规定为义务外，还在于前者是一种被纳入制度通道并以模式化方式进行的，所以是以学业、课程、课业、课表、课时及其课堂教学为主的方式进行、展开、管理和评价的。所以，学生不仅是专职学习及其义务的承载体，也是学业、课程、课业和作业的承担体。由于基础教育阶段的学生还是儿童，是身心未成熟体或身心发育未完成体，所以这类专职学习及其义务与成人应有很大差别，或者说与高等教育中的学生具有很大差别——尤其与精英制高等教育有本质性的区别，从现代与古代角度看还有法权和目的上的差别。因此，基础教育中设定的学业、课程或课业及其学习，要依据儿童的特征，以儿童身心健康及其成长发育最大化和优先化为前提，以保障孩子发展的长远性和可持续为目标，由此增进其身心发育正常化、身心成长健康化、潜能发展多元化、体美德劳智全面化。总之，开发并维护好儿童这一最大、最宝贵的天赋资源，也是民族、国家的最根本的资源，是现代基础教育的第一宗旨和最高宗旨。

就以上分析，如果过负存在，那么可能是给学生所设定的任务及义务不当，如加之于学生的学业、课程或课业不当，也可能是学习要求和标准的不当，等等。这种不当来源可以是多元的，宏观、中观或微观都会产生，制度、政策、市场也会催发，等等；但需要仔细区分、区别对待，减负才能准确有效。

当然，以上只是基于“学生”概念所作出的抽象分析。所要注意的，法定的任务及义务的不当可以导致过负，但之外的其他因素也可以导致，所以两者对过负而言，是充分关系而不是充要关系；而且构成这种充分关系，也是有条件的，这个条件就是“强加”或“强制”的发生。其次，这种抽象分析，尚不能说明“过负”与“负重”之间的区别与联系，也不能说明与作为特定培养目的和选拔手段之“负重”的关系。如要涉及微观理解，那么学生自身也可以是负重的一个来源。

（二）学习

“学习”应该是教育学、教学论中最基本或最基础性的概念之一。

但奇怪的是，心理学上对此有专门的探讨，而我们的教育学、教学论中居然没有这一个概念的界说和探讨。这跟我们的教育学、教学论主要依据哲学上的认识论来立论有关，即所谓“对教学论的研究要以哲学认识论为指导”“以心理学和高级神经活动的学说为理论基础”[4]。

1. 学习是人类的原始天性和天赋机能

所谓“以哲学认识论为指导”或“以心理学和高级神经活动的学说为理论基础”这类观点，从教育学、教学论学科具有相对独立性的角度讲，实际上把教育学或教学论取消了，因为这意味着你只要知道了认识论就等于知道了什么是学习，知道了“心理学和高级神经活动的学说”，就等于知道了什么是学习，等等。

显然，事实未必如此。早在这些所谓的哲学认识论或心理学和高级神经活动的学说存在之前，人类早就开始学习了，也早就开始教学活动了，直觉和经验上早知道什么是学习了。孩子则一出生，就自动地启动了学习的程序，激发了学习的机能、机理及其进程，所以学习也是人类最早感知并体验到的物我关系及自生机能。

可见，学习从原始起源上讲，是人类和动物都有的一种生物天性，或者说是一套天赋程序和天赋机能，或者说是一种与生俱来的本能。从消极角度说，学习是生物为适应环境而设置的一套天赋程序和天赋机能；从积极角度说，是生物机体自我探索的一套天赋程序和天赋机能。

2. 学习与第二信号系统

学习作为一套天赋程序和天赋机能，或者说一种本能，是人和动物共有的；但人与其他动物的学习的本质区别，在于人的学习逐渐转移并建立在第二信号系统上。

第二信号系统的出现，为人的学习或教学打开了无限的空间和前景，促使人的学习与其他动物的学习越来越分道扬镳；并且，随着第二信号系统自身的抽象程度不断扩大，人的学习及人与人之间也极大地分化了，成了彼此难于沟通的异类。由此，人的学习进入了“超我”或“无我”的界域，也意味着“非我”的出现。

显然，绝对的好事是没有的。人的学习与动物的学习分化越来越大，同样意味着人的学习被异化的可能越大，从而为外部强行驱使的学习成了非我的任务，非我的需求。第二信号系统的作用，可以使人的学习内容及学习容量无限扩大，远远超出个体自我与环境相互联系和相互作用的范围和需要，使学习对象扩展到一切可远离人身心整体感触的抽象对象，使学习不成为自我需求的表现，而成了被遥远目标所控制、操纵的动作和机能，甚至使人本身也成了机器而不是感性和灵性的载体。这种抽象的学习或学习的抽象过早、过多介入孩子的教育及其学习，那么对尚处于形象思维和感性思维为主的孩子来说，很容易成为一种巨大的精神压力或难以摆脱的包袱。

3. 学习的本质特征

从人类的角度看，人的学习远远超出了满足生命体生存或仅为适应环境的本能范畴，而有为求知而求知的自足的精神目标。这一点，即便只从孩子的生命初始阶段就可以得到印证，因为婴儿的学习不都是被迫于生存需求对象缺失才发出的行为，很多是一种自发的好奇性探究。这种探究既是孩子精神成长动力的显现或展现，也是精神成长发展的要素或酵母。也许如此，亚里士多德在其《形而上学》篇中，第一条公理就是：求知是人的本性。可见，学习是求知的一种途径或行为，那么学习也就是人的本性及其天性的展现。

须指出，学习作为一种求知行为，并不仅仅是知识起始意义上的求知或为了求知，而是对已知的复制或模仿。这是学习最根本的特征。因此，学习也最容易为外部关系及其已知内容所制约或支配，从而使学习内容及其目的或者成为支配人的手段，或者成为非我的重负，或者使学习者成为“有知”的无知者。教师明晓学习的概念，把握其本质特征十分重要，既可以突出学习的本质性，也可尽可能地避免其消极性，从而在教学中增加学生学习的自主体验、自我建构和自主发现的内涵和成分。

此外，学习既然是一套天赋程序和天赋机能，这就意味着它有天然的极限和个别差异，其展现或发展也有自身的逻辑和路线。皮亚杰的儿童认知发生论，对此有一定的揭示。所以，要讲遵循规律的话，遵循儿童学习的天赋极限，遵循儿童学习及其能力发展上的个别差异，遵循儿童学习显现或发展上的自身逻辑和路线，就是教育教学上遵循学习规律的表现。“有效教学”也好，“高效课堂”也好，离开这一学习底线，都会是一种极大的教育教学误导。

可见，教育教学对儿童学习及其机能发展的影响、促进和开发，既不是无能的，也不是无限的，更是不可任意的，需要讲时机或契机，讲一般和个别，要发现早慧，更要尊重晚成；不然，教育教学的作用很可能就是负作用、负作功。❶ 从这个意义上讲，过负也是教育上不顾大脑神经系统兴奋与抑制规律，不讲学习规律、不尊重个别差异的产物，体现的是大工业标准化生产的思路。

4. “学习”的定义

学习不只是教育学或教学论的基础概念，也是心理学概念，所以心理学上有很专门化的探讨。有认为“在传统的心理学中，学习是指人及动物在生活过程中获得个体的行为经验的过程，凡是以个体经验的方式发生的个体的适应都是学习。而人的学习，就行为的属性和任务的重心来分析，又可细分学习（侧重于人类经验的习得）、生活（侧重于劳动成果的消费）、工作（侧重于劳动成果的创造）三种”[5]。这个界定有定义过宽的问题，因为学习、生活和工作是对人们日常行为聚类的粗疏划分，不足以作为学习类型分类的标准或依据。

学习涉及内容、动力、机制、条件，以及效果标准，所以既为教育教学的存在及其必要性提供了依据，也为不当的外部干预或干涉提供了可能和空间。学习对个体而言，由于有一个社会化或族群认同的要求和压力，所以一个最基本也最为初始的任务，是习得其所在社会中已有的行为模式及其知识即间接经验，尽管这不都需要通过正规的学制体系来完成。因此，学习对个体而言，往往是从行为模式和求知内容的性质来定义的，这里尝试如此来定义它。

学习是个体针对人类已有的行为模式和间接经验为复制的对象和内容，调动和运用个体自身相应的身心机能及行为动作以达成这一复制目

❶ 杜威的教育主张，其实也是以此作为自己教育改革和实验的基本假设而论述和展开的。当然，亚里士多德说的这个本性，不只是指动物性自然天性，也指满足精神要求的高级天性。儿童的好奇心，是这种天性的最鲜明表现或流露，但也是某种社会中最讨厌，甚至害怕的天性。不过，人类历史再三证明，儿童好奇心不发达的国家，或者说不能容忍好奇心，害怕好奇心并习惯于扼杀好奇心的国家，都是落后国家，因为好奇心往往也意味着对为成人们所主宰的当下秩序和习俗的一种挑战。

的的活动及过程。

显然，这一定义比亚里士多德说的第一公理外延收缩而内涵扩展。

5. 学习与过负的关系

从以上定义分析，如果学生学习负担过重，那么可能是前件过重了，即学习的内容和任务大大超出了学习者当下的能力、需求及其自身心智背景；也可能是前件与后件有矛盾所产生的一种排斥性体验，即学习的内容和任务，与学习者的内心意愿和爱好冲突过大，致使学习成了强加给承担者的沉重负担。这一点，问题成因，可能是前件上的问题，可能是前件与后件的关系上的问题，但同样可能是后件本身上的问题，这要结合具体事实具体分析，不能抽象议论。从理论上讲，前件不当会导致后件透支过度而产生负担感，这可以成立，事实上也存在，而后件的状态同样可以反过来加重对前件的负担感或排斥感，所以学习负担的因果分析及其减负措施，可以归结为一个复杂的心理问题及其校正、疏解的问题，这个不一定与特定的过负有关系。

需要提示的是，这种对减负在概念上和心理技术上的抽象分析，对改善、改进日常教育中学习问题及其动态随机的学习超重或不当，具有认识意义，也有实践指导价值，但这与特定的过负不是一回事。

过负不属于日常教育中动态随机发生并可在师生互动反馈过程中随机发现和解决的现象，而是因特定大背景上民生竞争所滋生出来的，并且恰恰也是教育适应或顺应，甚至加剧这一民生格局及其竞争需求，而不是缓解或减轻。所以，减负往往构成了一种自我悖论，即一方面过负本身是教育适应或顺应现实的产物，另一方面减负又要求消除教育适应或顺应所生成出的这一结果；一方面微观上的“提质”或“增效”卓著，另一方面微观上的这种卓著却又成了宏观上强化夺分竞争的基数和动力来源，从而反过来会抵消微观上的这种减负努力。这种自我悖论或自相矛盾表明，过负与减负实际上构成了一个互支互补的阴阳同体，可见不消除教育自身的“敲门砖”性质，这类自我悖论就无法排除。

因此，过负如果映射了社会当下民生竞争的强势需求或趋势，那么单靠教育教学上主观觉醒和良心发现是不足以消除的，因为教育适应并服务于社会需求这一基本规律，会为自己强行开道，并冲破阻拦，过负其实也是这种规律“强行开道”“冲破阻拦”的一种具体而强劲的表现。

这一点，也为当前的课内减负课外补、校内减负校外补的教育服务市场红红火火景象所证实。这是减负常常一开始声势浩大，但尔后不久，过负往往又反弹回来的深层根源。

（三）学业

学业也是教育学上的一个基本概念或基础概念，但它同样是一个不易准确界定的概念。相对而言，学业与学校、学制和学习评价之类制度通道内的教育现象关联一体，所以它的界线或范围是比较明确的。因此，如果过负发生于学业范围，那么发现、改进或解决纯粹是一个制度通道教育范围内的自查、自纠行为。应该说，这相对容易解决些。

1. 学业定义

“学业负担”是在政府文件中出现过的提法，[6]但在观感上，研究者中使用的最多。奇怪的是，我们的教育学中有“学制”概念，却并没有“学业”概念。从教育学范畴构架完整的角度看，学制如果是骨架的话，学业应该是血肉；如果学制是攀登的阶梯的话，学业是学生所需承载的负荷。可见，没有“学业”的学制概念是空洞的，而事实上学生是通过完成所设定的学业任务来实现学制攀登的，不然就没有“留级”一说了。

由此可知，与学生一样，学业是一个学历教育或学制通道上的概念。所以，只有进入学历教育的制度通道才有学业问题，就如进入学历教育的制度通道才获得“学生”身份一样；由此，“学业评价”“学业管理”和“学业证书制度”之类行为和现象，才会延伸出来。对学业下个定义的话，大体可以这样表达：

学业是学历教育体系中对学生规定并由学生在设定时限内所承担的学习任务及其义务的总和，主要以培养计划、标准及其课程配置为边界。

做比喻的话，学业可以看作学历中所含的“血肉”，如学了哪些规定的科目，接受了哪些规定的训练，以及成绩和表现如何之类。

2. “学业”范畴的分析

“学业”比“课业”的范畴要窄。它是学历教育范畴内的现象或事务，是与“学生”这一角色和身份相对应的所有学习任务、内容及其标准、要求的总称，是显示学历内容、层级和水平的指示器。“学业”的内涵比“课业”要复杂，因为它必然涉及学制、标准及其完成情况。

首先，课业可以是学历教育的内容和任务，可以是非学历教育的内容和任务，包括非学校教育的内容和任务。其次，学业是总称性、总体性的，而课业则既可以是总称性的，也可以是具体性、单一性的。所以，完成学业是通过完成一件件的具体课业来达成的。

“课业”与“学业”的外延具有交叉性。抽象而论，即撇开特定前提来说，课业的外延要大于学业，因为学历教育或非学历教育、学校教育或家庭教育中的所有要学生完成的学习内容和任务，都可以用“课业”来表达；但在学历教育的前提下，“课业”只是“学业”下的子概念，属于学业范畴中由学生在一定时限内所承担的各类及各项具体的内容或任务，如上课、练习、作业、听写，等等。所以说，在学历教育的范围内，学业是课业的总称，不可数；而课业是学业的具体化，是可数的。

3. 学业与过负的关系

中小学必定有学业，因为中小学是学历教育制度的承载实体，学业是通过师生互动并依据一定标准和要求，由学生来完成的一系列具体课业，也是其作为学生所需承担的法定义务。

从与过负的关系看，如果说中小学生学业负担过重，那么可以从学习内容、任务、标准、制度及其管理几个方面来分析。其次，学业包含有一定的非文化性学习的内容或任务，如劳动、做好人好事之类，所以学业负担重或过重，也可能是学业中非文化性学习的内容或任务过多、过频导致的。“文革”前说的学生负担过重，很多就是这类属于“红”的内容和任务过多、过频所致。可见，从这个概念分析，与从学生角度、学习角度的分析，又有所不同，但边界则十分明确清晰，并含有更为关键的实质信息。

依然需提示的是，这种概念分析，对日常教育中可能出现的学业负担现象可起到及时警觉并随时防御或纠正的作用，所以是有价值的；但与特定的过负则未必有意义，因为特定的过负，事实上表现为学校系统内对此应有的警觉、防御、校正机制和机能被突破了的产物，就如人生病，很多时候是因为免疫系统不足以抵抗或消灭人体内致病细菌或病毒的结果一样。过负之所以发生，甚至加剧，并非是学校及其教师对此没有感觉，而是明知不对、不好或不当，或者出于无奈，或者不以为然，甚至也有顺势而为、推波助澜，结果学校及其教师成了过负生成的中间环节和加力泵。

（四）课业

我们的教育学中也没有课业的概念，只有“课堂教学”或“课外教育工作”的概念。这是以课堂的物理边界作为划分的依据，并且是以学历教育内的课堂作为划分的依据。按照这种划分的话，课外就是指学历教育内课堂教学之外的范围，那么似乎“课外”就不存在或不应该存在课堂教学的现象了，而只有课外教育了。显然，这不合乎事实。

1. “课业”的定义及构成形态

就常识而言，大家都知道“课业”常常与功课、作业或上课之类很具体的学习活动及任务联系在一起，所以是一个更为具体的概括性称谓。

前面说过，“课业”比“学业”要宽泛，它不局限于学历教育及其学校培养计划中，而存在于之外的一切机构或家庭中，所以现在的“过重课业负担”明确指称“校内外”所外加或强加的一切课业。课业不是一个主观概念，而是一个客观概念，因为它具有外部赋予性和公共约定性，也要表现在外部行为上。所以课业可以定义为：

是由外部设定和赋予并由孩子或学生在规定时间内运用自身各种相应的机体、机能来完成的各类学习内容、活动或任务的总和。课业主要包括上课及其练习、课外作业，具有数量、难易、类型、时间长短不一的差异，一般可分为强制性、半强制性和非强制性三类，主要指前两类。

可见，课业同样体现了一种双边关系，在这种双边关系约束下，才具有课业的存在或问题；当然，课业构成双边关系的对象比学业的要宽，不仅仅指学历教育范围内的老师，也可以是家长，或者是外请的辅导老师。如果仅仅是学生自己出于爱好或其他动机而多做习题或广博阅读，没有外在约束性，就不是在完成课业，而只是在满足自己的爱好或需求。所以，课业虽然比学业宽泛，课业是具体性的，学业是总体性的，但在“双边关系及其约束”这一点上，两者是相同的，因而是有边界的；不然，无边界的概念不成为一个有效概念。

课业的构成形态主要是三种：上课、作业（功课）和考试（查）。课业的种类以学科或课程为依托，由于各门学科或课程的智能含量及其性质是不同的，其外部效用或价值更是不同，反映了现实中人们的追求目的倾向和利益大小性，也反映了承接者个体自身的先天素质状态，所以人们对待不同课业的真实态度差异很大，即便这些都属于同一学历约束下的课业。例如，以前的口号叫“学好数理化，走遍天下都不怕”，现在则是英语学习及其市场红火异常，这就表明了对不同课业的真实态度及其主观取舍。从微观效用上讲，这也很明显。例如，要考试的与不考试的课业，前者显然会受到重视；有的学科成绩，如为所期望进入的学校看重，那么这些科目上的课业就会被学生更加重视，等等。

2. 课业与过负的关系

从以上分析看，无论是从课业定义，或从课业形态，还是从课业种类来看，如果过负存在，那么可能是外加或强加的课业过多、过难所致，超出了在规定时间内学生自身脑体机能所能承受的合理限度。此外，也可能是构成形态上的过多或过难所致，还可能是课业种类布局不当所致，结果是破坏了生物体神经系统最基本的兴奋与抑制或脑体支出与恢复的平衡规律。当然，这如果不是一个动态随机并可动态调节的问题，而是在集群合力驱使下无法动态平衡，才集聚为对孩子身心及其成长发展带来多危风险的重负。

同样，这类分析只有抽象意义，但与学业概念不同的一点是：如果课业范围内负担过重发生，那就不能只局限于学历教育的范围来分析和对待，而意味着有更多的源头或原因，并且不都是“片面（单纯）追求升学率”所致。所以，课业含义上的过重负担如形成，那么表明学生所实际承载的课业总和已经不当了，尽管其学业负荷本身并无不当。

可见，“课业负担”与其他几种负担都有交叉，但视角广度和聚焦落点是不同的，表现为视角更为扩散，但聚焦更为具体化。这个概念的优点，是可以从其构成形态和种类上很具体地去探究、分析过重或不当的原因，所以政策文件中还有很夸张的说法：“学校要把减负落实到教育教学各个环节。”[7]❶这算是强调减负的紧迫性和重要性，而在教育政策表达上的一种矫枉过正的简单化吧。

（五）课程

课程是教育学中的最基本概念之一，还形成了专门的课程研究，大学中也作为一门专业。这里做一点梳理和分析。

1.“课程”的现有定义及解说

对“课程”这一概念，我们的教育学中有专门的定义及其解说。简单的表达是：“课程是指课业及其进程”；复杂的回答是：“课程是按照国家制定的教育方针和各级各类学校的培养目标，根据学生身心发展的一般状况和科学发展的水平，为完成一定的教学目的任务所设计的教学内容和进程的总和。”[8]

以上这个简明定义中，倒把课业作为定义课程的要件，但由于并没有“课业”的概念及说明，所以再来作为界定课程的要件，就更说不清了。其实，课业与课程的角度和重心是不同的：课业是从交付给学生的具体任务及其责任的角度说的，而课程则是从知识或教学内容的组织、结构及其进程说的。所以，要说两者的关系，教育中则是课程在前、课业在后，没有课程也就没有课业。

不过，与教育学中的其他基本概念一样，课程也是最说不清楚的概念。它表现为：一是定义种类繁多。美国学者鲁尔统计，课程“至少有119种定义”[9]；二是定义的接受价值低。所以美国课程论学者斯考特说：“课程是一个用得最普遍但却定义得最差的教育术语。”[10]

我们的教育学及凯洛夫教育学，都没有关于课程的定义和解说。不过，公平地说，斯考特的说法并不构成对课程定义的贬低，因为这是一个普遍现象，也就是说，越是基础性的概念往往越是使用普遍却难以清晰定义的概念，越要多依赖于交流中人们的直觉把握和经验交集的大小。

---

❶ 这个说法，如果脱离了过负的特定性及其根源，则是不分青红皂白而先验地对“重型类”课业负担在教育上判了死刑。其实，仅仅就教育或培养人的一般规律讲，事情没有这么简单，因为有的或有时重型课业负担是有意义的，甚至是成才的必要要素和选拔的必要手段，并且需要在教育教学各个环节进行不同的配置，不是简单的“各个环节”一律减负。

2. 课程中的稳定要素及其定义

课程的定义五花八门，一般从科目或活动来定义，如《中国大百科全书》和《辞海·教育心理分册》中都是这样来表达的。课程是人设计的，所以人的设计思想不同，它的表现形态就会不同，尽管人的设计思想也不是任意而来的，而是反映了某个时代的主导趋势或潮流，更会反映课程主导者的立场和利益。

现在一般的梳理认为，课程大体有三种，即分科为中心的课程，以活动为中心的课程和以知识结构为中心的课程；[11]现在还有从等级或层面分类的，如国家课程、地方课程和校本课程。不管怎么变，分类如何多，据笔者本人的观察和思考，课程中有三个可经验要素是稳定的：一是必须有内容或活动，主要是已构成物化形态的知识、技能及其操作或训练的步骤、环节和要领之类，或者要求学生智能上掌握，或者要求学生行为上依此践行，一般以教材、参考书之类形式定型。二是有起止点和检测环节：一门课程还是所有课程都有起止点，但是否每门课程都有检测环节如考查、考试之类，这个不一定，实施中更不一定，所以这个普遍性要弱一些。三是课程内容、活动有程度或难度级差；人们常把课程比喻为平面的跑道或“学习的进程”（course of study），简称“学程”[12]，但从课程内容、活动有程度或难度级差这一要素看，比喻为“身心机能或素质训练的登梯”，应为更准确些。

根据以上三个要素，这里可以下简单定义：课程是为了学习或训练学生，而对知识、技能、能力及其素养内容、活动以起止和程度及其检测环节加以组织安排而构建出的程序性体系。这是静态的课程；动态的课程，则要包括在静态课程蓝本的基础上的一切教育教学活动及其形态、种类，如上课、作业、考试，以及更为细小的教学动作和行为，如讲解、复习、补习等等一切。

3. 课程与师、生间的关系

有关课程与师、生间的关系，这里主要说明两点。首先，与学业或课业一样，课程是因学生并为学生而存在的，没有学生就没有课程，所以也同样体现为一种双边关系。同时，课程又必然包含或掺杂着课程设定者和决定者的意志、利益和水平，所以两者总是既统一又矛盾。如果矛盾冲突上升为主导方面，那么就面临两种格局，一种就是课程压倒学生，一种就是旧课程被抛弃。后者在表现形态上也可分为两种，一种是学生个案性的厌学或罢学，教育史上这类例子甚多；另一种就是课程上自觉的“改朝换代”。这种课程上的“改朝换代”，或因社会变动而引发，或因自觉改革而引发。

其次，要区分课程与课业或学业的联系和差别。简单地说，课业或学业是课程中直接加之于学生或者说是要学生来承担、承接的部分，这是联系；而课程中还有教师要承担、承接的部分，这是区别。因此，课程是教师任务和要求、学生任务和要求以及知识、能力、素养、活动及其培养程序和标准的完整体。课业与课程相比，外延同一而内涵要窄；学业则与课程有很大的交叉性，有时内涵窄而外延同一，有时外延不同而内涵也不同，因为学业中有些任务不是由课程设定所派生的，或者不体现为课程形式，而仅仅由教学计划或随机的专题教育及活动所赋予。

从上可见，如果课程负担过重存在，可以从课程与学生的统一矛盾关系分析，也可以从课程内容、容量及其难度分析，还可以从课程的动态构成要素分析，如老师及其教学来分析。同样，这种抽象分析算减负或为了减负的话，与特定的减负未必是一回事；这一点需要依据具体明确的事实情况来判定。

当然，从国家课程体系的整体看，基础教育上游阶段教育课程设置的历史惯性即难度优先或选拔优先，当前又患上“宽度膨胀”的毛病，的确是当前过负的一个主导源头，需要着力检点。“片面追求升学率”及其过负的生成，在当前民生竞争的条件下，很大程度上更为这一法定课程及其教材制度所催化和强化了。因此，除非绝大部分家庭及其孩子对胜任这一课程设置及其教学不再抱幻想而主动抛弃它，那么它的源头增负效应才会因失去作用对象而无从发生，从而不减自消。

二、“负担”的含义组合

“负担”是一个带有贬义色彩的词语，也是一个主观意味很重的概念，因为它涉及主客关系，也涉及主客性质。所以，用这个词语增加了“过负”本身的复杂性和事实认定上的困难性。这里就“负担”含义做一番简要梳理，以期促进对过负及减负的清晰理解。

（一）“负担”的含义分析

减负所针对的前提对象容易引发多重理解甚至争议，跟其中的“负担”这一词语本身的复杂性有关。《汉语词典》里表达的含义是两大类：（1）承当（责任、工作、费用等）。（2）承受的压力或担当的责任、费用等：思想~|家庭~|减轻~。

《汉语词典》里的解释有点交叉，分类也不细致。笔者整理一下，分析如下：

负担作名词，有“费用”“开销”或“债务”之意，如经济学上说的“代际负担”就是指下一代以被收税形式，承担了上一代人的部分未偿还的债务；也有“承受、承接的责任、义务和压力”之意，如“家庭负担”“思想负担”。以上两个含义，都带有贬义，都不被看作好事。

作动词，是指承当工作、任务、费用、责任等，如“这次请客的花销由老板一人负担”“本会议中所有的复印工作由她一人负担”，等等。可见，作动词，“负担”不是贬义的，而是中性的。

负担作为贬义词，有“所难以承受的事物或事务”之意，近似于“累赘”“苦役”；也指主观上不愿意或不乐意承担并力求推脱或摆脱的事物或事务，或者会在承担者内心引发恶心或痛苦体验而竭力排斥或逃避的事物或事务。

从上可见，“负担”有贬义和中性之分，所以“学生负担”或“课业负担”之类提法，从贬义角度来看，就不存在“合理负担”“正常负担”的问题；从中性性质看，则是可以的。但“学生负担过重”或“过重课业负担”之类，其中既可含有贬义内容，也可含有中性内容，混合一体，所以减负共识形成的难度增大了，实践难度也增加了。这是一。

其次，“负担”不仅有“贬义”和“中性”之分，还有“客观”和“主观”之分，所以面临着是指客观上的过重，还是主观上的过重，或者客观和主观上过重都存在的困惑；并且“客观上的过重”是指什么，“主观上的过重”又是指什么？这类所指不清，所指不明，就意味着减负的前提对象不清和不明，从而减负既可能难以下手，也可能胡乱下手。由此可见，“过负”的确还不是一个科学严谨的概念，不加以确切界定，容易带来减负困惑，也容易带来减负误导。

以上分析表明，把“过负”理解为“课业负担”+“过重”的思维方式是不正确、不全面的，也是不足敷用的。这种理解既不合乎教育的复杂实情，也不合乎语言多义性事实，把教育上的特定病症转换成日常教育中由微观因素造成的动态随机并可动态调节的问题了。这种常识思维虽有一定意义，但以这种思维方式指导减负，不可能触及到实质和深层根源，必然会局限于管理上的查防堵疏、学科内容或作业上的加加减减，教学方法上的修修补补，谈不上教育观、教育功能和教育模式的根本转换，却容易引发减负上的机会主义行为。[13]

（二）“负担”组合及分析

由于“负担”既有“贬义”和“中性”之分，又有“主观”与“客观”之分，针对过负或负重，需要划分出“中性与客观和主观的组合”及“贬义与客观和主观的组合”这两大类组合方式。

1. 中性与客观和主观的组合

第一类组合中的“中性及客观上的负担”，是指学生所承受的来自于课程、课业或学业方面所累积的学习任务、活动及其义务，有“多、重和难”之类客观维度；其中的“中性及主观上的负担”，是指学生由此而承受的心理、精神或思想上的压力状态，以及由此产生的消极心理状态。

以上这两种状况如果存在，对身心机体未成熟个体而言，理论上就可以判定是不合理、不正当的，是要减轻的，但不是可减掉的，也是不可能减掉的。不过，这两者之间并非是线性的因果关系，后者的来源未必直接来自于前者，而来自于能够左右和支配学生的相关各方对课程、课业或学业所附加的利害取向过大所致，如对考试夺分的过高标准及其追求。这个问题则更为要害，是减负要针对的主要源头。

2. 贬义与客观和主观的组合

第二类组合中的“贬义及客观上的负担”，是指学生不愿意或不胜任却又强加给学生的各种学习任务或义务，如惩罚性作业、满堂灌或“题海战术”之类；这种负担不存在“过重”与否并减轻的问题，而是如存在了就需要减掉并尽可能消除其产生的根源和条件的问题。

其中的“贬义及主观上的负担”，是指不愿意、不乐意而又不得不承受的压力和痛苦，如公布分数、强化考试及其成绩的各种附加意义，等等，结果给考试成绩不佳的学生带来不应有的耻辱、痛苦和创伤。这种负担，同样不存在“过重”与否并减轻的问题，而是存在了就需要减掉，并尽可能消除其产生的根源和条件的问题。

3. 组合分类对减负的意义

由上可见，这两类组合，前一类组合存在过重或不当并减去的问题；后一种组合，不存在过重或不当并减去过重或不当部分的问题，而是有负就应消除。如惩罚性作业或语文上非要与标准答案绝对一致的要求之类，都属于这一类不当负担和压力，所以这个属于减负，更属于改革。这一点，是减负实践上需要明了的地方，不是说只有“过重”了才需要减轻或改变。因此，这种组合及其划分，有理论说明上的意义，也有实践上的价值，因为它为减负工作或减负实践提供了一种具体分类和分析的思路，即为“减轻”还是“减掉”的选择，提供了依据、方向和标准。

但同样需清楚，此减负未必是彼减负，这要视问题的性质及其具体实况而定。相对而言，在学校教育的范畴内，只要具有正确的教育思想和质量观，管理得当，反馈畅通，那么日常教育中由微观因素造成的负重，都可以随机发现和及时校正或改善，不会在孩子身上累积为大范围的多危风险。

三、“学业负担”概念的分析

家族类似概念的出现，反映出人们的减负认识及其探索在扩展或深化，也反映了家族类似概念各有其自身的局限性。尽管不宜再提与政策文本上不一致的提法，但概念分析还是需要的；而且笔者也认为，是否用“学生负担”“学业负担”抑或用“课业负担”来表示，并非关键或要害，但就笔者的考察和思考，可以发现“学业负担”概念有如下几个优点。

（一）触及实质

学业是学生必须承担的课程及其课业总和及劳动付出。学业负担涉及的现象也会越出“学业”的范围，但它触及到了一个实质或要害，即基础教育中学业竞争及其训练的畸形化、片面化，甚至非人化。学生的“课程”“课业”及其“学习”都可以超出“学业”规定，并给承担者带来沉重负担，但核心在于这些都是为在学业竞争中取胜而不断延伸或附加出来的额外支出。

学业竞争体现为考分竞争和特长竞争，甚至是几门主课的分数竞争，而且这不是平常意义上的考分竞争，而是事关并围绕着过程性优质资源和终端性优质资源竞争这类纵线远景上的重大竞争，所以学业竞争不仅会促使学业超前或提前学习的问题，更会导向学业片面化、竞争畸形化、训练非人化的问题，以及导致课外或校外教育或培训延伸等一连串连带问题。

孩子的学业及其考分意味着社会各方的期望及其达成度，所以学业负担过重，也意味着社会各方越过学业有限规定而施加给孩子的总体负荷和压力太大并不当了，尽管分别或孤立地看，这些负担和压力无所谓不合理、不正当。

（二）触及制度和体制原因

学业负担来源有社会、政府、学校或家庭的原由，但学业是一个学历、学制上的范畴，所以它直接指向了学历教育在制度或体制上的缺陷和问题。

例如，政府高度垄断教育，而自己又在体制内制造教育资源差异；政府赞成或默许高等教育产业化或市场化，却对某些直属高校吃偏饭而非市场化，给下游阶段教育提供明确的追逐对象；政府反对“片面追求升学率”，但升学率或考试成绩却成为显示政绩及教育质量的关键指标；政府号召素质教育，但基础教育中、高阶段课程设置，则是学科本位严重、课程体系庞大、课程内容艰深，主导思想依然是难度优先、选拔为重；等等。

以上这些政策或制度打架，在利益差、前景差急剧扩大的背景条件下，催化并强化了畸形的学业竞争及其夺分竞争而导致一个持续性的增负效应，而且“学科本位严重、课程体系庞大、课程内容艰深”，本身就是法定学业内强行施加给学生的不当负担。因此，减负首先要从学业范围内进行检点、检查，才能梳理并导向源头治理，才能取得治本效果。

（三）可明晰家族类似概念之间的关系

学生负担、学习负担、课业负担、课程负担，以及各种心理负担或精神压力，核心是学业负担。就当前而言，核心的核心，则是学业竞争，其他各种负担是围绕学业竞争所延伸或扩展出来的问题或病症。所以，抓住了“学业负担”，就抓住了减负的前提对象；抓住了“学业竞争”，则是抓住过负的核心；而抓住了以升学或/和择校为目的并以考试高分为教育教学中心目标所形成的学业竞争，则是抓住了减负的要害。

因此，过负的源头，就外部讲在于民生出路格局失衡，也是这种失衡在教育上的投射和表现；就教育自身而言，则是通向上游阶段所谓“优质教育资源”的接口或出口过窄，并且体面转轨或退跑的出路或通道匮乏；就功能而言，则体现为教育对当下现实的强劲适应和服务，激活并强化了有利于适应和服务现实的强劲逻辑，即教育教学围绕考试及其分数运转的基本逻辑。简言之，即当前背景下教育的“敲门砖”性质更为强化，而不是淡化了。

以上两个内外源头相互关联，相互激荡，又相互适应，导致了基础教育阶段教育教学基本目标的变异，导致了过负的不断催生和变本加厉；甚至导致连日常教育上由微观因素产生的动态随机并可动态校正、调节的课业或学习负担，一线学校及其教师也无从作为或无法作为。不从这两大源头及其相关制度上着手改善和治理，只是局部上药，甚至只是着眼于课堂，着眼于作业，着眼于师德，着眼于教学方式之类微观因素，过负是难于改善和根治的。这一点，也为最新的网络调研所证实：“91.5%的老师认为新课改对学生负担没有减轻”[14]。

四、本章小结

本章探讨和分析了减负中出现的五个相关概念，并指出这些概念范围中存在的“过重”或不当与当前减负的联系和区别。了解和掌握这些概念，并从新的视角丰富和把握这些概念，对减负工作或减负实践有用，对教师借此检点和提升自己的教育学素养也有意义。

本章分析指出，过负所引发的歧义和困惑，跟“负担”一词的复杂含义是密切相连的。本章由此提出了“中性与客观和主观的组合”及“贬义与客观和主观的组合”这两大类组合方式，可为减负工作或实践提供一种具体分类和入手的框架和思路。这大概可称之为“分类减负”的范畴。

本章阐述了“学业负担”概念的三大优点，即“触及实质”“触及制度和体制原因”和“可明晰家族类似概念之间的关系”。当前的过负是畸形化学业竞争的表现或产物，这种畸形化学业竞争，则表明教育的“敲门砖”性质更为强化了。因此，就现象论现象，就事论事地探讨过负，或者主要归结为教育上如师资质量、课堂教学效率和学生学习心理范畴上的问题，是把一个具有深刻社会背景及其根源的特定病症，完全从教育上内部化了，甚至心理化了。这无助于改善和解决问题，更不当放大了教育自身的能力和责任，尤其放大了一线学校及其教师的能力和责任。

总之，过负作为病症在教育，病根则在社会。就教育内部讲，表现在教育的下段，但病根又多在教育的上段及其制度通道上。在理论上，导致思想混乱的是，一方面强调教育对现实的适应和服务，另一方面又强调减负，要求教育摆脱或减轻恰恰是由教育适应和服务当下现实所造成的过负。天下没有这样的好事，所以，减负首先也涉及理论上的正本清源，涉及基础教育的定位和目标清源，以及制度通道上体面的多样化、多类化。

由上可见，即使就教育思想、定位、目标及其制度上，基础教育要做的梳理和清理工作还很多。这些基础工作不做，社会、政府、学校、家庭，抑或教师或家长的教育思想、观念和行为，都不会真正转到现代化的轨道上，甚至教育在很多家长心目中不仅是重要的敲门砖，而且成了唯一的敲门砖，过负只能越发严重；可见，教育如果不能真正转到现代化的轨道上，过负是不可能消除并根治的。

参考文献

[1] 鞠实儿．论逻辑的文化相对性——从民族志和历史学的观点看［J］．中国社会科学，2010（1）．

[2] 董宏鹰．从家族类似看托马斯·库恩的科学革命［J］．科技信息，2009（12）．

[3] 南京师范大学教育系．教育学［M］．1984：137－130.

[4] 同上：373－374 页．

[5] 邓志祥．中小学生学习负担过重问题研究［D］．华中师大硕士学位论文：6－7. 中国知网 . www. cnki. net.

[6] 南京市教育局采取措施，减轻小学生学业负担［OL］．中国知网．www. cnki. net.

[7] 国家中长期教育改革和发展规划纲要（2010—2020 年）．

[8] 沈适菡主编．教育学［M］．北京：人民教育出版社，1989：307.

[9]［10］佚名．什么是课程？［OL］．知行网 . 2011－04－08．http：//www. zhixing123. cn/lilun/13219. html.

[11]［12］沈适菡主编．教育学［M］．人民教育出版社，1989：310－311.

[13] 陈传锋，等．中学生课业负担过重：程度、原因与对策［J］．中国教育学刊，2011（7）．

[14] 查有梁．十年新课程改革的统计诠释［J］．教育科学研究，2012（11）．

第四章　减负的目的

减负的目的是个见仁见智的问题，很难形成统一而有效的共识。政府主要是从大战略角度来阐述的，如“建设人力资源强国”“实现伟大复兴”之类即是；教育主管部门主要是从推进素质教育和课改的角度阐述的，而第一线的学校及老师，则是从提高教育教学“质量”或“效率”的角度认识的，所以有“减负增效”“减负提质”之类的表达，尽管其心目中的“质量”或“效率”，也是各各不同。

可以看出，以上三种看法有一个相同的交集，那就是只把减负当成手段，本身没有直接目的。这里先梳理一下，有关减负目的的几个主要观点。

一、有关减负目的的已有观点

一是减负为实施素质教育创造条件，或作为推进素质教育的重要举措。这种观点有点循环论证，主要建立在《纲要》的这么一个判断上：“中小学生课业负担过重，素质教育推进困难。”[1]较早的说法来源于1999年《中共中央国务院关于深化教育改革全面推进素质教育的决定》：“学生负担过重已成为制约全面推进素质教育，全面提高教育质量的‘瓶颈’”，[2]所以得出的结论是：“推进素质教育从减负入手。”[3]

二是培养创新人才。[4]这种观点也是以《纲要》为依据。与此相关但更为具体的说法，就是培养学生的“创新精神和实践能力”；这是对《纲要》中“以提高国民素质为宗旨，以培养学生创新精神和实践能力为重点，造就全面发展的社会主义事业接班人和建设者”这一提法的推演。

三是增效是中小学减负的直接目的。[5]这种观点在基层学校很流行，如“减负增效”，或是“提效减负”，即通过高效课堂的教学，从而减轻学生课业负担。这类简洁标语或口号，就浓缩了一线中小学及其教师的这类认识和取向。

四是减负的目的是提高教育教学质量。[6]这类观点，大家认同感强，主要是比较保险，但只能粗看，缺乏信息增量。跟上面“增效”的思路一样，由于“教育教学质量”本身含义很多，歧义也很多，甚至最终还是分数说了算，所以减负实践的结果并不一致。尽管《纲要》中有关于教育质量的相关提法，如“树立科学的教育质量观，把促进人的全面发展、适应社会需要作为衡量教育质量的根本标准”，但支配教育实际运转的往往不是《纲要》，而是各种或明或暗的现实指挥棒，所以对待这类政策表达，执行者往往在自身利益最大化的前提下来加以取舍或权衡。

五是宏观战略性观点，那就是减负为了建设“人力资源强国”“创新型国家”，或为了“中华民族伟大复兴”之类。这类目标十分高远，也都是以《纲要》中的相关提法为依据，只是跨度一下子太大了，起宣传鼓动作用，但不具有操作价值。

二、减负的目的论思考

目前的减负研究和减负实践，基本上都是减负手段论，没有看到减负目的论阐述。导致这个现象的原因，一是过负的概念不清，二是缺乏儿童权利的意识，三是不理解自由时空对儿童成长发展的重大价值。

（一）从过负概念来看减负的价值

笔者认为，如果“过负”概念有自己的独立内涵，那么减负的直接目的也是相对明确的。减负不能仅仅从工具、手段角度来衡量它的价值，不能仅仅从“增效”与否，或是否“提高教育质量”的角度来衡量它的价值，完全以这种工具论、手段论观点看待减负，其最后结果往往是减不了负。很多有关减负的论述，往往从大战略角度来阐明减负的重大意义或价值，其实空洞而缺乏说服力，也在于此。

从前面的过负概念转义，可以看到减负本身就是意义，因为减去不合理、不正当、不科学的课业负担本身就是价值，并不因为儿童在闲暇时间或自由支配时间没干什么，就变得不合理、不正当。这个减，本身就是对儿童身心健康的保护和维护，没有比这个更为重要、更为基础的了。而过负概念中揭示的教育的敲门砖性质，是导致过负千年不治的病根，那么减负导向社会对这个病根的反思和手术，这本身就是重大意义。

（二）从儿童权利来看减负的价值

减负不纳入儿童权利的内涵，也是减负无力以及减负治标不治本的一个深层原因。减负防火墙如果不能最终建立在儿童能自觉对不当课业及其要求说不的意识和权利上，那么减负永远只是一种权利恩赐，而恩赐是不可靠的，随时随地都可能收回的。我们签约了联合国的《儿童权利公约》，儿童权利公约中也规定了儿童的应有权利和权益，但我们的学生不知道儿童的这些权利和权益，我们的教师其实也大都不知道，更别说对照这些条文规定来实施了。如果我们对照这些儿童权利公约，即便就儿童的四大权利即生存权、发展权、受保护权、参与权，就可以很清楚地看到，过负的发生就是突破了儿童应有权利的产物，更是大大侵害了其权利和权益。诸如儿童隐私权的侵犯、惩罚性作业布置，以及身份歧视和学业歧视，都发生于其中，使得单纯的过重课业负担又衍生为过重心理负担和精神压力。由于儿童自身没有形成权利意识和概念，外部要求和标准如不能良好内化，或者内化了又不能实现目标，那么就很容易走向极端：要么是内向的自我攻击，要么是厌学、逃学的逃避，更可怕的是外向的社会攻击。

儿童权利内涵的纳入，其实是牵涉到教育现代化的内涵和目标。所以，即便从这个意义上讲，减负也很有意义，并非只是所谓课业上的加加减减、课程上的修修补补。

（三）从自由时空来看减负的价值

有 N 多的案例可说明自由时空对儿童成长发展的巨大价值。如 2012 年诺贝尔奖获得者英国发育生物学家约翰·格登、苹果公司总裁乔布斯、微软公司总裁比尔·盖茨的成长发展经历等等，不胜枚举。但无论家长还是教师，对此往往是认知不足的，甚至对此还是恐惧的。这个既有教育观念上的制约，也因为外部环境恶化，导致安全性匮乏所致。

就教育观念而言，因为教育是培养，所以儿童必须服从大人或教师的指挥，必须听从大人或教师的安排，必须顺从大人或教师的目标。其实，说白了就是大人或教师缺乏儿童概念，儿童只被看作为一个小大人而已。从管理的角度，这也方便学校管理或老师管理，学校及老师省心省力，自然喜欢这样；何况就校内环境来说，当前最大的问题是儿童的安全性，学校及老师最担心的事就是出危险，而自由时空扩展自然更令学校及老师不放心。

就外部环境而言更是糟糕，以前年代可以自由自在的外部环境和自然性环境反而丧失了；独生子女的现状更是加深了对此的恐惧感。自由时空的丧失，其实也导致了儿童很多能力的丧失，如与人自由交往的能力、与自然交流的能力，以及从自我的感知来感悟世界和自身的能力，等等。大人们最怕的、最感焦虑的，就是孩子无所事事的样子，孩子连发呆的权利都没有，不把孩子的所有时间塞进大人自己喜欢的内容和任务，是不罢休的。因此，这个外因和内因的合力，也必然促成儿童自由时空的丧失。而缺乏自由时空的教育或培养，其实对儿童的成长发展不一定有针对性，也不一定起促进作用，相反可能起消极作用。

可见，减负的意义就不仅仅是所谓教学或课程上的“增效”或“提质”，而是为儿童的潜力潜能尽可能提供一个自主发展和自主表达的时空或平台，并从环境安全和优质的角度，给社会和学校提供相应的认知，促进这个自由时空的扩展和保障，从而真正实现儿童的个性化发展，使儿童成为他自己，而不是成为彼此相同的机器或零件。

三、减负的三个直接目的

由上可见，减负的直接目的可以归结为三个，从而同时体现它的自洽价值和作为工具的价值。

第一点，就是保护或维护好儿童的身心材质这一民族的最根本的天赋资源。说到底，一个国家或民族儿童的未来，就是这个国家或民族的未来，一个愚昧无知加病弱身躯的后代组成的国家或民族，不可能是一个健康强大的国家或民族。学习知识也好，形成技能也好，发展能力也好，如果身体这个天然资源损坏了，那就没有任何意义，儿童的整个人生便是痛苦的。这一点，既是战术性的，也是战略性的，既是微观的，也是宏观的。

对此，北京市教委 2012 年提出的减负指导思想就比较实在：“育人为本，科学减负，促进学生健康成长。”首先要关注和解决的，是儿童健康成长这个最为基础、最为基本的问题，所以笔者认为提“保障学生健康成长”要更准确些。健康出问题，其他都免谈，尽管健康问题不是单靠教育就能解决的，因为保障健康的最基本的宏观环境和基本元素都不到位，生活在毒水、毒食品和毒空气的环境中，那教育促进健康的做功反而也是做无用功，甚至成了变相加害；但在教育理念上，尤其是对作为公民基础的基础教育，首要的或最基础的一条，就是“健康第一”。

第二点，保障和落实儿童权利和权益。这一点往往不被人重视，既有国情制约，也有惯性制约，中国的成人都未必有自我合法权利和权益的明确意识，更别说把孩子看成为一个权利和权益的独立主体了。

教育学上关于学生主体论的议论往往都是情感关怀或逻辑推论，基本上体现为成人的恩赐或教师的良心发现。在多元驱动合力的状态下，一方面儿童权利和权益被不断压缩为零，另一方面儿童无权说“不”，或者只能用极端方式说“不”，如逃学、自杀、自残，甚至他杀之类，减负主要取决于成人的恩赐或良心发现，但恩赐或良心发现却是最不可靠的东西。这也是“过负”为什么常常会旧病重犯、老病复发的一个认识和体制上的根源。

儿童权利和权益及其儿童公民意识是最后一道防线，连这条防线都形同虚设，更可以任意突破，那么本质上讲，这还不是一个现代社会，更谈不上现代教育。所以，减负本质上也体现为建设现代社会和现代教育这一根本的目的。

第三点，给儿童或学生留出自我发展或自主发展的必要时空。在外驱合力下，儿童或学生自我发展或自主发展的时空常常被压缩为零，越到高年级就越发严重，国家课程中规定的其他副科形同虚设，连体育锻炼或活动往往也只是为了保障学生应试训练及其考试具有必要的体力体能而已，不然也不见得有必要。

就认识而言，中国教育、基础教育也不例外，从上到下人为造“才”的动机太重。近年来更是急不可耐，连“诺贝尔奖得主”都想批量制造出来。[7]这种想法，说白了，还是“人有多大胆，地有多大产”，也是“说你行就行，说你不行就不行”的老套路。所谓重点大学，打着“建世界一流大学”的旗号，狮子大张口要钱、要政策；但堆了那么多钱，给了特殊政策，中国的世界一流大学又在哪里？重赏之下必有勇夫，但也很容易出骗子，包括出科学骗子。

这类认识及其行为，对基础教育带来很不好的影响，把基础教育过早绑架在造“才”的战车上而不能自拔，无形中也把基础教育当成是竞技体育来搞。人才是一个整体，要么各种人才都会冒出来，要么都冒不出来，无法做到指定某类人才冒出来，某类人才就能冒出来。显然，要成为经得起时间考验的真正人才，自我发展或自主发展的因素作用是很大的，而这一点，在中国这个官本位国家和官本位环境中，无论从宏观社会上，还是中观组织上，抑或从家庭这个微观细胞上，都难以得到体现和实现，所以这也就决定了，中国学生的考试世界一流，而科技创新人才难成一流。对此，社会、政府、学校和家庭都有责任，不仅认识转变，更需要努力培育这样的环境。这一点由于社会安全系数降低和考试指挥棒的作用，再加上什么都是商业化，都要收费，其实是比以前变得更糟了，城市里孩子连自由活动的就近的自然环境都消失殆尽，而长期远离自然的成长和发展，身心都是不健康不健全的。难怪网上有人断言，只要在中国上完小学，那就跟诺贝尔奖无缘了。

减负就学校教育而言，应该为儿童或学生留出自我发展或自主发展的必要时空，同时也需要在学校环境、活动和课程上，为儿童或学生的自我发展或自主发展尽可能提供丰富的机遇和内容，为儿童或学生的潜能和天赋提供自由表达和展现的平台，这就是减负，这才能起到培育和发现人才的作用。

四、本章小结

减负局限于课业、课程或学校的范畴，主要从环节性或技术性角度着手，具有治标的价值，也是需要的。但它的根源是多元合力驱动，所以单纯环节或技术性作为，往往是漏洞百出、左支右绌、防不胜防。因此，减负的根本在于建设现代社会和现代教育这一前提，同时减负也是向“建设现代社会和现代教育”这一目标努力和驱近。减负的三大直接目的，是直接从“过负”的概念内涵而导出的目的，并且也体现为向“建设现代社会和现代教育”这一最终目标的努力和驱近。

参考文献

[1] 顾明远. 加快人才培养体制改革推进素质教育 [N]. 中国教育报，2012-12-12.

[2] 陈至立. 教育部——切实减轻学生过重负担 全面推进素质教育 [N]. 2000-1-7. 中华人民教育部网站 http：//www. cctv. com/special/667/1/39838. html.

[3] 中国教育报评论员：推进素质教育从减负入手 [N]. 中国教育报 2010-12-11：1.

[4] 郭志钦. “减负”的根本目的在于培养创新人才 [J]. 鹭江职业大学学报，2002 (2).

[5] 张亚珍. 增效. 中小学生“减负”的最终目的 [J]. 吉林教育，2012 (25).

[6] 林和文，汪大勇. 教育部基础教育司负责人发表谈话指出“减负”的目的是提高教育教学质量 [N]. 光明日报，2000 年 04 月 21 日.

[7] 盛若蔚. 激励高层次人才“万人计划”首批名单出炉 [N]. 人民日报，2013-10-30：4. 英国发育生物学家约翰·格登.

第五章　漫长而沉重的历史回顾

中国基础教育中的过负是个大问题、难问题，也是老问题，称之为“老大难”顽症很确切。自1951年起，国家层面发布的“减负”文件“达30个，又有人统计为49个”[1]，但过负依然是一个“减”而未果，时减时生，常减常生，剪不断理还乱的问题；直到2010年，仍然成了《国家中长期教育改革和发展规划纲要》中要面对的首位问题之一。

追溯历史，可以对过负追溯到更早的时期，即民国时期。不过，追溯只能到此为止，不能无穷追索，因为民国时期，现代国民教育制度开始成型，而更早时期要么没有国民教育制度，要么还没有成型。没有国民教育制度，就不会有这个制度本身的基本宗旨、目的及功能，没有成型，也不会造成大范围的危害，从而无以据此判断教育现象的是非正误。所以，中国义务教育或基础教育阶段的过负溯源，应该以此为界。本章以此为起点，梳理、回顾一下历史概况，为减负认识提供一点纵深感。

一、民国时期的过负简况

根据现有的研究文献，1949年以前出现过过负，其原因是当时出台的会考制度。这一制度及其带来的危害，陶行知当年在《生活教育》上发表《杀人的会考与创造的考成》一文予以强力抨击：

> “自从会考的号令下了之后，中国传统教育是展开了许多幕的滑稽的悲剧。学生是学会考，教师是教会考，学校是变成了会考的筹备处。会考所不要的不必教，甚而至于必不教。于是唱歌不教了，图画不教了，体操不教了，家事不教了，农艺不教了，工艺不教了，科学的实验不教了，所谓课内课外的活动都不教了。所要教

的只是书，只是考的书，只是会考指南。”“赶了一考又一考，毕业考过了接着就是会考。会考过了接着就是升学考。一连三个考赶下来，是会把肉儿赶跑了，把血色赶跑了，甚至有些是把性命赶跑了。……把有意义的人生赶跑了，把一千万民众的教育赶跑了。换句话说，就是把中华民族的前途赶跑了。”[2]当年的《新华日报》也登载署名文章，认为会考制度使得“堆得如山似海的试题”压在学生身上，使他们分不清“是被锻炼，还是被摧残”。[3]

对照一下第二章的定义，陶行知的描写的确传达出了过负的四大特征。为了减轻因会考和升学考强加给学生的负担及其危害风险，促进学生身心健康和全面发展，他提出了著名的“六大解放”，即“解放眼睛，解放双手，解放头脑，解放嘴，解放空间，解放时间”。[4]

不过，“许多幕的滑稽的悲剧”到底是什么？好像不仅仅指学生“学会考”、教师“教会考”这类现象。但到底是什么，陶先生并没有列举，只是用文学语言来描写，如“把肉儿赶跑了，把血色赶跑了，甚至有些是把性命赶跑了”。“杀人的会考”，题目耸人听闻，但这是事实还是文学夸张？估计是激愤之词居多，不一定是具体事实。这算不上证据，文章上也没有出示新闻事例。当然，由会考起因导致国民基础教育变异，即国民基础教育的目标和功能异化为会考或升学考试，学校异化为“会考的筹备处”，致使学生课业单调、负担加重及其精神压力加大而成为教育问题，并可能演化为一种社会公害，这一点则是清楚明确的，在当时也具有一定的公认性，尽管民国时期基础教育的受教群体比今天要小得多。这是其一。

其次，这种抨击是站在作者所持教育理念的角度发出的。作者的一些提法很有价值，阐述的教育理念更具有迷人的一面，但并没有揭示会考或升学考试为何会有那么大的驱动作用这一根源，即他并未揭示出当时教育的敲门砖性质。

最后，尽管没有谁给当今的考试起个“杀人的会考”之类吓人的题目，但把当今的情况与陶先生所论及的现象及其起因相比较，那么不仅可以说是似曾相识，也可以说病症严重有过之而无不及，但其背景及其成因上的复杂性则又大不一样了。

二、改革开放前的过负及其减负

改革开放前可分为两个时期：中华人民共和国建立初期和“文革”时期。本部分对这两个时期的过负状况略作回顾。

（一）建国初期的过负简况

中华人民共和国建立后，时隔不久，过负发生并危害学生身心健康及全面发展的问题又见端倪。

1. 政策及形势驱动型的过负生成

当时的毛泽东主席对此十分关注，于1950年6月、1951年1月两次亲笔写信给教育部长马叙伦，“要求各学校注意学生的健康问题”[5]。1953年6月30日，毛泽东主席在接见青年团第二次全国代表大会主席团时，提出“要使青年身体好、学习好、工作好的‘三好’要求，并指出青年时期是长身体的时期，他们学习和工作的负担都不能过重，现在初中学生上课时间多了一些，可以适当减少。一方面学习，一方面娱乐、休息、睡眠，这两方面要充分兼顾”。[6]

1957年，毛泽东在谈到教育方针时特别强调，要使受教育者在德育、智育、体育几方面都得到发展。需指出，这是对教育方针的阐述，不是直接针对过负；但从上可以看出，问题已有所闪现，即教育异化为智育，智育异化数理化，数理化异化考试，考试异化为分数至上，而主导目标只有一个，即为了升学。升学不仅意味着学生及其家庭的成功，意味着学校及其教育的成功，也意味着当地教育主管部门的成功。至于后果或危害，当时主要表现在对学生健康有所损害，但远没有象当今那样病态或极端到令人瞠目结舌的程度。

此外，现有的材料不足以证明当时学生健康下降主要是由过负造成的，而很可能是当时的卫生和营养跟不上所致。当然，对此反过来理解也可以，即在当时卫生和营养的既定条件下，那样的课业负担或学业负担就是过重或不当了，成了学生健康下降的原因。这个理解并无不可，但会忽视过负的内在结构及其驱力性质，而把过负仅仅归结为课业或学业上多与少、难与易的问题。显然，这不能说明问题。

至于原因，情况比民国时期要复杂些。有的研究者指出，一是不切实际的教育大跃进，二是社团活动过多：“‘向现代科学大进军’所需要的教育改革实践，一些地区的教育行政部门过急地要求提高教学质量和学习质量，加上教育行政部门工作中的主观主义和官僚主义，一些做法不切实际；学生也因非学习性的社团活动过多妨碍了正常的学习，造成了学生负担沉重。”[7]

“非学习性的社团活动”是个隐晦的说法，其实就是学校中政治学习、形势教育，以及所谓“革命”或“红”类活动太多。不过，当时主要是针对学生的健康下降找原因，并作为减负所针对的范围及依据，所以当时的总理周恩来说，“重点应该‘放在减轻课程负担和减少社团活动方面’。”[8]

由上可见，这类过负主要是政府和组织驱动的产物，与今天的驱动情况相比有很大不同。至于它造成的身心危害风险或后果有多大，覆盖面有多大，没有统计材料来证明。过负与否，当时主要是依据一些实例，并依据感受 + 上级认同的方式加以确认。这种确认方式主观性和或然性都很大，从今天的标准看，未必能够成立。

2. 沿用至今的新提法及其问题

到 1964 年，有关过负的原因有了新的提法。是年 5 月，中共中央国务院批转了教育部临时党组《关于克服中小学生负担过重现象和提高教育质量的报告》，指出造成中小学生负担过重的主因是片面追求升学率的思想。“为了减轻学生负担过重，提出了一系列的‘减负’措施，包括大力宣传党的教育方针，克服片面追求升学率的思想，学校把思想政治教育放在首位，教育学生正确对待升学和劳动；各级各类学校以教学为主，全面提高教学质量；明确考试目的，改进教学工作；并适当组织指导学生开展课外活动；注意劳逸结合，增进师生身体健康。”[9]

这是一个新提法，也是其沿用至今的归因。但从上文看，“片面追求升学率”的动力，似乎主要来自于学生方面，学校方面则处于被动迁就的地位。如果这是真的，那么当今的情况则未必如此了。不过，这一提法恰恰透露出当时有关基础教育的功能设计和制度通道设置，即一小部分学生进入高校，大部分学生进入生产劳动领域这一制度设置，开始发酵并起催化作用了。这一教育分轨的出路前景，在当时“城乡差别、工农差别和体脑劳动者”这三大差别的大背景上，在20世纪60年代初期已呈现名声差和利益差，所以必然会引发家庭及其学生选择趋同性，从而形成追求升学的竞争暗流。竞争日趋激烈，过负就会催产出来。既然是“暗流”，却也表明了追求的动力及其人群其实相当大，因为这既有出路前景上的利益诱因——如上大学成为知识分子则有城市户口和体面工作，还被纳入干部体制，更有相应的制度通道而被激活，从而成了催产升学及其过负的源头。之所以称为“暗流”，这是因为这种追求升学的竞争，在当时主导价值观或主流意识形态上并不被认可，甚至是要加以批判的所谓“白专道路”，所以这种升学潮流在当时主导价值观上是受到相当大抑制的，也可说从官方意识形态上得到一定制衡的。由此可见，当时对升学追求及其过负的可控性比当今大得多，但也依然表明教育的敲门砖性质未变，并由当时的教育双轨制给予合法化了。

不过，当时还有其他一些因素也起到中和或冲淡学业竞争激烈度的作用，使得当时的过负没有象今天这样变态和恶性化。例如，当时分配制度的基本原则是平均主义加略有差别，且知识分子在政治上的地位并不及工农，知识分子属于工人阶级还是不属于工人阶级，在当时还悬而未定；知识分子人数很少，其工资收入也只是略高一点，不比城市工人高出多少；城市家庭的孩子升不上大学而留城分配当工人，在当时还是不错而体面的出路；并且，即使在升学中，政治表现具有很大的效用系数，还有直接从工农中选拔适宜青年上大学的政策或通道。诸如此类，都在中和或冲淡当时的升学竞争压力及其课业负担。

当时开出的减负方子，既表明了上面对过负及其危害风险高度重视，也表明对过负的认识还处于相当朴素直观的水平，所以减负令中唯意志论和想当然的意味很重。认识上则是明显地倒果为因，因为即便按照当时居绝对统治地位的唯物主义观点，“片面追求升学率的思想”也是对客观现实的反映，已是“果”而不是“因”了，而减负政策却强调或着重在思想层面解决问题，这显然不合乎唯物主义的基本观点，也必然是治标而不治本。

3. 最高领导人的密集关注及其差异

针对过负，从1964年2月到1965年7月，毛泽东主席做过一系列讲话和批示。1964 年 2 月 13 日在人民大会堂召开教育工作座谈会，他批评了学校课程多，使中小学生及大学生天天处于紧张状态，指出“课程多，压得太重是很摧残人的”[10]，并认为：“我看课程可以砍掉一半，学生要有娱乐、游泳、打球、课外自由阅读的时间。”“现在的考试方法是用对付敌人的方法，——这种做法摧残人才，摧残青年。”[11]他还具体给出了考试以“创见”为主的考试及其评分标准[12]。

同年 3 月 10 日，他对北京铁路二中校长魏连生的来信“关于减轻中学生负担问题的意见”作了《批示》（即后来所说的《三一〇批示》）：“现在学校课程太多，对学生压力太大，讲授又不甚得法。考试方法以学生为敌人，举行突然袭击。这三项都不利于培养青年们在德、智、体诸方面生动活泼地主动地得到发展。”[13]

1965 年 7 月 3 日，他在看了《北京师范学院一个班学生生活过度紧张，健康状况下降》的材料后，给中央宣传部长陆定一写了一封信：“学生负担太重，影响健康，学了也无用。建议从一切活动总量中，砍掉三分之一”（这就是后来影响甚广的“七三指示”）[14]。

毛泽东主席的上述意见或指示，与上面提到的教育部临时党组《关于克服中小学生负担过重现象和提高教育质量的报告》不同，没有谈“片面追求升学率”这个“原因”，而把过负归结为几个事实并主要是学校的责任：课程多，教学方法落后，考试方法不当、学校生活单调，这都是学校方面的过错或过失，学生主要是受害者。此外，还提出了三个很有意义的提法，即“创见”“独立思考”和“德智体方面主动发展”。显然，这些至多是提出了解决或改善问题的方法、方向和评价标准，但并没有指出和分析问题的根源。例如，“课程太多”，那是法定课程标准内的“太多”，还是超出了法定课程标准带来的“太多”？“讲授又不甚得法”，那得法的讲授是怎么样的？等等。无法要求最高领导人去细究这类问题并提供可靠的答案，但这样提出的减负之道，毕竟是直观朴素或凭个人经验外推的成分居多。

不过，就后果或危害而言，当初主要是学生健康状况下降，包括心理、精神异常的出现，但极端性的后果或悲剧，如自杀、自残、弑母、残子之类，据现有的回顾材料来看，还没有提到。

（二）“文革”时期的过负简况

“文革”时期是中国教育史上一个比较特殊的时期。“文化大革命”这个术语会带来很大的误导，其实不是字面上的含义，而是教育领域中的暴力性破坏行动，然后扩展到社会上，采用暴力或专政手段消灭一切文化遗产，并消灭人的一切思想、精神上的自然差异。

这一时期的教育，主基调是所谓“革命”。或者表现为“停课闹革命”，或者表现为“复课闹革命”，根据由上而下的需要而定。从表现进程及其后果看，其实也就是破坏，所以也就不存在“过重课业负担”或“过重学业负担”之类问题。“‘文化大革命’爆发后，正常的教育教学秩序被打乱，学校停课闹革命，高等学校统一招生考试被取消，改为推荐上学，学制缩短后普通高中大量发展，等等，这些原因使中小学生的课业负担过重问题倒是没有了，但走到了另一个极端即没有了课业负担，没有了学习压力，又导致学习成绩下降，教育质量下降。”[15]❶

这一时期的确是过负销声匿迹的时期，其中一个直接原因是决定并施加课程或课业的主体即学校及其老师，属于“资产阶级知识分子”，所以是被批判、改造甚至是革命的对象。师生不是平等关系，老师不是“平等中的首席”，不是“术业有专攻、学问有先后”的传道者，更不是说一不二的“师爷”，而成了被批判、专政和打倒的对象，所以教育伦理颠倒，平等关系未立，求知目标变异，升学目标消散，学校性质错乱。

总之，这一时期课业负担的生成前提及其主体消失，自然更不会存在“过重”或不当的问题，而民生竞争诱因消散以及教育通道中断，自然也没有生成过负的动力、方向和轨道。唯一剩下的，就是文明范畴内的秩序、价值、知识及其文化体系，以及知识进化和人才培养上的崩溃。

三、“改革开放”后的过负及其减负

改革开放后的过负及其减负可以分为两个阶段：一个可称为“新时

---

❶ 以上引文的说法有明显不周全的地方，因为当时的问题不是“没有了学习压力”，而是整个教育制度都被砸烂。当时有名的一句语录是“资产阶级知识分子统治我们学校的现象，再也不能继续下去了”。

期”阶段，另一个可称为“新世纪”阶段。本节对这两个阶段的过负略作回顾，从中也可以窥见这个问题的诱因变得更为复杂多重，而减负的手段、措施和提法则是几十年一贯制的“坚硬稀粥”，一副老面孔，甚少新意。

（一）“新时期”阶段的过负简况

“新时期”是从十一届三中全会始到20世纪末的一段时间。其中影响最大且久远的事件：一是1977年8月恢复统一高考；二是“尊重知识，尊重人才”和“多出人才、早出人才、快出人才”政策号召；三是“革命化、年轻化、知识化、专业化”的“四化”用人政策。

1. 催发过负的政策和制度源头

高考以公平的姿态现身，比起“文革”期间的“推荐”、走关系或走后门上大学要公正、公平得多，所以立即获得了全国人民的拥护，尤其是有志青年的真心拥护；“尊重知识，尊重人才”和“多出人才、早出人才、快出人才”政策号召，当年甚是激动人心，但也明显带有“大干快上”的痕迹，后来也不再提起。这一政策，的确为文化、知识及其课程不断增加并下延提供了政治上和政策上的最高合法性激励，并快速带来了很大的副作用；而用人制度上的“四化”标准，则为人们追求更高的文凭学历注入了强劲动力。说白了，这两个政策明确赋予了教育的敲门砖性质。

以上的一个制度、两个政策，带来的强大效应之一，形象性的说法是“千军万马过独木桥”，负面性说法是“片面（单纯）追求升学率”，目标还是“读书做官”[1]，实质还是利益争夺，因为当时的大学毕业生其实也就是国家官员构成的后备队伍，享受国家最低层次准官员的待遇，尽管这是技术或事务含义上的官员，但这个待遇比一般普通工农要高，

[1] “学而优则仕”原意虽非求学为了出仕，但“出仕”在当今依然是人生的一个值得追求的重头选择以及重头利益之所在，且明确将学历与仕途挂钩，那么再期望不由此刺激求学者的升学竞争及其学业竞争，也非实事求是的态度。官员至今以弄一顶博士帽为荣，既源于此策，也给社会带来强大的诱导效应。博士帽当然并不意味着一定是知识化和专业化，但作为标准或依据，目前又无比此更佳、更周全的办法，所以用人政策讲的是“知识化和专业化”，但官员队伍最后只能演变为“硕士化”和“博士化”，结果是教育更敲门砖化了。

发展前景也比工农要宽。

2. 汹涌澎湃的升学浪潮及其减负令密集

这一“千军万马过独木桥”或追求升学的浪潮汹涌澎湃，势不可挡；同时，竞争剧烈、惨烈的景象也开始浮现。这一残酷现象必然发生和加剧，也因为这种追求在主流价值观或官方意识形态上曾有的制衡消失了，而其他一些中和性的政策和措施则已被取消，所以在当时“三大差别”依然存在的背景下，一股道奔升学的动力和驱力更为名正言顺，也更为单一而强劲了。

以下可以间接地看到这一点：从 1977 年 8 月到 1980 年、1981 年这短短三年中，教育部印发的文件就已多次提到“注意防止和克服学生负担过重问题”[16]，并就改革学制、教学计划，调整教学内容，改革中等职业教育结构，甚至很细琐的事情，如“对学生作业量和考试次数、学生的假期时间”[17]都做了具体的规定。这种事无巨细都要规定的政策作为，既是全能政府的惯性表现，也是对问题缺乏真正认识，并缺乏实效对策的无奈表现。尽管与以前的政策文本相比，思路要开阔不少，但这类政策的主要效用或功能，其实只有一个，即传达出一种否定性的政策态度或政策姿态。另外，当时提的是“防负”和“克负”，而不是“减负”，这主要出于由历史经验引发出的警觉，而不是对过负多危风险或后果的直接反应，因为毕竟统一高考制度恢复并实行不久，还不可能马上演化成大规模、大范围的过负危害，也不会这么快催生出接二连三的恶性事件；但就过负的定义来看，“减负”提法其实并不如“克负”提法准确而有力。

然而，这些“防负”和“克负”的政策预警或行政提醒，则如泥牛入海；很难说是它们了无作用，但估计跟这相差不会太远。一点也没错，没过两年，1983 年出台《关于全日制普通中学全面贯彻党的教育方针，纠正片面追求升学率倾向的十项规定》；1988 年 5 月，国家教委又发出明确以“减负”为名的文件，即《关于减轻小学生课业负担过重问题的若干规定》，提出了“五不”要求。随后的年份，几乎每隔一、两年就出台一个有关减负或强调减负的文件。

由上可见，过负愈演愈烈，而减负文件也越发越多，两者之间成了互依互支的共生关系。这表明教育行政管理机构除了发减负文件表态外，对此也别无良法。过负又成顽疾，至今不治，也令人茫然不止。

（二）“新世纪”阶段的过负简况

“新世纪”即从2000年到至今的一段时间。这一段历史时距近，源头上也出现新的因素，同时也是减负动作密集和减负调子高亢的时期，但实效如何还需要时间的检验。

1. 素质教育、新课改与过负比翼双飞

这一段时间初、中期，舆论上是高调宣扬“知识经济”和各种“创新”，基础教育中最大的动作就是深化“素质教育”和“新课程”改革实验。与此同时，孩子上学则被称为“苦役”[18]，从“好的小学”最终到“好的工作”的社会心理链，以及“不能输在起跑线上”或“赢在起点”的群体共识，已经形成并固化。从跨入校门或是更早的时候开始，家长为孩子谋取好的出路或前途的良好期望，也开始早早内化为孩子自身的人生目标和行为动力，对大多数主要靠自我勤奋和头脑资源来博取竞争优势的孩子来说，过早承接了未来的竞争压力，也即争夺稀缺资源的竞争过早下延了。其结果，是孩子失去了童年，失去了童真、童趣和童心，过早“承受着沉重的压力和负担，到了20世纪末，这种状况发展到了极端，因学生负担过重而诱发的恶性案件屡次发生，使人措手不及，瞠目结舌”。[19]

2. 密集的减负令及最高层关注

过负局面的严重性及其减负的紧迫性，可从2000年1月教育部下达的文件名称得以窥见。该文件又一次使用了“紧急通知”的称谓：《减轻中小学生过重负担的紧急通知》，其中提出了六项“减负”措施。紧接着，在2000年1月7日，教育部“召开新千年第一个会议——‘减轻中小学生过重负担工作的电视会议’，成了新千年的头件事：切实减轻学生过重负担，全面推进素质教育”。[20]

不到一个月的时间，即在2000年2月1日，又由国家最高领导人江泽民主席出面，“针对学生负担过重等问题发表了《关于教育问题的谈话》”[21]。江泽民指出“过重的课业负担‘不利于青少年的健康成长’”，强调课业负担过重和思想品德教育薄弱是导致中小学生心理和思想出现问题的重要因素，是影响教育发展方向的重大问题，其根源在于“片面追求升学率”，要求全党全社会“都要注意做工作，把家长希望子女成材的迫切愿望、教师教书育人的心情和学生学习的积极性，引导到正确的方向上来，全面提高青少年素质”。[22]

这一减负工作配合于“新课改”实验，是“新世纪”时期基础教育中的中心任务。把减负作为实施素质教育或新课改前提条件的政策表达，也由此而来，尽管这一说法导致理论上的循环论证和自相矛盾。但不管怎么说，时隔十年，人们发现，问题改善有限，离解决更是遥远，甚至新课改实验的结果与初衷正相反，并未减轻了过负：或者是因制度或政策打架，导致学校的教学返工增多，或者是学校减负而家长则校外或课外增负，或者是“课改”旧的去不掉，新的又加进来，反而更加重了课业负担，等等。结果，2010 年《国家中长期教育改革和发展规划纲要》不得不重提减负，并将之位列“首位要解决或改善”问题表的前茅，教育部为此还面向全社会征求减负之策。

过负到底是个什么问题？是真问题还是假问题，是有解问题还是无解问题？至此，迷雾重重，迷茫四散。

四、本章小结

从以上的简略回顾，可以看出过负顽疾呈现持续化的特征，由其诱发的后果及各类恶性案件，于今为烈。这是一。

第二，问题有相同性，主导源头是通道上制度因素，无论是民国时期的会考、升学考，还是今天的中考、高考之类，支配效应最大，覆盖面最大，导致考试支配教育、“考试领导教育”的一般形态或教育教学围绕考试及其高分为运转中心的基本逻辑至今未变。由于考试及高分对各方的权重都具有决定性效用或价值，所以也形成了考试及高分至上的价值观和教育质量观，由此指挥社会、学校、家庭，以及教师和学生的行为取向。

第三，问题相异的一面，过负过去是政治支配教育、政策驱动所导致，也因主流意识形态上的制衡和其他因素的中和而有所节制，而当前则在主流价值观上已被拨正，官方意识形态上的制衡乏力，也因实际的出路前景单一、家庭驱力极大上升和放大，并参入多头驱动和争夺市场利益的驱力。可以说，过负在以前主要是服从上级号召或政府的统一目标所致，而现在则不仅要服从上级号召或政策目标，也要满足多头指挥的格局，更要满足家长的期望，并且学校或教师自身还有追求市场利益或金钱利益的自我动力。所以，催产和加剧过负的驱力状况，比以前更多、更复杂了。说白了，也就是教育的敲门砖性质更强化了。

第四，1964 年以来，“单纯追求升学率”或“片面追求升学率”被公认为过负的主因，也是沿用至今的政策认定或政策定论。其实质是，相关各方或明或暗的利益诉求在考试及其高分这一点上形成最大交集，从而形成考试及其高分指挥或驱动教育教学的基本方向和动力，即教育教学主要围绕与升学、择校及其他有关的考试及其高分运转，高分成了显示教育质量、教学水平、教师业绩、教育政绩及其市场声誉的硬通货或主凭证。但说它是“主因”并不正确，因为它与教育教学围绕升学、择校及其他有关的考试及高分运转，都是果，都是表现，而不是因。正因为这个认识及其提法倒果为因，所以纠了几十年，至今依然纠正不了“单纯追求升学率”或“片面追求升学率”的思想及行为。

第五，政策层面上没有就减负所针对的前提对象进行过深入研究，概念运用随意性很大。“过重课业负担”或“课业负担过重”“课程负担过重”“学业负担过重”“学习负担过重”和“学生负担过重”等表达，均在政策文件中出现过。

第六，问题虽然被归结为“过重”所致，但政策上没有确定过“过重”的明确标准及其依据，基本上是依据大众民意或领导人确认，或者从教育方针来推定，或者从后果、危害反推过负存在，而没有把“过负”作为一个特定事实进行定性和研究。所以，至今为止依然不清楚这是一个什么性质和什么范畴的问题。

第七，原因或者归结为家长和学生，或者归结为学校方面的迎合，或者归结为学校的过错；总之，归结为一方或多方的思想或行为不当，并且减负主要是由教育部或教委一家唱独角戏，而社会各方的减负分工和任务并没有具体明确的划分，更谈不上责任、职责的明确和落实。减负上的“全党全社会”，只是一种笼统口号，并不是实质分工及其责任划分，只是新闻界跟进和参与的多些。

第八，所有的减负措施或减负之道，要么是简单本能型的反应模式，即加加减减，要么是模式化方式，即上级号召，下面执行，并重申说了 N 遍的教育方针、教育思想、如端正教育思想，贯彻教育方针、引导到正确方向、实施素质教育、加强思想品德教育、提高教学质量、改进教学方法、提高师资专业化水平等。最后再加上一句抽象口号："教育教学改革是根本。"

第九，没有制定并启动依法办学的法治机制及责任追究制。减负主要依赖于教育行政部门、学校及其老师的认识提高、思想觉悟和道德境界，或者靠榜样、典型引导。具有一些禁止性的政策条文，但因缺乏可操作性或其他原因而成了"吓唬麻雀"的"稻草人"。

第十，素质教育也好，新课改也好，都没有针对中国基础教育问题的根源作出过深入有力的理论探索和现实解剖，满足于漂亮而空洞的概念或理念，通过行政权力强加给学校和学生，局限于学校甚至只局限于45 分钟的课堂，既不能触及教育的"敲门砖"性质，更无法阻挡升学或/和择校的洪流，当然也无法满足这一竞争的需求。无法指望新课改既满足减负的要求，又满足家长及其孩子升学或/和择校竞争的需要，还要满足学校争夺市场名望及其经济利益的需要，等等；其华丽理念及其行为有严重脱离现实、脱离教师实际并自相矛盾的一面，这是其难以获得各方真心拥戴的自身原因。

以上十点，既展现了历史的惯性，也反映了问题中的问题，需要有所认识和突破。

参考文献

[1] 耿申．教育使命感悟 [M]．北京：北京体育大学出版社，2007：194.

[2] [3] [4] [5] [6] 程斯辉．任重道远：减负的历史回顾与反思 [OL]．中国知网．www. cnki. net.

[7] [8] [9] 谢利民．我国半个世纪"减负"问题的历史回溯与思考 [J]．集美大学学报，2005 (9).

[10] [11] [12] [13] [14] [15] 程斯辉．任重道远：减负的历史回顾与反思 [OL]．中国知网．www. cnki. net.

[16][17] 谢利民. 我国半个世纪“减负”问题的历史回溯与思考[J]. 集美大学学报，2005（9）.
[18] 顾卫临. “苦役，从六岁开始”[J]. 瞭望新闻周刊，1994（14）.
[19][20][21][22] 谢利民. 我国半个世纪“减负”问题的历史回溯与思考[J]. 集美大学学报，2005（9）.

第六章　过重课业负担的表现及其特征

过负的表现，是有关过负的各类研究或新闻报道等揭示和展示最为密集和充分的部分，用“多如牛毛，浩若烟海”来形容一点也不为过。本章依据已有的各类文献，将过负梳理为几类表现，并总结归纳出几个特征，以此来刻画过负的特定性。

一、过负的几类表现

有关过负的表现，政策文件上有一些描述，学界的总结也相当丰富。本章分为四类表现来概括，即物理、心理机能、精神压力和经济四方面的不当。这也意味着各种代价不当，本质上就是儿童身心机能运用及其成长发展上的代价不当。这些不当负担不是简单的线性关系，彼此之间是互绕、互激和互渗的复杂关系，有时会构成因果关系，有时又表现为相关性，而有的则各有独立来源，等等。

（一）物理负担方面的不当表现

这里说的“物理”，是指涉及物理性变量或可用物理性变量来呈现或衡量，不是指课业、课程、作业或考试之类本身是物理现象。这种概括也有死角，因为如作业难、考试难之类，属于智力与所把握对象之间的不匹配或不对称所导致的，不宜用物理性变量来衡量，所以是勉为其难而将就一下的概括。

1. “多、难、深、重、超”的表现

过负从物理负担不当来看待，是最初始并且最基本的认定。例如，最初多是从学生书包重量来认定并着手减轻，尔后则从上学时间和作业数量来确定并减负。有的总结为“六多”：书多、课时多、作业多、考试多、补习多、竞赛多。[1]有的认为是“五多”：课程多、书本多、作业多、考试多、竞赛多[2]。有的认为是“四重”：课时重、内容重、作业重、考试重；[3]当然这“四重”中有的并不能作为物理负担，只是一种心理感受，用“重”来表达也未必适合。还有的概括为“三超”：超纲、超量、超时。[4]

无论是“四重”“五多”还是“六多”，其中的课时多、作业多、考试多，以及参加各种课外班或校外班多，则是公认和共同的，反映了过负的普遍性，也反映了我国中小学课程“多、难、深、重、长”的老大难特征[5]。这意味着在国家或政府层面，就存在了基础教育课程设置不当的问题，也意味着学校层面和家庭层面出现了不当课业漫延的问题。

“多、难、深、重、长”，并加上“超”，是刻画过负或负重的几个常用摹状词。相比较，“超”显得更客观、更准确一点：它直观地表明了“多、难、深、重、长”的缘由，也显示了不当课业负担的根源。

2. 课程失衡和机能失衡的表现

由于人的时间是一个常数，人的精力和能力在一定阶段中也是一个大致常数，一定阶段或范围的人群，其精力和能力可以简约出一个大致常数。由此，就构成了一种大致的均衡关系，即存在了“几多”或“几重”，也必然存在“几少”或“几轻”。有认为是“六少”：睡眠时间少、文体活动少、德育活动少、与生活能力培养相关的活动少、自主性活动少、创造性活动少。[6]有的深入到课程结构和学习机能分配上看待这种均衡关系：“现在学生记忆方面的负担重，但在思维发展等方面的负担却较轻；学生在课业数量上的负担重，但在质量上的负担却欠缺；学生在智育上的负担重，但在德育、体育、美育等方面的负担却不重；学生在考试课程上的负担重，但在非考试课程上的负担却很轻等。”[7]

3. 睡眠少的危害

“六少”中，睡眠少是最要害的风险。它既是课业“三超”、“几多”或“几重”的直接结果，也是学生身体素质下降，或危害学生身心机体及其健康成长发育的直接原因。

首先，表现为近视率逐级快速攀升，脊椎弯曲、神经衰弱增多，高中生体格完全合格者比例很低[8]。其次，心理偏差或疾病现象增多，厌学、逆反现象严重，自信丧失、内向、孤僻加重，尤其对那些所谓“学困生”更是如此。再次，综合素质退化，“高分低能”和“低分也低能”成为基础教育阶段学校教育的基本质量标志，即学生缺乏生活能力、实践能力、交往能力，更缺乏创新意识和自主精神，成为一个专注于做题训练的应试机器或夺分机器。简言之，即人的全面发展和个性发展均丧失，连正常发展也成了奢求。总体而言，学生兴趣狭隘单一，自我中心严重却又十分被动，生活上、学习上均呈现很强的依赖性、依附性。

应指出，这类物理负担上的不当，不完全源于市场或学校，也不完全源于家长或教师。有教师指出，考标与课标的不一致、考试内容超出教材内容、教材与课标不匹配之类，都是导致教学超标、超纲、作业或功课超时的法定源头。因此，减负对具有指挥性职能或影响的机构、部门、制度及其政策来说，首先需要一个系统自检、自纠的过程，把这些都归之于家庭或学校的“片面追求升学率”，是不确切、不合理的归因。

（二）心理负担不当方面的表现

过负与心理负担之间的关系不是简单的因果关系，而是互绕、互激和互渗的复杂关系。有时构成直接性，有时则是相关性，有时则有独立的外来源，不宜一概而论。

1. 心理负担不当的实质及表现

心理负担不当，涉及学生所承受的学业期望、责任和任务太大和太多，但这里主要指学习机能运用片面化及其高耗化，如学生脑、体劳动的分离或失衡，学习与生活、娱乐的失衡所产生的机能运用片面化及其高耗；即便只局限于脑力劳动范围，也存在动态性脑力劳动与静态性脑力劳动的失衡或分离。所以，这里的心理负担不当，是指学习机能运用上的片面化及其成长发展上的高压化。

主要表现为考分竞争激烈带来心理疾病隐患的扩散。过负的直接动因是为升学或/和择校目的而展开的学业竞争，但由于高分的效用系数很大，并具有很强的可预期性，使得学业竞争基本上归结为考分竞争。任何竞争都会对竞争参与者构成或多或少的身心压力，竞争越是畸形化、恶性化，压力自然就越大。

据上海市对小学生的调研显示，有“六成小学生为成绩而烦恼”[9]；而且，现在中小学生的考分竞争，不仅意味着生际、家际的升学或/和择校的成败，也关系到校际、区际、省际之间的业绩、政绩和利益的隐形较劲，[10]所以考分对学生的压力已不是自然性压力，而是群集性压力。相关各方通过各种渠道和方式或明或暗地施压给学生，也必然成为持久性压力，因为谁也不敢放松对考分的要求或标准；结果是学生中“焦虑、苦闷、恐惧”状态一般化、弥散化[11]。

对以上表现及其说法，北京大学精神卫生研究所王玉凤研究员的统计可以作为印证：“中国有 17 岁以下的青少年 3.4 亿，估计有各类不同程度学习、情绪和行为障碍的 3000 万。其中，中小学生的发病率 21.6% ~32.0%，突出表现为人际关系、情绪稳定性和学习适应方面的问题。”[12]这虽是一家之言，但综合各种调研材料看，真实可信度颇高。

当然，问题不在于真实性，而在于这种情绪和行为障碍是由教育及其学习长期持续的不当压力生成的，从而使得教育及其学习不再是儿童健康成长的要素，相反成了致病或致害的来源，好事变坏事。

2. 学习机能运用失衡导致的心理负担

这主要表现为学习机能运用的片面化、高耗化。“考试的指挥棒指向哪里，课堂教学就必然奔向哪里”，或“考试是指挥棒，升学率是硬指标”[13]，这是大人的总结和经典。孩子的则是：“分、分、分，学生的命根；考、考、考，老师的法宝。”所以，外加或强加给学生的压力不只是一种持久不绝的任务压力，而是不断拔高的标准和期望压力。就对升学或/和择校的效用权重或对所谓“教育质量”评价标准来看，当今的考试主要归结为几门主科知识的笔试，必然导致学习机能上片面化运用；为了拉开分差，形成自动化的应答反应，也必然靠苦练、多练来达成，所以学习机能的高耗化必然发生。

其中之一，就表现为记忆机能的超限做功和刺激－反应机能的反复强化，即“背不完的概念，做不完的习题”[14]，而思考、体验、情感、动手、实践、主动尝试等则常常处于压抑或半压抑状态。学习机能运用片面化和高耗化，必然使教育及学习的枯燥感上升，并必然导致校园生活本身的枯燥单调，使得很多学生视学校、课堂及其学习为力求摆脱却又无法摆脱的苦役或枷锁，从而转化为心理上的负担，甚而滋生出心理紊乱或精神异常来。

3. 学生脑力劳动范畴内的失衡表现

这主要表现为学生静、动态脑力劳动的分离和失衡。听课、读书、动笔练习之类训练，是一种静态性的脑力劳动，而动态性的脑力劳动，即需要与动手、行动或实践、观察之类机能参与连结一体的脑力劳动，则鲜有进行，所以静态性脑力劳动和动态性脑力劳动的分裂，并表现为静态性脑力劳动过多、过长和过难，从而使得学校的学习和生活均十分单调沉闷，甚至连调剂身心状态的其他活动或生活都难以安排，“双课表”潜行就是这种分裂和失衡的证据。这违背孩子的自然天性，是不正当、不合理的，甚至也是不正常、不合法的。

北京市2011年对小学生过重课业负担问卷的调研，依然表明这一问题存在。在“学校组织活动”的各栏选择中，0次和1次的选择为大部分，最高达70.4%，最低也达59%。而且在“做调查”和“去社区做好人好事”的两个选项中，都是0次居多，分别为41.3%和42.8%。[15]

由上可见，学校生活基本局限于课堂，课堂基本局限于听课或做作业，学校生活过于程式化、单一化，虽然方便管理，但必然是静态性脑力劳动占绝对统治地位，而跟人的全面机能相连的动态性脑力劳动则稀缺，由此必然造成学生全面能力培养的不足和匮乏。诚然，这一现状的原因很复杂，但在事实层面具有普遍性和严重性则是成立的。

4. 最小代价或危害

总体来看，过负在心理负担上的表现，主要归结为心理机能上的失衡和心理疾病隐患的显现。

学校教育中体力、脑力劳动的人为分离，在脑力劳动的范畴，表现为机能失衡和分离，学生整个生活中还表现为读书、娱乐和生活的失衡和分离。这种应试为主、应试为大、应试训练为本及其分数至上的教育及其学习，致使学生的学习和生活相当单调沉闷，而过多的静态性脑力劳动则违背儿童的年龄特征或自然天性，更违背了脑力支出和恢复的平衡规律，致使孩子的脑力支出过大，甚至长期处于高耗状态，从而心理负担也处于居高难下的状态中。[1]

孩子在这种被迫或外驱压力下所表现出来的勤奋和尽职，除了让大人放心、安心和便于管理外，其代价或危害最小也是孩子自身综合素质及其身心机能的多面退化；即便是其中的成功者或佼佼者，或者为知识性愚昧，即书呆子或准书呆子居多，或者体现为揣摩出题者意图上的高度机敏，这类智能发展对应付考试和争夺高分也许很有用，但对知识创新则乏善可陈，因为它很容易带来一个对知识的餍足效应，甚至是仇视反应。在中国，高中毕业生的烧书和撕书这一特色景观，就是这一餍足效应和仇视反应的直观表现。

（三）精神压力不当方面的表现

我们的义务教育或基础教育，很少有把儿童当儿童、把童年还给儿童的想法，鲜少有儿童权利“最大化”和“率先化”的实践；相反，有意无意地把孩子当成大人的附属品，当成实现成人意志的工具或资源，这种惯性意识很强大。

1. 漂亮口号下的沉重载体

社会、学校或家庭最乐意干的事，就是过多、过度地为孩子设计、安排未来，甚至把“为未来而牺牲当下”视为天经地义，并且不是打着“国家”“民族”或“复兴”的旗号，就是打着“为了孩子”的旗号，口号漂亮得无以复加：“一切为了孩子，为了孩子的一切，为了一切的孩子。”从本质上讲，其实还是成人本位或社会本位的教育观一统天下，学校及其校长或教师，缺乏现代儿童概念，更鲜有儿童权利概念。[2]

说起来孩子是“祖国的花朵”，宝贝得不得了，实际上儿童则是承载各方或明或暗的种种期望和要求的载体。那孩子的自我呢？则可有可

---

[1] 应指出，这是一种课程结构设置不当及其教育教学运行基本逻辑下所导致的问题，单靠课堂上的所谓引起兴趣或激趣，增加一点动手或操作环节，以及运用多媒体的新鲜刺激，并不能根本解决问题。

[2] 进入初中，校长训导家长的一句话，往往就是说初中生不是孩子了，应与小学生如何不同云云。这或许是率性而言，但在如此大庭广众下言说，则表明了其对现代儿童概念及其儿童权利意识的阙如。

无。各方或明或暗的期望和要求，实际上也是不断前移，不断增加。在国家眼里，孩子是“伟大复兴”的后备队伍，是以备国家之需并希望尽早收获的人力资源；在政府部门那里，孩子及其成绩则是教育政绩、区域经济发展，以及混合于其中的不可言说的个人或小团体利益的载体；对学校来说，则是政策利益、市场利益，以及混合于其中的个人或小团体利益的载体；对老师来说，则是自己维系饭碗和升职的载体；对家长而言，孩子则是家庭未来的希望，对大多数一般家庭来说，孩子的考试高分是升学或/和择校，以及最终择业竞争的硬通货。《知心姐姐》杂志问卷调研，有92.71%的中小学生的回答几乎千篇一律为：“上一个好大学，找到一个好工作。”[16]

孩子们的这种选择定势，不只是家长赋予的，而是社会、政府、学校、教师共同影响或曲折投射的结果。

2. 难以抗拒的多重压力

此外，还有不少中间环节滋生出来的期望或要求，都容易聚合成压力；诸如此类的期望和要求，哪一个都不是孩子可以或能够加以怠慢的。这些有形无形、或明或暗、或直接或间接的期望和要求，对孩子来说就构成了精神上的持续压力。这种压力不当或过大、过多，极易导致儿童身心自然成长和自主成长的丧失或扭曲，不仅催生孩子以迎合大人为聪明乖巧，过早成熟化，更催生出其成长发展上的其他病态问题。

对儿童来说，无论是接受还是反抗这种期望和要求，都构成一种精神上的压力。面对外在的期望和要求，一旦学生在教育及其学习上的反应或表现不能达到或总是难以达到预期的目标，外在期望和要求就会成为孩子心理焦虑或精神痛苦的根源。长此以往，很可能对学习自暴自弃，对自己丧失自信，甚至转化为心理疾病或精神异常，还可能转化为对学习、教育、学校、社会及其教师或大人的仇视心理；并且，一旦这种心理背景形成并固化，那么再微不足道的课业或学业，也会被视为力求推脱或逃避的沉重负担。

3. 精神压力的存在及其可怕的互适

无论学生的精神压力从何而来，与过负何者为先，其中关系复杂，不是简单的因果关系；但过负中的精神压力大的问题，许多调研都显示是存在的[17]，由此诱发出来的各种问题行为或恶性事件也时有所闻[18]，而且随着孩子的年龄及自我意识的增强，对学习、升学、考试和分数所带来的学习及其精神上的压力，感受越发明显和强烈。[19]这有自然和合理的一面，但为当前各种因素及制度设置所人为放大和提前放大，成了过早剿杀童心、童真和童趣的隐形杀手。

还有更可怕的一面，是小学生对过负已处于很强的互适状态。笔者参与减负调研对小学生的座谈，了解到这些学生要参加各种课外或校外班，要做课外及课内作业，要为小升初推优及其考试作准备，每天的自由活动及其时间很少，有的连自由自在地骑一会儿自行车兜风都成了一种高级奢侈；然而问其感觉每天累不累，学生回答是：“不累，习惯了。”这些学生其实是老师挑选出来座谈的，对过负已具有高度的适应能力和应对能力，但让人明显感觉到他们缺乏儿童的天真烂漫，其每天的一举一动都对准明确的未来目标，目的功利性极强，显得相当成熟老练。集成化的合力，把孩子过早催熟了，也过早定型了，他们不再有自由自在的幻想、梦想和激情。

有高中学校自我调研，把学生负担分为三个方面，首先是“‘心理负担’，占 31. 97%；其次是‘学习生活的总负担量’，占 20. 78%；最后才是许多专家学者所指出的‘课业负担’，占 15. 30%”。并指出心理负担过重的前三位原因是“社会”“家长”和“教师”。[20]这个调研把“课业负担”作了狭义理解，所以分出其他多类负担。它说的“心理负担”就是因各种期望和要求所生成的精神压力，并表明这精神压力可以有相对独立的来源，不一定是来自课业负担本身。有研究者，把减负归结为减轻“学生的心理负担”，并且是从“兴趣”角度入手来减负[21]，也是这种思路。

当然，这种减负与过负有关系，但并不具有针对性或对症性。

4. 精神压力的失当及其减负

课业、学业、学习及其考试、测验本身都会带来一定的自然压力，这是由挑战与应战的对抗性质决定的。有研究者还从压力与效率和压力与质量的关系探讨压力的正负价值及其转换，认为“压力和学习效率之间的关系是一条倒置的 U 形曲线”，“从某种意义上来说，没有负担就没有质量”。[22]

显然，一旦任务及其活动被赋予了过多、过大的外在期望和要求，那么它们就容易成为对直接承受者一种心理甚至精神上的折磨或摧残。这种压力一旦失当，对心理承受能力弱或心理脆弱的孩子来说，就意味着危害其身心健康的风险降临；对适应性强的孩子，则意味着早熟和过早定型；对具有较强叛逆性的孩子，则导致与教育及其学习，甚至与大人的对抗或仇视开始。

因此，说减轻心理负担，如包括这种精神压力，也要从其外部根源上寻找并疏散各种不当压力，而不是首先从孩子自身的心理及其机能调动上考虑。这种减负把过负内部化或心理化了，表面看起来也是减负，实际上却是在增负。强调学生的心理机能的调节或改善的减负，如通过心理咨询的纾解或提高学生觉悟来减负，对改善或解决日常教育中由微观因素造成的动态随机性的负重，有积极作用，但并非是过负的解决之道，因为它本身并不能排除外加或强加给学生的各种或多种精神压力来源，相反是把很多不当要求或压力予以合理、合法化了。❶

（四）经济负担不当方面的表现

经济负担不由学生直接承担，它可由升学或/和择校及其学业竞争延伸出来，也可由师德和校格不良滋生出来。它不仅仅导致学生家庭经济上的不当支出，也同样会反过来给学生增多、增大精神上有形无形的压力。因此，经济负担不仅仅是经济负担，也是学生精神压力的一个来源。

1. 经济负担的几类外在表现及其主落点

经济负担首先表现在购买额外的教辅材料和复习资料上；其次，是为满足升学或/和择校条件所需的特长、分数追求等名目繁多的各种课外或校外补习辅导上；最后，是“择校费”和“赞助费”之类。

经济负担这一点具有隐秘性，但也有不少调查材料表明由此造成的经济负担并不轻。例如，有记者对北京有中小学校利用课外或校外班挣

❶ 有些学习过重感，甚至厌学感，是由学生的不良心理背景产生的，苏霍姆林斯基多次谈及这个问题。但这本身是教育范畴内的问题，也是教育中应予改善或解决的动态随机性的问题或事务，与特定的过负不是同一个概念，不应混淆。

钱的报道[23]，京外也有对“教育支出大幅增长”的报道[24]。这一经济负担对农村教育影响大。据悉，“当前‘两基’工作存在的突出问题之一是辍学率回升，其中因家庭经济困难辍学的占50%左右”。[25]现在也有“寒门学子输在了教育起跑线上”的共识，农村的寒门更多，所以农村的寒门学子输在起跑线上的也更多。

从一般了解得知，农村家庭经济负担主要表现在教辅材料上；对城市家庭而言，主要表现在课外或校外的各种学习班上，如社会上各种以提高分数为目标的补习班、提高班和培优班等。其次是择校费负担。南京市中小学生空闲时间活动安排的调查中，“上辅导班”的人数居第二位[26]；北京市教委2011年对本市小学生的调研中，三、五年级未参加校外学习班的只占24.9%，其余学生多少都报了班，1~2个班的达47.8%，3~4个班的达20.8%，5个以上的达6.2%，也就是说有70%以上的小学生报了校外或课外班，尽管其中有43%的学生选择“培养自己的特长”而参加课外或校外班[27]。而择校费负担，如城市中因追逐所谓“优质教育资源”而导致的学生跨区流动或跨区择校，费用不低，坊间流传的名校择校费达15万到20万都有。[28]

推算起来，对一般家境的城市居民而言，即便这一经济负担不沉重的话，也不轻。有报刊引用网友跟帖的说法，直观地透露出这一经济负担的数值：“良好的教育确实需要大量金钱，胎教要钱，早教班要钱，各种兴趣班要钱。我亲戚家的孩子才五岁，在教育上已经投入六位数了，学了钢琴、芭蕾、绘画、英语等”，“现在小升初考试拼的不是学科成绩，而是奥数和英语。这两门就得家长去砸钱上培训班”。[29]

2. 经济负担不当所延伸出的问题

以上调研及报刊信息也反映出来一个要害的问题，即基础教育阶段的学校教育满足不了学生“培养自己的特长或兴趣”的需求，其动力目标也无意于此，但学校出于特色或门面的需要，对特长生又极为欢迎和重视。这一定程度上反映出当前中小学校中精神文化生活的单调和贫乏，也证明了中小学育人目标和职能的异变，导致了家庭经济支出的不当负担。这既是过负之果，又是引发或加剧负担之因，所以中小学往往成集受害者与加害者于一体的矛盾体。

问题还不仅仅涉及经济负担本身，而在于这种对孩子教育或培养上的过度投资或高风险投资，常常导致家长焦虑滋生或心态变坏。一旦这种投资很大，效果却不彰或失败，会导致民众心理怨恨。把教育视为“新三座大山”之一和把老师视为“眼镜蛇”的比喻，就表明了民众怨恨心理的存在，也大大贬损了教育作为良心事业，并具有良善含义的应有形象和应有伦理。更可能的是，这很容易使家长的怨恨转向孩子，成为责备、责怪孩子不争气、没出息的充足理由。这使乖孩子不得不为了对投资收益负责而加倍刻苦学习，精神压力和课业负担比翼双飞；不乖的孩子则造成逆反对抗，甚至做出极端性行为，轻的师生关系或亲子关系恶化，重的则家庭破碎；而心理承受能力差的孩子，则造成自我攻击人格，甚至作出自残或厌世行为。

3. 好事与坏事的相互转化

家庭经济状况改善或上升，是改革开放及一胎化政策的成果，但当前却转化为加剧过负的新条件，好事变坏事。这是一个新问题，也是近年来教育产业化或市场化的激励和政策，导致对待孩子的国家责任和义务逐渐趋低，而家庭责任和义务则不断攀升的表现和产物。近 30 年来 GDP 平均两位数的增长，而教育经费占 GDP 比例始终居下不长，从宏观上对此给出了证明；家庭支出结构中教育费用的大幅增长，则从微观上证明了这一点。[30] 中国社科院《2005 年社会蓝皮书》指出：近年来，我国城乡居民教育费用持续攀升，子女教育费用在居民总消费中排在首位，超过养老和住房消费。

这种一降一升，必然导致家庭或家长对孩子的期望、压力上升，督促加大，也导致国家减负政策及其行为空洞而无说服力。何况，新问题是当今孩子的就业时间大大延后了，那谁来对义务教育之后的孩子教育及其发展负责？所以，由此落到家庭或家长头上的经济责任和义务比计划经济时代，其实是大多了。对城市家庭而言，初中毕业生按法律还不能进入就业市场，高中毕业则未必进得了就业市场，而初中毕业后的教育则是非义务制教育，如果上不了示范高中而上民办高中，则学费及其他费用均很高；而有的高校的学费及收费更是脱离大众基情，上个三本、四本的独立学院都能让贫寒家庭破产。这些都转嫁给了家庭及其学生本人。况且，当今城市家庭对子女的责任和义务，不仅仅局限于教育费用，包括以前曾有的医疗费用，都全部转由家庭来承担了。

相比较而言，现在的城市居民某方面还处于劣势。例如，以前计划经济时代，城市孩子还可以等待分配工作，现在取消了，就业全部责任则转嫁给家庭和孩子本身，而农村孩子不上学或上不了大学，那么起码还有一块自留地作为未来的保障，哪怕是这种保障有时只是一种精神安慰剂，但在适当的时间或地理位置，这种土地资源却是十分惊人的增值源头；对城市家庭和孩子来说，则连这一点都阙如，而以前就业保障却取消了。因此，在缺乏退路的条件下，只能更加剧城市普通家庭及其孩子参与教育竞争及其未来民生竞争的驱力，也就是说当今教育的敲门砖性质其实更为严重了。当今教育的很多问题包括过负，都可以追索到这一根源上去。

可见，经济负担不是孤立的问题。一个简单的经济负担本身，就可能导致全盘皆输的教育结局。政策上目前把过负当做一个民生问题来看，多少也因为这一点，但不开始强化国家对义务教育后教育的责任和义务，并减少家庭或家长的责任和义务，单谈减负则不大有说服力，不会获得家长的真心认同。当然，过负不只关涉或影响民生，也是民生格局本身出问题而投射于教育的产物。有专家指出：“对我国升学竞争激烈的现状，要冷静分析，认真应对，积极改革。相信经过一段时期大环境的优化和教育内部改革后，我国基础教育必将走出升学竞争畸形发展、学生负担过重的‘怪圈’，步入健康发展的轨道。”[31]

客观地讲，以上这个预言思路正确，但预言则失败了。

（五）过负表现的总体勾画

有关过负的表现，以上分四类表述。再仔细分析，大体可概括为由三大类问题所致：任务、压力、代价。这是静态分析，实际上这三者之间都有复杂的关联性。

第一，任务不当，表现为任务过多，且单一。主要目的围绕考试及高分，主要活动基本上就是上课、读书、作业、测验，最多是以课间上操或体育课加以调节。这种教育过程，即便从教育方针的要求或基础教育的课程标准看，都是不当的，更不用说从儿童天性的角度看了。这种训练过度并单一化，带来的自然结果，就是学生身心机能运用的片面化和高耗化，带来学生综合素质的退化，孩子成了教育童工或学习奴隶，成了作业机器和考试机器。这意味着学校学习和生活的单调化，再进一步则可能演化为对学习和考试的恐惧，或者厌学、仇学，甚至逃学。

第二，压力不当，表现为相关各方对孩子的期望和要求过高、过多，也十分单一。主要是要求孩子学习出色，成绩优秀，或者上好学校、好大学，最后得到好工作。家长、教师、学校，以及教育行政管理部门，或明或暗都会给孩子施加这种期望和要求。这不是笔者的任意想象，而是实际显示。只要去各个所谓的优质学校去看看，陈列展示出的出自该校的那些榜样人物：是学生，则是考入重点大学的：不是学生，则都是名人、官员或老板。这种陈列展示不能说有什么大错，但其导向及其期望、要求是什么则直观明了。所以，孩子承载的期望和要求太多，也太高，国家的、民族的、家庭的、学校的还有教师的，他要满足所有人的期望和要求，他要讨好、满足所有的人，自然就成了不合理、不正当的压力。有教师这样描述："在教育者保饭碗、保位子、保面子，家长保孩子未来、保自己声誉的多重压力下，学生负担怎能不重?!"

说白了，这仍然是成人本位或社会本位。这种强大的成人本位或社会本位，彻底抹杀了孩子的主体自我，挤掉了孩子正当的法定权利及其童年，而使之成为大人们达成自己目的或目标的免费资源和人力工具。《知心姐姐》杂志"知心调查"结果表明，三分之二的孩子害怕与老师交流，其中61.5%的孩子是"怕自己说的话使老师不高兴"，45.93%的孩子怕和老师交流的话题是"说学习不好、考试成绩下降了"。可见，孩子的精神需求、情感需求得不到合理满足，自我丧失，长期生活在高压下带来的自然结果，或者是心理早熟，或者是尊严丧失，或者是恐惧滋生，最严重的则变成绝望。至于由此催生的师生关系疏远化，或者亲子关系的恶化，更是自然的附带结果。

第三，代价不当，表现为孩子付出的时间成本、生命成本、法权成本，以及家庭付出的精力和经济成本过多、过大。与少数孩子成为这种教育过程的成功者，而大部分则成了不成功者，还有不少则成了绝对的失败者这一结果来看，这种大规模、大范围的代价付出，违背了理性人公理，实际上也成了个体理性合成出了总体非理性结果。升学、择校、应试教育以及过负，是连体问题，是资源高度不均衡，而又缺乏平衡疏通及其必要退路的制度环境下，必然要发生的问题。教育适应这一现实的过程，致使孩子及其家庭付出的代价过大、过多，并且也未必能带来早早宣扬的所谓“未来幸福”。很多孩子不仅当下是不快乐、不幸福的，而且由于这个过程种下了其生理、心理上多种问题，即便有的达到了早期设定的目标如上了好大学，有了好工作，其未来也未必是幸福的。

从社会角度看，这类结果也在加大社会成本。各地的调研表明，当前孩子身心问题很多，如视力下降[32]，中小学生成为心理疾病高危人群，“我国小学生中四分之一左右存在心理障碍，大、中学生有三分之一左右存在心理障碍”。[33]儿童和青少年中这个比例相当惊人，意味着社会将为此付出更大的代价。这些现象虽不都是过负所致，也不能都归结为学校及其教育所致；但毋庸讳言，过负是始作俑者之一，并且对此也一直起着加剧问题严重性的作用。

二、机制失灵及五大特征

过负是一种社会病症，类似于高血压、高血脂或高血糖之类机体病症，不是一种日常教育中由微观因素带来的动态随机性的现象或问题。这里先对概念做一下区分。

（一）防御纠错机制的失灵

前面说过，有必要区分过负（过重课业负担）和负重（课业负担过重）这两个概念。后者，即非特定性问题，是在日常教育中动态随机发生，又可以在师生互动反馈中及时发现并纠正的现象或问题，不属于严重性和普泛性的顽症。只有在能感知和发现，却无法校正或改善，甚至出于各种或明或暗的合理化理由更人为地加重的情况下，负重才转变为过负。它表现为学校及其教师、家庭及其孩子本人，甚至教育管理部门在互激或集成压力驱使下，其各自自动平衡机制及纠错机能失灵或弃置，所以，过负必定会形成一些明确稳定的特征。

在一般情况下，如果学校的教育宗旨和教育理念是正确的，上下的沟通反馈渠道是通畅的，师德是良好的，其管理及其惩戒机制是健全的，那么这些就会起到一个类似平衡仪或校正器的作用，学校内任何微观因素导致的不当课业负担，都可动态随机地产生，也可通过师生互动反馈而及时发现和改善，不会累积为一个普泛并不断加重的病症。但是，当前过负的主根源在于基础教育成为绝大部分学生及其家庭争夺终端性稀缺资源的通道和跳板，并且首先是围绕其中的所谓“优质教育”这类过程性稀缺资源的争夺而展开，加上家庭或家长的教育投资责任和义务极大上升，由此也造成了对孩子求学及其标准的支配力大大上升，更强化了激烈的考分竞争以及其他条件竞争方面的社会洪流；而利益相关各方如政府、社会机构、学校、老师、家长恰恰在考试及高分上形成了一致的共同默认，甚至是高调倡导，从而生成系统合力并使考试指挥、支配教育教学运行的逻辑通行无阻；由此，反过来突破了学校、家庭和学生自身的对过负的自觉平衡和防御纠错的机能、机制，从而形成一种不断互激的恶性循环。

课业负担及各种压力在强大的竞争驱力下只增不减，长期居高不下，而各自的调节、平衡或纠错机制却失灵或失常，从而教育及其课业、学业或学习转化为一种对孩子身心健康及其生长发育具有多危风险的直接源头。结果，基础教育变得与竞技体育的举国体制很类似，以少数人能够胜任及其成功掩盖了大部分不成功或失败，而过负则与竞技体育中服用兴奋剂的现象类似：相关各方都知道服用兴奋剂不好、不对，但依然会冒险去服用，道理是一样的。

（二）过负的五大特征

这里梳理过负的几个重要特征，由此可显示过负的特定性。

1. 系统叠加性

首先，当前的过负，是学业及其夺分竞争以及其他条件竞争驱使下的一种系统叠加所致。这一竞争具有多重性和多种效用，即不只意味着生际或家际竞争，也意味着校际竞争，还意味着区际竞争、省际竞争；在现有市场利益驱动的条件下，更意味着公立校与民办校之间、民办学校与盈利性机构之间的竞争。所以，过负的形成不取决于单一的意志，即学生不加，家长会外加；家长不加，学校会外加；学校不加，校外培训或辅导机构会外加；校外培训或辅导机构不加，家庭教师会外加，等等。由此形成一种循环互激的增负总态势。

由于涉及优质教育资源的争夺，对不具有“拼爹、拼钱和拼势”[34]条件的绝大多数学生，许多附加条件也不断蔓延、增加出来。例如，起先是特长标准，后来又有英语优异，还有什么“奥数”也列入，等等，政策诱发不绝如缕；而为了应对或顺应这种政策标准，也只有增加课业及其压力的一般路子可走。❶

因此，除非你退出这个教育过程，不然课业负担及其压力就会像自动生成的病毒一样蜂拥而来，难以躲开，更难以应付。如果学生不退出这个教育领域，而只想不参与这一夺分竞争以及其他条件竞争，并抵制过负——且不论在群体互激的情形下，大部分家庭及其学生是否真能如此超然而置身事外——那么物理性的过重课业是不会落在他头上，但他或她所受的来自于学校、教师或同学的氛围压力和精神压力，反而会更多、更大，因为他或她这样做，不仅表明自己是不合群的“另类”，更等于是在公开对抗或挑战学校或老师，甚至是违反校规、校纪。

其次，系统性也是指各部门形成了系统合力。社会用人部门，尤其是社会上所谓重要的机构以文凭高低来鉴别人才，高校招生主要以分数论优劣，而教育行政部门要政绩或所谓的“教育质量”或“教学质量”，家长要升学或/和择校，或者说要投资效益，学校要升学声誉并可换来巨大的市场收益，教师要绩效可以保住自己的饭碗或提高待遇，等等。这些不同的期望或动机恰好在考试及高分这一点上形成最大的交集，从而生成系统合力，而孩子自然成了这一系统合力的终端承受者，成了这一巨大的系统“绞肉机”上的屠宰品。所以说，过负是相关各方的各种期望和要求在考试夺分这一点上形成统一合力的产物，也表现为中小学办学自主权的不足和滥用并存。

因此，不针对过负的主根源，不注重其系统合力及其减负第一责任人的问题，减负政策及其措施就常常走偏乃至失效，陷入无穷循环。例如，政府的职责是维护公平，但政府却垄断教育，同时又在体制内制造教育差异，而差异必然会造成择校竞争，于是又出台各种政策和标准限制择校。事实上，这些政策和标准并不能限制择校，反而给择校提供了

---

❶ 而市场机构为了迎合这种潮流并避开政策限制，打出所谓“思维训练班”“多元智能班”之类新旗号来吸引家长或学生，仿佛学校里的课程及其学习是不训练思维似的。其实，这或者是投机取巧的忽悠，或者是换汤不换药的应试训练。

具有明确针对性的依据和信号，由此也必然延伸到相关性大的课业及其学习竞争上，导致过负产生或加剧；待问题严重了，政府又指望减负来解决或改善。说白了，这等于是右手制造问题，靠左手来解决；左手制造问题，又靠右手来解决。这怎么可能？所以政策或制度打架也是减负难以有效作为的原因。结果，像公立学校的减负，反而给以高分为追求宗旨的民办或校外盈利机构创造了更有利的条件和机遇；而公立学校也不见得真反对这种唯高分是举的校外或课外补习或辅导，因为一样可提高本校学生的学业成绩或所谓“教育质量”。人家做工、他人担责而自己收获，面对这等天下掉馅饼的好事，有谁会真反对或真拒绝呢？

如果决策不在民生格局、教育投资责任和义务，以及公平问题上下大功夫，却专注于教学范围甚至课堂层面搞减负，是治不了本的，因为这个问题聚形于教育，但根子并不在教育中。从这个意义上讲，过负虽然是发生在教育中的问题，但本质上却不是教育问题，而是社会问题、民生问题，是民生恐惧及其躲避这一恐惧在教育上的投射或延伸而已。

2. 长期持续性

当前的过负，不是一种单项的教育项目或学习任务所致，而是一种瞄准连续性目标如升学或/和择校考试、中考、会考，乃至高考这种关键性竞争目标所致。

不仅如此，当前还有瞄准国外教育的目标，外加并不断下延的课业任务，以致有小学生都参与进 EPT 考试或托福考试中了。[35]所以，课业增加和累积长期持续，类似愚公移山，难以穷尽。除非达到最终目标，不然对大多数家庭及其孩子来说总是风险犹在，课业训练永无止境，多了还要多，难了还要难，宽了还要宽，成绩高了还要高，追求保险或万无一失是其最高战略。

这种长期持续性，表现在技术安排上，小学在五、六年级为统考或小升初择校做准备，要为质量监测抽检做准备，奥数还是小升初的有力竞争工具，所以还得进行奥数训练；[36]中学在二年级或三年级，就开始针对中考做集中训练；而在精神准备上，家长则更需要早做准备，尤其是对某门或某几门主科成绩不理想的，更不敢掉以轻心。总之，拔长、补差和培优心理弥漫，结果就是课业负担及其各种压力不断加重并下延，儿童还未成熟就失去童身，提前迈入了身心透支的生命之旅，无论什么样的过重负担，一旦具有长期持续性，都是对直接承担者身心资源的过度榨取，造成其持续性的脑体力透支，其生活和学习单一化及高压化，并致使其身心损害及其素质缺陷的风险大增。对儿童而言，则是其身心发育成长的自然节奏被扰乱、自主成长缺位，从而导致身心健康及其自然成长的受阻或受害。

3. 连续下延性

当前的过负，是瞄准连续性目标如中考、会考，乃至高考这种关键性竞争目标所致，所以对一般家庭或学校来说，本能性的设想就是早做准备，比别人先走一步，比别人多学一点，比别人准备更充足一点，类似于“笨鸟先飞”策略。

这种群体互激一旦形成，其结果就是很多课程内容层层下延，直至幼儿园，甚至延伸到胎教，还形成了一条所谓公理：“不能输在起跑线上”或“赢在起跑线上”。“起跑线”应设在哪里？这要看家长各显神通，但退跑线又设在哪里？则无从思考，甚至也不敢设想。这种课业负担的形成并累积，结果类似于鞭打快牛，但未必一定通过学校体系，还可以通过校外或课外训育市场。当然，学校也会作出类似的反应，师资实力差而又期望挤进“优质”行列的学校，尤其容易作出这样提前安排或提前准备的行为反应，以提高考试夺分竞争的保险性或周全性。

以上不是推论。笔者亲自参加的减负课题调研组与小学生座谈，问及为何参加那么多课外班？学生回答的理由是：“课外班提前教一些知识”，“课外班难度加大，内容扩展”；而上这类课外班的目的很明确：“小升初重点中学要考试。初中考试难于学校的题和区里的题，要提前占坑。课外班布置作业多，每次2~3小时才能完成。”

可见，课业下延和压力提前，都双双并早早发生了。

4. 持续趋高性

趋高性表现为越是临近考试，课业负担越重，压力越大。这有合理自然的一面，但也被人为地放大和扭曲，以至于像“高考”就被有的学校称为“战役”，需要奋战100天，尽量放弃休息或睡眠。有的高考励志，把“睡眠”与“长眠”类比，不仅有“勤奋一日可得一夜安眠，勤奋一生可得幸福长眠”的类比，还有“生时何必久睡，死后必会长眠”的雷人类比。

励志到这个程度，说明在学生眼里，包括在家长或教师眼里，除了高考，连其生命都是没有独立价值的。但“战役”这个词很准确，因为对中国大部分孩子来说，的确是具有人生战役的重大意味。趋高性的另一个表现，就是过负及其感受，年级越高，越趋于严重。这从作业时间、在校时间、参加校外补习班数量、睡眠时间对比上，都可以一一显示出来。

趋高与下延是一对矛盾，但实际上下延并不能解决趋高的问题。下延如是群体互激的结果，那么群体同等的下延优势等于是没有优势。这跟任何教学良方或“提分”妙法一样，一旦在考试提分上被大家效仿，等于不再是良方或妙法，最后还是会归结到一个为千百年来实践所不断证明的简单而有效的基本策略上，即勤学苦练、熟能生巧的题海战术或习题大战，以及猜题押题上。可见，下延虽不断发生，但趋高也同样不可避免，反而成了两头增负。

当然，下延的不均衡会给没有下延优势的学生带来压力，因为有优势的比没有优势的，在课堂或作业表现上会更突出些。下延不均衡的危害，主要不在微观层面，而在宏观层面，如寒门子弟离一线高校越来越远就是这种宏观表现。其实，不过是寒门子弟或多数农民子女获得下延优势的支撑条件，处于劣势而已。[1]

5. 多危风险性

当前的过负，危害风险性比过去年代要大得多，因为没有别的适宜空间可以随时接纳从教育及其考试夺分竞争中失败的孩子，并平复其创伤的心灵，所以零和博弈的性质相当突出。

多危风险性，是指过负可造成孩子素质缺陷和身心损害的风险很多，也很大。近视率大幅攀升，身体素质下降，心理异常增多，不仅从一般层面，从单个学校的层面，也可得到印证；而因学习自信丧失而厌学、仇学或辍学，也会由教育问题演变为社会问题，这些已不仅仅是风

---

[1] 下延不均衡过大或扩展，微观上会造成同学间学业及其自信的两极固化，毒化生际关系而造成班级群体的分裂；宏观上，则表现为通过教育制造和加剧阶层分裂及固化。这是另一个问题，但也是下延不均衡延伸出来的另类危害性。

险而很多已成事实了。

中国的中小学生是个两亿人口的超大群体，如有10%～20%的学生身心素质缺陷和身心损害从风险变为事实，就是一个很大、很严重的社会问题和家庭问题。这其中，还有两个危害已是事实而不只是风险：一个是严重侵权，另一个是学生的生存和生活能力的衰退，或者说所谓动手能力、实践能力或创新能力匮乏，成了只会考试做题的豆芽菜式的白面书生，成为只会等待指令的机器人。但这两点的社会共识很低，家庭或学校未必认为这是后果或危害，而认为是达到竞争目的所付出的必要代价而已。这个共识形成不了，减负就常常沦为同床异梦。

过负的多危风险或事实，可简要概括为三点。一是扭曲基础教育的全面育人的目标和宗旨，有损教育形象并伤害师生关系；儿童成了教育及其学习上的童工或奴工，甚至成了间接达成学校利益或教师利益的免费资源或工具。二是有损儿童身心健康，不利于儿童神经系统健康地成长发育，容易带来或造成儿童身心大小不等、性质各异的多种后果。它以牺牲儿童的健康或正常发育条件为代价，使儿童长期持续地从事不符合其身心年龄特征的超负荷应试训练，长期人为地突破或打乱人体兴奋与抑制、紧张与放松、劳动与休息的平衡规律及其机理，必然会造成其身心机体大小不等、轻重不一的损害。三是延伸出很多又很大的社会问题和家庭问题，如加重家庭的经济负担或其他问题。

基础教育阶段如果制造出大量的学习失败者、厌学者、仇学者或弃学者，甚至身心疾病者并涌进社会，必将成为社会和家庭的双重不幸；尽管目前对由过负导致的一系列极端性事件，也似乎到了麻木而无所触动的状态。

三、本章小结

首先，把过负的表现概括为四类或四大方面，即物理、心理机能、精神和经济负担上的不当。并进一步概括为三大不当：任务、压力、代价上的不当。这些“不当”表现，并非是简单的线性关系，而是互绕、互激和互渗的复杂关系。

其次，梳理并简要分析了五个基本特征，即系统性、长期持续性、下延性、趋高性和多危风险性。由此，可以较好地认识过负的特定性。从行为表现上看，过负类似于竞技体育中的服用兴奋剂，明知应试不对，明知过负不好，但依然如此行事；而基础教育类同于举国体制型的竞技体育，从基础教育的现代性质和定位看，这是不应该的。

简要地说，当前的过负主要是围绕择校或/和升学竞争基础上生发出来的病变，并由于家庭或家长的教育投资责任和义务极大上升，由此造成了对孩子求学及其学习标准的支配力大大上升，更强化了激烈的考分竞争以及其他条件竞争。就过负生成的机理而言，是利益相关各方如社会、政府、学校、老师、家长在考试夺分上形成了一致默认而形成的群集合力，催化出考试及其分数支配教育教学运行的基本逻辑或导向，反过来突破了学校、家庭和学生自身的对课业负担的自觉平衡和防御纠错机制、机能，而学生所承受的任务、义务、压力或代价，在强大的竞争驱力下只增不减，长期居高不下，由此转化为一种对孩子身心健康及其生长发育都具有多危风险的顽症。

过负跟高教产业化、市场化的激励和政策密切相关，跟高中及高教问题上国家责任降速过大、过快，而家庭责任升速过大、过快有关。职高之类学费比示范高中高，出路前景差的高职高专、独立学院的学费，比“211”和“985”大学的学费都高，都是加剧家庭及其孩子从一开始就为瞄准所谓优质高中和优质大学而展开逐级竞争的因素。所以，减负不仅涉及高中、高考改革，更需要高等教育大众化和普及化下的学费制度改革。不然，上三本学校、二级独立学院或上高职高专，比上北大、清华之类“985”大学要花更多的钱，但出路前景又差那么大，就无法抑制家庭为此而生的竞争，也无法遏制学校或市场为服务于这一择优竞争需求而进行高难度、高强度、高速度的应试训练动力。

不触及源头的减负，不触及基础教育的敲门砖性质，在这种事关家庭及其孩子命运的竞争压力下，虽不能说是螳臂挡车，但也类似精卫填海，其姿态意义大于实质意义。几十年减负上一直是文件、口号、会议繁多，而源头举措匮乏，应该反思了。

参考文献

[1] 李佳．减轻我国中小学生学业负担的综述研究［J］．基础教育，2008（4）．

[2] 康秀华．“减负”的现状和解决之道［OL］．中国知网．www. cnki. net.
[3] 天津市教育局小学教育处．我市小学生课业负担状况及其对策［OL］．中国知网．www. cnki. net.
[4] 张桂春．关于我国小学生学业负担过重问题的独特审视［J］．教育科学，2000（3）．
[5] 马俊山．减轻中小学生过重负担必须正确处理的几个问题［J］．山东教育科研，2000（11）．
[6] 李佳．减轻我国中小学生学业负担的综述研究［J］．基础教育，2008（4）．
[7] 楮远辉．学生课业负担的特点及其对“减负”的启示［J］．探索与争鸣，2001（13、15）．
[8] 刘华蓉，等．学生负担过重危害有多大［J］．教学与管理，2000（4）．
[9] 上海市教科院德育咨询与研究中心．学习负担困扰孩子六成小学生为成绩而烦［N］．解放日报，中国知网．www. cnki. net.
[10] 顾明远．又该呐喊“ 救救孩子”了［J］．中国教育学刊，2005（9）．
[11] 吉林省教委小学、初中学生课业负担问题调查组．关于我省小学、初中学生课业负担问题的调查报告［J］．吉林教育．普教研究，1995（5）．
[12] 韦钰．原中国教育部副部长韦钰院士《儿童情绪能力发展论坛》开幕式发言［OL］．西祠胡同，http：//www. xici. net.
[13]［14］华铭．中小学生课业负担面面观［J］．教育导刊，2000（4）．
[15] 北京教育科学研究院基础教育科学研究所．减负新探［M］．北京出版集团公司北京出版社，2012：174.
[16] 孩子的心声：我们不想在否定中长大［J］．知心姐姐，创刊号．
[17] 周凯，等．中学生问题行为与课业负担［J］．中国学校卫生，1997（3）．
[18] 郑玉宝．学生的心理压力也要减负［N］．中国教育报/2005－8－9：4 版．
[19] 张晓静．义务教育阶段学生学习压力情况分析——基于大连市中小学生课余时间分配的调查［OL］．中国知网．www. cnki. net.
[20] 宋阔均．“减负”究竟减什么［J］．天津市教科院学报，2000（03）．
[21] 谢维和．重要的是减轻中学学生的心理负担［J］．教育研究，2000（4）．
[22] 路海东．聚焦中国儿童学习压力：困境与出路［J］．东北师大学报（哲社版），2008（6）．
[23] 强晓玲，学校岂能义务教育“快乐”，课外班里挣钱［N］．新华每日电讯/2010－9－3：13 版．
[24] 卢文军．国家统计局郑州调查队昨日公布调查结果——小学生减负有名无实［N］．郑州日报/2008－6－20：7 版．

[25] 刘万伦，蔡明兰．小学生课业负担的调查研究 [J]．淮南师范学院学报，2003 (4)．

[26] 沈汝发．“减负”和中小学生———南京市中小学减负情况的调查与分析 [OL]．中国知网．www. cnki. net.

[27] 北京教育科学研究院基础教育科学研究所．减负新探 [M]．北京：北京出版集团公司北京出版社，2012：173.

[28] 北京中小学择校暗涌跨区潮——海淀和西城最受青睐 [N]．北京晨报 2006－7－23.

[29] 潘晓凌．穷孩子没有春天？——寒门子弟为何离一线高校越来越远 [N]．南方周末，2011－8－4.

[30] 子女教育支出占中小学家庭消费大比重逐年上升 [N]．新文化报，2012－3－7.

[31] 顾冠华．我国升学竞争激烈的根源与学生“减负”浅说 [J]．教育研究，2000 (8)．

[32] 樊未晨．北京市中小学生视力明显下降 状况不容乐观 [N]．中青在线—中国青年报；http：//news. QQ. com，2008－10－22.

[33] 梁辉、沈颢．中小学生成心理疾病高危人群 [OL]．腾讯网，2007－10－10. http：//news. qq. com/a/20071010/000142. htm.

[34] 赵敦敏．择校根源并非优质教育供给不足 [J]．教育科学研究，2011 (08)．

[35] 中小学生英语考级被叫停 各类等级考试都应限龄 [OL]．新华网，2007－05－12. http：//news. xinhuanet. com/edu/2007－05/13/content_ 6092448. htm.

[36] 小学生如何学好奥数？[OL]．奥数网，2011－07－12. http：//sy. aoshu. com/e/20110712/4e1be1548705f. shtml.

第七章　国外情况的介绍及分析

有关国外的过负及其减负的介绍和探讨，就文献来看不是很多；甚至可以说，国外有负重即“课业负担过重”的问题，但未必有过负即“过重课业负担”的问题。就如“血压高”并不就是“高血压”一样，以前探讨这个问题时，并没有去区分这两者，所以首先涉及的是名称与含义是否一致的问题，还涉及国情差异和复杂的因果关系。可见，过负不一定是一个共性问题，甚至彼此之间也未必是在谈论同一件事。

由于中国与苏联的意识形态具有很大同构性，1949 年后中国也全面复制了苏联的教育制度和教育模式，所以问题显示出很大的相同性。这里主要以苏联两个教育家的论述为依据，简要叙述他们的见解和论述。

一、苏联的过负及减负问题

这里介绍苏霍姆林斯基和巴班斯基有关这个问题的观点和看法，从中可以感触到与中国当前过负的异同之处。尤其是巴氏的教学理论及其研究，直接针对过负的，但结果却很微妙。

（一）苏霍姆林斯基谈过负及减负

苏霍姆林斯基是具有圣徒般气质的教育家，其教育见解中对课业负担问题涉及的不少，也相当鲜活和精辟。但从他主导的学校及其教育的全貌来看，这一问题却并非是他主导的学校及其教育的中心问题，而是由一些微观因素随机滋生的问题，也可在与学生的互动反馈过程中随即发现、改进或解决的问题；因此，严格地讲，苏霍姆林斯基谈论的主要是“负重”，而不是“过负”。

1. 苏霍姆林斯基的基本看法

据有人详细梳理，苏霍姆林斯基认为苏联学生的过负和负重，主要有五个原因：一是基于升学率标准而对学生的片面评价；二是教师在教学工作中的失误；三是学生智力生活背景贫乏；四是学生没有掌握学习的基本技能；五是教师的师德和文化素养低。[1]

他认为："许多教育工作者和学生家长都把向高一级学校输送合格的新生作为学校教育教学工作的唯一任务，片面追求升学率，因而在他们的头脑中形成了一种习惯的、牢不可破的观点：'一个学生的学习成绩好，那他就是有前途有希望的好人；如果他学习成绩差，得了低的分数，那他就是没有出息、毫无希望的人。'"[2]这样一种评价导向，必然引导孩子不得不把全部精力用在学习上，自然对智力发展不佳或智力发展后发型的学生压力更大、不利更多，影响了孩子身心的和谐发展。这一点既是社会原因，也是制度原因，"文革"前我国的过负问题与之有很大的相同之处。而就当前的情况来看，则有很大差异，因为当前中国学生的过负不仅仅是教育评价上的弊端所致，而有更深的民生格局裂变的背景内涵。就苏霍姆林斯基的论述来看，他并没有区分"过负"和"负重"，而是混在一起来论述的，但第一点应是过负生成的制度因。

苏霍姆林斯基谈的后面几个问题，主要是从教育过程内部因素来论述的。第三点和第四点，涉及外部因素和学生个人因素，但也属于教育自身的问题。他认为，教学过程中学生掌握知识与发展智力的严重脱节，"教师往往把让学生掌握教学大纲规定的知识作为教学的唯一目的，没有在引导学生掌握知识的过程中发展学生的智力，如观察力、思维力、阅读能力、计算能力、动手操作能力等"[3]；这是在教学上负重产生的根本原因。他认为："如果教师的素质不高，他就很难保证课堂教学的质量，那么学生的学习就会变得非常枯燥和吃力，将会用更多的时间和精力'记牢'教师所讲的知识，但却不会灵活地应用，造成以后的学习变得更加困难。"[4]他谈的学生学习技能欠缺的因素，主要指阅读、书写、思考的技能掌握得不好，导致课业负担过重。显然，这是师源质量不高导致的问题。

总的来说，苏霍姆林斯基认为这一问题，除了第一条和第三条中含有制度成分或外部源头外，其他主要是师源性的。此外，苏霍姆林斯基谈论学习负担时，有时主要是一个单纯的教育问题。这类问题往往是由学生的消极心理背景导致的，与我们说的过负并不是一回事。例如，他说：“更糟糕的是，某部分学生则把学习看做是负担，有时则把它看做是惩罚和苦恼。老师们，要记住，如果问题到了这一步，那么任何道德成绩都是谈及不到的。”[5]正因为如此，他所说的其实是日常教育范围内一种动态随机性现象或问题，也是需要在师生互动和反馈过程中随时发现并需及时解决或改善的问题。

因此，他谈论的减负经验或举措，诸如端正教育思想、教师提高自身素养、增加学生自由支配时间和丰富学生智力生活背景、让学生掌握学习基本技能之类，既可以在一个学校范围内实施，也可以在一个国家范围内提倡，既可以在与学生的互动反馈过程中随机发现、随机实施，也可以作为提高教育教学质量的一个主题不断进行。但这些不是解决中国式过负的良方，因为在中国如果考试支配、指挥和领导教育教学的基本逻辑不能变，那么这些办法都不会有落实的基础或前提。

2. 简要评述

从上可见，就侧重来说，他谈论的主要还是学校教育范围内微观因素所致的现象或问题，而中国当前的过负则不是这一类日常动态随机性现象或问题，而是一个民生格局困境滋生并导致教育基本逻辑异变，也是能够驱使学生学习和外加给学生要求及任务的主体过多所带来的问题。对中国而言，生源原因不会不存在，校源、师源原因也肯定存在，但它们只是参与进来一并加剧过负这一顽症而已，而并非产生过负的主源头，所以单靠教育教学范围内对付、处理或解决这个问题，宏观上已证明乏善可陈；否则，三十多年来又何必发那么多大同小异的减负文件呢？这些减负文件，就是着重于教育教学范围来规范的，或者规定如在校时间、作业量、睡眠时间之类，或者是从提高师资质量或教学质量、水平的角度谈论。显然，这几者的范畴是不同的，何况师资质量或教学质量、水平，也不是想提高就能提高，想怎么提高就能怎么提高的。

减负文件泛滥，表明国家的这些政策和规定没有找准病根，无法对症下药；或许起一定的镇痛作用，但无实际治“病”效用。一线的校长们对此的评论，倒是一针见血：“之所以年年发文件，皆因年年做不到。”

（二）巴班斯基谈过负及减负

巴班斯基谈过负，论及的一个原因应属于催生过负的一个源头，但他局限于教学范畴来分析和展开。“教学过程最优化理论”引进中国几十年，但中国的过负并未缓解，就证明这一“最优化理论”对中国改善或解决过负不起什么作用。

1. 巴班斯基对过负的基本看法

巴班斯基是“教学过程最优化理论”的创建者。这个理论要解决的问题，在他看来，是出现了这样一个矛盾所致，即“在知识爆炸的条件下既要加速掌握知识的过程又要克服学业负担过重”。所以，他的目的是寻求一个“最优的学习负担”目标。[6]

首先，巴班斯基的用语是“学业负担过重”，所以他是局限于正规学历教育的范围进行议论的。在他看来，造成这个“过重”的原因在于教学大纲和教科书（教学内容），[7]也就是说法定标准和法定内容本身，就超出了“学生的生理的、心理的思想品质的‘实际可能性’”，[8]所以不科学。对此，有人主张“降低教材水准以保证全面发展”[9]，而巴班斯基对此则持积极保留态度，认为“必须保证选择出一套既符合社会的需要，又适应学生的现实学习可能性的最优水准的教学内容”。[10]这就是说，他的雄心就是通过他发明的最优化理论，来克服“在知识爆炸的条件下既要加速掌握知识的过程又要克服学业负担过重”这一矛盾。

其次，巴班斯基还从“复杂性”和“难度”来看待学业负担过重的问题，认为前者是“客观属性，体现在教学内容的数量、质量及其中各种因素的关系的体系，这些成分影响着学生要掌握该教材而必须进行的认识操作的数量和体系”。后者是“带有较大主观属性的概念。这个‘难度’取决于教学过程的内容跟学生原有知识的储备、认识活动和实践活动的经验、学生的学习动机和兴趣的符合程度。‘难度’还取决于可供掌握该教材而拥有的时间过少，掌握该教材时遇到的困难就会增加”。[11]可见，减负的话，就涉及客观和主观两方面的减负。

此外，其他一些苏联专家，在“高质量、低消耗”的主题下，尝试了多种实验，如加减或正负同教的实验、小学阶段进行一项关于提高概括和演绎法的作用的实验，认为“早期发展理论思维能够提高教学过程的效果，减轻学生的负担”。[12]

巴班斯基还探讨了其他一些原因，如作业方面超时、超量的问题，以及从什么角度看待才算科学的问题。他认为主因是以下三个方面：教学大纲和教科书里的个别章节对于该年龄的学生来说过分复杂（教材方面的原因）；教科书的个别章节在叙述方式上不够完善，以及教师在讲授过程中的叙述方式不够完善（教科书和教师的表述不当）；教学大纲和教科书中的教材分量跟实际拥有的时间不符（教材多，课时少）[13]，并认为以上原因通过以下几个教学或组织上的内因，如教学法研究方面的、具体教法方面的或组织管理方面的原因而起作用。

2. 巴班斯基有关减负的建议

针对以上的原因，巴班斯基以教学最优化理论为依据提出了几条解决途径。属于学校及其老师无法解决的，如教学大纲和教科书上的问题，要通过教育科学研究来解决；而针对学校及其老师，他提出了六条途径：

（1）完善课堂教学的各个成分。主要是说课堂上：抓对新教材的当堂领会，抓教材中最主要最本质的东西，抓学生对教科书的钻研。

（2）选择最优的教学结构、最优的教学内容、最优的教学方法和教育形式。主要是指：各科按最优标准选择必要的练习，主要抓典型题的练习来实现一般化的练习，并减少不必要的直观教学。

（3）在课堂上要采用适当的方法激发学生对本学科的兴趣。这是指调动学生学习的内驱力，创设必要的情景、认识性游戏的方法之类，达到引发兴趣的目的。

（4）要在学校和社会上为学生的学习创造有利的、卫生的、道德的、心理的和审美的条件。这比较好理解，是从生理、心理卫生和审美角度对环境的一般要求，卫生、安全、美观的环境有助于降低学生身心能量的消耗，从而也有利于提高学习和教学效率，从而降低学业负担。

（5）按最优化的要求选择家庭作业的分量和复杂程度，对克服学业负担过重现象有直接的关系。主要是指：独立完成作业，区别对待作业要求，精简每门学科作业的最少限度。

（6）要经常采取一些教育性的措施，以促进学生学习的合理化。主要指德育的作用以及发挥家长的作用。学业负担过重既可以是德育不足的结果，也可以是滋生品德弊病的原因，所以也要从德育方面加以重视。[14]

（三）对巴班斯基理论的简要评述

巴班斯基的理论背景还是社会本位论或社会需求本位论。他对知识经济的看法及科学知识的看法，也都有很大的想当然性。这是造成其理论内在缺陷的根源。

1. 其理论所蕴含的假设不成立

巴班斯基分析的学业负担过重的原因在中国也存在。科技兴国、知识经济，以及早出人才、多出人才、快出人才之类政策表达，导致教学大纲、课程和教科书的复杂程度和容量大大膨胀，学科内容层层下移，这些都是事实，都曾出现过。至于学校及其老师层面上诸如教学法研究、具体教法、组织管理方面的问题，更毋庸置疑地存在，甚至也远多于这些原因。

但以上这些问题，主要是一个师资质量和教学水平的问题。总体上看，中国目前也不如苏联的状况，所以由此类因素导致的学业负担过重，应该是经济社会发展落后的地区要远大于经济社会发展居前的地区。事实上，就中国目前有关的种种调研统计来看，却不支持这个基本假设，而是恰恰相反；所以，师资质量或水平不是决定过负的主要原因，教学方式上的变化也不是改变或解决这一问题的根本途径。

2. 夸大了教育教学的减负功能

与苏霍姆林斯基接近，巴班斯基的看法也是局限于教育或教学范围来看待这一问题。巴班斯基也没有区分“过负”和“负重”的意识，虽然他谈到的一个主因，的确是过负的一个重点源头。在他看来，这个主因是社会需求与学生身心“实际可能性”之间不匹配导致的，但他又认为这个社会需求本身是合理的、正当的，问题只是这个社会需求通过中介环节而产出的教学大纲和教科书出了点问题，并且教学大纲和教科书虽然有点问题，但绝大部分是正确的、需要保留的，所以通过最优化的教学过程就可以解决和改善。

这种社会本位天然合理、正当的假设，也决定了他的教学最优化理论的先天局限性。所谓“社会需求”，其实是有相当主观和片面的一面，尤其是其中掺杂着权力博弈和利益博弈时，更不都是合理、正当的。教育观念上顺从或服从这种决定论，那么学校及其教师就无法阻挡由此产生的各种课程、教材、活动，及其日益增多的要求和任务，只会顺势再转嫁到学生头上。

3. “加速掌握知识”的命题是一个伪命题

更要害的是，他关于“在知识爆炸的条件下既要加速掌握知识的过程又要克服学业负担过重”的矛盾，是想象性的，也是简单线性思维的产物。知识爆炸的条件下，必定每个学生应该和需要掌握更多的知识吗？教育传授或学生掌握更多的知识，就一定能适应并造就知识经济吗？就一定能造就人力资源强国或科技强国吗？从宏观角度看，这根本就是一个伪命题。

美国小学生用于科技知识的时间大约每天只有 25 分钟[15]，而苏联则十倍都不止，结果知识经济的发源地是美国，科技强国也是美国而不是苏联。中国也有这种想当然的思维惯性，以为知识经济的来临，就一定需要学得“更多、更深、更快、更好”[16]，不然就无法迎接知识经济或新世纪的挑战。这种说法，其实也是国家层面上的“学好数理学，打遍天下都不怕”的潜意识展现而已。

4. 理论的美妙及结果的荒谬

这个问题由于中、苏两国在计划经济和权力集中这两点上有同构性，由此导致的问题也具有很大的同构性。但要提出的一点是，巴班斯基没有触及的问题，在中国当下恰恰是更为根本的原因，那就是学业竞争并归结为考分竞争及其在此基点上的合力驱动这一点，而并非所谓社会需求与学生身心“实际可能性”之间不匹配这个原因。

形成学业竞争并归结为考分竞争的主根源不在教育之中，起码不在基础教育之中，所以巴班斯基的教育方子，孤立起来加以实验也许是可行的，但放到中国的国情下，却会造成荒谬的结果。这就是说，它不会减弱学业竞争力度，反而会强化和激化学业竞争力度，结果不是起减负作用，反而更强负或增负了；因为在竞争基数和竞争水平扩大的条件下，竞争只会加剧，并且会导致一个对夺分最有效也最简单策略的重现：即猜题押题、题海战术并加大训练而达到熟能生巧的办法，从而保证高分并实现有效分差。有时，哪怕只是提高一分或二分的分差，都是相当关键的，一本、二本或三本的命运常常就在这一、两分的分差中。教学最优化理论引进中国已好几十年，但它何曾被教育界真正重视过？原因就在这里。

因此，不揭示中国过负的真正源头和中间环节，或不能认识到过负是一个特定问题，是一个特定概念，而把它仅仅当成是日常教育中动态随机性的现象或问题，那么问题不会转化为良性。这就是确立素质教育、改变应试教育的口号和政策提出了几十年，但分数至上及其应试训练为主依然大行其道在认识上的根源。

二、当前俄罗斯的过负情况简介

这方面的材料很少，但就很少的几份材料看，俄罗斯存在过负问题并趋于严重。据介绍，早年在一些源头上，如 2002 年的《俄罗斯基础教育标准》及其他一些政策或法规中已经存在一些矛盾，如“增加新内容与减轻学生负担的矛盾、国家主义与个人发展之间的矛盾以及统一的标准考试和对学生个性化要求的矛盾”。[17] 目前，俄罗斯将实行现代化教育新标准和国家教育创新方案——《我们的新学校》[18]，但这个问题是否有所缓解还需拭目以待。

（一）俄罗斯过负的原因及结果

这里指的学生主要指面向高考的中学生。有关小学阶段的“过重”情况介绍，笔者没有看到相关材料，所以假定这个问题对俄罗斯来说主要发生在中等教育的尾部阶段。至于原因，一般有如下几种看法：

一种泛泛的观点认为是教材的问题，主要是教材多，教材质量可疑。所以“繁复的内容使学生的知识负担过重，压得学生喘不过气来。学生出现两极分化：一部分学生由于过重的课业负担埋身于书本生活，远离现实世界，社会化不足；一部分学生厌恶学习，无所事事，最终影响一生的发展”。[19]

另一种观点则认为是转型中出现的学制分化导致的。中学分化为“重点寄宿中学”和普通中学，前者的主要目标是培养“尖子生”，后者主要是让非尖子生完成普通中等教育。[20]所以，过重主要发生在以升学为重点的前者身上，主要表现在三个方面：一是教学强度提高，从而授课时间增加；二是开始名目繁多的必修和选修课，甚至把大学里的课程引入到中学来；三是相应地作业时间加长，平均每天完成家庭作业的时间要 5 小时。[21]

此外，也有观点认为高等院校是一部分原因。高等院校提高了入学标准，使得“绝大多数的应届高中毕业生为了能上大学，除了正常的学校课程之外，不得不学习大量附加的大学预科课程。根据调查，有 23% 的被调查者跟补习教师学习，68% 的人上大学办的夜校，57% 的学生放学后参加学校的补课，只有 18% 的人不参加各类高考补习”，[22]从而学生的课业负担加重。其次，这个补习市场的存在，也因高校教师牟利行为的参与而得以强化，客观上又加重了学生业已沉重的课业负担。

（二）简要评述

俄罗斯的情况与中国的情况有很大的同构性，无论原因还是表现都有很大的同构性，所以在俄罗斯称之为“过负”也无不可，但其剧烈程度比不上中国，起码极端性恶果的例子很少听到。

1. 几个相同之处

“重点寄宿中学”和普通中学的分化，与中国的示范高中与非示范高中、超级高中与普通高中的区分有很大的相似性；“重点寄宿中学”，与当前中国的“超级中学”更是相同，尽管前者培养目标定性为“尖子生”，后者的目标则更功利世俗一点，就是为进所谓“一流大学”或“两校”。

补习市场的存在很相同。但俄罗斯主要集中在高中阶段，而中国则已延伸到幼儿园阶段。涉及的教师不仅有高校的，也有基础教育各个阶段的教师参与，尽管大都以退休教师为主组成了一个以补习或提分为主的教育服务大军。

俄罗斯的教材问题如教材泛滥和质量可疑之类问题中国也存在。

此外，中国不仅是教材问题，也衍生出更多的复习资料和考试练习册之类，渗透进学校的教学及学生的学习中，这些可能远比俄罗斯严重。所以中国教育服务市场在加剧过负上，比起俄罗斯其作用更为深广。

从后果看，高分低能和低分也低能，社会化不足和厌学双重并发，情况也很类似。但比起中国近年来不断出现的一些恶性的“教育公害”事例来看[23]，俄罗斯的过负状况要比中国轻微。

2. 历史惯性强大而现代性不足

总的看来，俄罗斯的教育延续了苏联的强大传统或惯性。强调科学知识的系统、完整和高深的传统或惯性，强调培养尖子或天才的精英特征，并强调从小严格训练，等等。在俄罗斯当前颁布的现代化教育新标准和国家教育创新方案——《我们的新学校》中，这些传统若隐若现。所以，俄罗斯的过负，表现为国家主义教育设想与学生实际可能性的矛盾，表现为与学生正当权益的冲突，也是前者压倒后者的产物。

这一点中国也存在，但构成因素上比俄罗斯要复杂得多。首先，中国的情况绝非是单纯的国家主义教育设想与学生实际可能性的矛盾，或与学生正当权益的冲突，因为从表象上看，恰恰是中国政府几十年来一直在呼吁减负、推行减负，但国家对教育的责任和义务下降而家庭的责任和义务却在上升，导致家庭对孩子教育及其学习的支配力上升，所以国家的减负呼吁则变得空洞无力。

其次，过负一再发生的历史也表明，离开了公民法治及其学生主体权利意识的培养，减负其实只是一种随机性的外部恩赐，而随机性的外部恩赐是靠不住的。只要学生本人适应或习惯于这种过负态势，那么仅仅从客观上、客体上减轻负担是没有意义的。这是在教育宗旨及其培养模式尚未现代化的国家，这类问题更易滋生的一个内在原因。

最后，就巴班斯基的教学最优化过程理论对改善或解决这一问题的价值看来是两种可能：一是没有被继承下来，二是无助于解决或改善俄罗斯当前出现的过负。参考这个理论被引进中国的实况看，后一个可能更大；不然俄罗斯的过负不应该比苏联时期更趋于严重。这也表明单纯局限在教育教学范畴求解过负，其实是无解。

三、日本中小学生课业负担情况

日本与中国一水相隔，历史上又深受中国文化影响，所以一谈起日本的教育，似乎自然会联想到其学生也一样深受过负之害，披星戴月，辛劳不已。尤其是日韩都有“考试地狱”的称谓，所以更是可以认定在课业负担方面，中日两国是半斤八两的难兄难弟。但事实不那么简单。根据已有的研究成果，这里把日本中小学生课业负担情况，分为教学计划内和教学计划外予以呈现。

（一）教学计划内的课业负担情况

过重与否的问题跟学生的主观因素和状态有关，如学习兴趣、知识储备、智能倾向、学习态度等。课业负担的另一部分是客观因素，如课业份量、课业难度、学习时间等，属于学业计划中规定的内容及其范围。[24]

作者用了“教学计划”这一概念。但这个概念用在课业负担问题上不一定合适，因为教学计划内和教学计划外都可以发生在学校中，所以会引发歧义。不过，作者的意思是清楚的，教学计划内是指法定的任务和要求。然而，即便在这个规定范围内，中国比日本也要重不少，比较如下。

1. 学习时间上的差异

中小学生每年的休假与课外活动时间，中国少，日本多。

每天在校必须学习的课程时数，中国多，日本少。

法定学习时间，中小学生平均每天的学习时间，中国是5小时40分和5小时，日本是5小时和4小时20分钟，即每天大约均多一节课的学习。[25]

另一研究结果也佐证了这一点：“中国小学一年级学生一学年的课时比日本多16%，中国初一学生一学年的课时比日本多21%，九年的基础教育中，中国课时总数比日本多15%。”[26]

2. 课程份量、难度和种类上的差异

课程份量指所学科目的数量及各科内容的容量。小学阶段各年级开设的科目，中国比日本多一门；初中生每年中国比日本学生多3～4门课程。各科内容容量，中国中小学生所学各科的内容也均多于日本的中小学生。中国初中数学教材的页数为1193页，是日本的两倍；课堂练习题数为2025道，是日本的1.33倍；课外练习题数为3712道，是日本的4.36倍。[27]

课程难度的比较，与知识体系的纵深程度有关，但这里的差别是方向上的，不是程度上的："中国小学课程更注重知识的逻辑性、系统性和艰深性，而日本中小学的课程则强调所学知识的运用"；[28]也就是说，前者主要是把记住多少知识本身作为目的，后者则把知识的运用作为目的，即把知识作为工具来了解和学习。所以这个难度是对待知识的不同方向上的差异导致的。

课程种类方面，小学阶段均为必修课，中日无差异；初中阶段，中国无选修课，日本有选修课，选修课的课时占总课时量的17%。[29]

3. 课业评估上的差异

课业评估的基本方式是考试和考查，并以前者为主，对此中日两国无差异。差异发生在数量、操作方式和结果意义上。

数量上，日本小学生平时几乎没有考试或测验，在学年结束时，以考试测查学生的学习情况；而中国小学生平时即考试、考查繁多，课测、周考、月考、学期考，数不胜数，有针对中国小学教师的调研表明："如仅以语数外三门学科计算，有八成以上的小学生每月平均考试次数至少在三次以上，甚至还可能有达到十余次的现象，而且其中还不包括随堂小测验以及其他学科的考试。"[30]

操作方式上，日本考试试卷不打分、不分等级，做对的画圈，不对的请学生更正。"学生的期末评定也无分数和等级，只在各学科的各项表现上给出评语"，这些评语只有学生带给自己母亲看，同学之间不流通。家长会上也是逐一与家长面谈，以"避免学生之间的排队和家长之间的攀比"。相比之下，中国教师喜欢考试，喜欢成绩排队，喜欢家长会上将排队成绩交给家长，动机是促进学生学习，提高成绩。所以，学习环境以及评比方式上带给学生心理或精神压力方面，中国要比日本的大。

评估结果的意义上，都有竞争性，但鉴于国情或制度差异，中国比日本更大，这种自远而近的升学竞争压力，是导致过负的主根源。对此，中日之间实际上不具有可比性。如20世纪90年代末的情况，“在日本，初中生升学的比率为100%，90%以上的初中生在高中就读且可以报考高等院校，而我国初中生升学率仅为45%，大约有25%的初中生就读于普高且有参加高考的机会”。[31]中国高考毛入学率近十几年来提升很快，尤其是经济社会发达的某些大城市，高等教育也进入普及化阶段，但由于高等教育之间的出路前景差越来越分明，所以高等教育的大扩张并没有减轻下游教育择校竞争及其学业竞争的力度，成了单纯的为扩张而扩张。这种高教大扩张并不合乎我国经济发展和产业结构的实际水平和客观需求，泡沫性很大，所以也起不到支撑经济产业结构调整与转型的作用。

（二）教学计划外的课业负担情况

教学计划外的课业负担可以发生在校内，如学生在课余休息时间进行的各种各样的学习，但显然是以校外为主。作者分三点作出对比。

（1）学习时间上。首先，按现行的作息时间，中日两国中小学生每天在校的学习时间分别为7.5和5.5小时左右；中国中小学生在教学计划外每天比日本学生多学习80分钟左右。其次，从校外的计划外学习时间上看，中国中小学生每天校外的学习时间分别为4小时和2小时左右，日本小学生则分别为2.5小时和1小时。这样，在教学计划外每天的学习时间方面，中国中小学生比日本的中小学生多出2~3小时。[32]

（2）所学课业的种类上。中国中小学生教学计划外的课业学习主要是围绕着学校课程的学习来进行的，多是教师要求必须要完成的学习任务或必须要参加的学习活动，而日本学生是否参加这种补习班是由家长和学生自己决定的。可见，中国中小学生教学计划外的“弹性负担”已转化为了“刚性负担”，学生自愿参与的自由度非常小。[33]

（3）学习的范围上。中国绝大部分中小学生每天都在课余时间里进行着各种课业学习。而在日本只有50%的中小学生在课余时间里继续进行课业学习。据日本文部省1994年的调查，日本参加课外补习班的小学生为23.4%，初中生为59.5%，在教学计划外进行课业学习的学生人数和比率都远远低于中国的中小学生。[34]

通过上述比较，中国的中小学生进行学习选择或课业选择的自由度非常小，所以即便是同等程度的课业负担，感受上也要沉重得多，何况还不是同等程度的。因此，可以说中国中小学生的课业负担较之日本学生更为沉重，覆盖面也更大。

（三）简要评述

中日两国由于有文化渊源上的联系，而且早年中国的基础教育制度是从日本模仿过来的，所以课业负担问题的比较似乎合情合理。但实际上事情已发生了根本转变，因为日本已是一个工业化、城市化和现代化完成了的国家，而中国则是一个发展中国家，两者在基本背景上的差异就有质的不同了。如果不考虑这种巨大的背景差异，仅仅简单比较而得出的启示或借鉴之类，往往会谬之千里。

就具体而言，如“中国中小学生教学计划外的课业学习主要是围绕着学校课程的学习来进行的，多是教师要求必须要完成的学习任务或必须要参加的学习活动”这类说法，并不能得到数据支持。例如，就北京地区的小学生而言，出自“培养自己的特长”的为多数，占43%，而出自明确功利目的的占20.2%，出自补课目的的更少[35]，尽管功利目的的课外学习随年级而上升，也随城区或农村的不同而不同；当然，非功利目的的课外学习，也不排除具有很功利的一面，因为瞄准特长培养的很多课外学习或训练，也同样可以包含着为满足特长政策的择校要求和目标，但在形式上，毕竟不支持以上的笼统说法了。

当然，除农村地区外，中国大中城市中小学生的课业负担要重于日本，这个一般结论是可以成立的。但中国大中城市的中小学生的课业负担，为什么又重于农村地区？中国大中城市的师资质量高、教学水平高、现代化程度高，可为什么其课业负担反而重于师资质量低、教学水平低、现代化程度低的农村地区呢？对此，这类比较往往就无助于引出真实问题并揭示真相了。

四、美国中小学课业负担情况

对于“中小学”的概念，中美之间常常有一点理解上的差异。美国是分级制，基础教育分为12级，所以高中包括在“中小学”的概念中；中国是分段制，而且基础教育内分段性质也不一样，高中就不属于义务教育了，所以“中小学”概念有时包括高中，有时又不包括高中而专指小学和初中。

（一）两种对立的看法及分析

有关美国情况的材料比较多，因为美国毕竟是当今世界的头号强国，也是教育上的头号强国，容易吸引人们的眼球。但是，就美国有没有过负，其实意见也各异。

一种意见是否定的。因为美国实行的是事实上的素质教育，尽管人家没有“素质教育”这个提法或名词[36]。另一种意见认为美国的中学也有这类问题，特别是进入高中后，就进入一个“严酷的时代”，主要因素是家庭作业的压力大，报道还引用了两个中学生因陷入学业困境而自杀的例子来说明。[37]

个别事例当然不足以说明普遍实际，因为这种个别事例的成因真相并不易探究清楚，何况合理程度的课业负担，总会有少数孩子觉得很重。这是一种常态现象，不足以说明过负的存在。因此，从总体上可以说美国不存在过负，起码在中小学阶段不存在；如果存在，那是家庭或个人的自愿选择，而不是外部的系统合力所强加。

有一个实例可以证明这一点。例如，“第56号教室”的孩子们每天早上6点半到校，一直呆到下午5点、6点才回家。[38]即便从中国的国家规定看，这么长的在校时间，大大超过了中国小学生在校学习时间的规定，也肯定是违规了；但为什么他们就不属于过负或负重？原因在于：首先，这是个人和家庭双方自愿的契约性行为；其次，这些学生每天在校都有丰富多彩的各种活动搭配，更不用说那些拥有完整要素及其过程的户外活动教育了，不像中国小学生在学校里所做的事大都是单调的听课、背书、写作业和测验；再次，这些学生不只是受外部的要求和标准所驱动而在校学习，也是出自自己的兴趣和爱好学习。

因此，从公立教育的范围讲，在美国的严格法律体系下，总体上是难以发生过负的。如发生，学校、机构及其教师，也打不起这种官司，更别说承受透明条件下的舆论压力了。从民生驱力角度讲，美国民生格局差异没有中国表现得这么悬殊，即便没有工作，也可有失业救济；民众追求多元化也是美国人的精神传统；从拉力角度讲，美国的一流大学招生标准，培养目标及其出路前景各异，其追求目标更不侧重于世俗上的所谓成功，难以对下游阶段教育的追逐形成单一性的指挥棒效应。因此，作为特定性的过负，可以说美国是难以存在的。

那么，是否说，美国就不存在或不需要减负的行动了？那也不是，下面分两个问题予以陈述。

（二）美国减负所针对的主要对象

说美国没有过负，又说美国有减负行动，这是否自相矛盾？是的，有自相矛盾的地方，但又不自相矛盾，因为减负不专属于过负。美国的减负主要是针对趋势的预警，而不仅仅针对现状。

例如，美国科学技术教育理事会于1989年发表的总报告《普及科学——美国2061计划》就具有相当的减负精神："改变过去年间学习内容不断膨胀的现象是计划的主要目标之一。"[39]这里针对现状的部分，主要是指"目前教学大纲中的科学和数学内容过多过滥"："在十多年时间里，这些内容几乎毫无限制地增加，搞得老师和学生不知所措，难以跟上科学、数学和技术的发展趋势。有些课程翻来覆去地讲了一遍又一遍。而另外一些同样重要，甚至更重要的自然科学、社会科学和技术学课程却不在这些教学大纲之内，或者仅为极少数学生设置。"[40]

属于改变认识的部分：一是"科学、数学和技术总是处于不断变化之中"，科学、数学和技术的变化，不仅意味着新生和增加，也意味着老化和消减，"有人形象地说，科学知识也会'发霉'"[41]。所以，对待科学、数学和技术也不能搞偶像崇拜，更不是多多益善。二是学校教育的传统和职能要变革。人有生之年要学习的知识太多，这不可能靠学校教育通过灌输来完成，或者如报告所说，"无须要求学校讲授越来越多的内容，教学的重点应集中在最基本的科学基础知识上，而且更有效地把它教好"。所以"过去学生在专门词汇和记忆方法上耗费的精力将转到学习概念和思维技能上，培养科学的思维方法"[42]。该文作者认为，"真正的'减负'涉及的是教育总体结构和教育思想的根本改革"[43]。

从上可见，由于主要针对趋势，这种"减负"是走在过负或负重的前面，属于防负的范畴。这个负重是课程或学科范畴内的原因所致，是课程或学科内容设置因袭惯性而不能及时清淤去冗所致；这类问题永远会存在，也需要随时监测和预警，所以不是特指性的。如果把美国防负或减负的看法与做法，与巴班斯基对过负及其减负的看法和做法相比较，可以看出两国思考方式及其行为方式的明显区别。巴班斯基理论围绕的假设具有太大的假想性，主要也局限于教学过程想办法，其实是夸大了教学过程的能效；而美国的这类“减负”，主要不针对一线的学校或教师，而首先着力于消减课程或学科设置背后的支配势力及其指导思想，因为这类负担往往也是这些势力的存在和扩张而导致和加剧的。

（三）美国家庭作业负担的问题

过负中，作业负担过重是一个显性而突出的构成部分，其中包括作业难度、作业时间和作业数量——后两者常常也难以区分，互为因果或蕴含关系。有关学生作业的利弊，以及如何合理科学地布置作业，也是众说纷纭的难题。

极端人士认为家庭作业伤害孩子健康，建议禁止给学生留家庭作业。如美国《妇女家庭》杂志就认为家庭作业“很野蛮”，有的学区如洛杉矶的确也禁止家庭作业，直至8年级。[44]当然，肯定家庭作业的人士更为多数。有的认为这对加深在校所学知识的印象有必要；对学生则不仅如此，还有从家庭作业具有边际效用，即帮助其“掌握管理时间的技巧”来肯定家庭作业[45]。美国教育部对家庭作业的时间也有建议：7～9年级家庭作业为每天最多2小时；专家则认为改变作业的类型和让学生明了作业的意图更为重要。[46]

尽管如此，作业的增加成为学生学习负担的迹象还是存在了，起码在高中阶段明显出现了。密歇根大学的贺夫斯教授当年曾对美国十几所中学的高中生做了一次调查，被调查的学生中有1/3称自己每天都感受到了压力。这位教授的随后研究又发现，高中生的学校成绩与老师指派的家庭作业分量多寡仅有一点点关联。[47]

从上可见，如果美国发生过负或负重，那么一个普遍的发生点应该是家庭作业的超量问题，并且集中发生在高中阶段。所以美国的减负，如可以称为“减负”的话，主要是针对高中及其家庭作业而作出的。

（四）美国中小学生家庭作业研究简介

不过，从减负的操作性角度看，美国有关中小学生家庭作业的研究更值得介绍。顺便提一下，这一研究中的“中学”包括高中阶段，不仅指“初中”。这主要是两国的义务教育阶段的时限不同所致，中国是九年制，而美国是12年制，并向14年制推进，甚至还建议17年制的。通过介绍可以看出，我国有关中小学家庭作业时间的政策规定，很可能参照了这一研究成果。

这一专项研究是20世纪80年代中后期进行并完成的，作者为哈里斯·库帕。他分这么三个问题并分别做了回答：家庭作业有何功效？家庭作业有用吗？某些家庭作业比其他的更有效吗？并针对美国的普通学区提出了一般性的指导方针。[48]

1. 家庭作业有何功效

这里，库帕首先就家庭作业给出定义，然后就家庭作业的利弊作出陈述。

定义：教师布置给学生的要在非学校时间完成的任务。这一定义排除了：a. 校内有指导的学习；b. 家庭教育课程；c. 课外活动。不过它倒是包括学生在课上不专心听讲而做的上一节课布置的作业。[49]

家庭作业的利：a. 家庭作业对学习内容的记忆和理解具有直接的作用；b. 能提高学生的学习技能，改善他们对学校的态度，让他们明白学习是没有地点限制的；c. 有许多非智力的好处，大都与培养独立性和责任心相关；d. 可以使家长参与学校教育过程，提高他们对教育的评价并让他们肯定孩子的成绩。[50]

家庭作业的弊：a. 带来餍足效应；b. 漠视了学生享用闲暇和进行集体活动的权利；c. 家长的参与往往变成干扰，如果父母的教育方式与教师的不同，会使孩子无所适从；d. 也确实因为引起了欺骗行为而助长了学生的不良品性，不管这种欺骗是直接的抄袭，还是远超出指导意义的“帮助”；e. 家庭作业还会突出既存的社会不平等，即家庭作业形式上是平等的，但掩盖了实质上的不平等。[51]

综合起来看，有关家庭作业弊端的视野要开阔于有关家庭作业好处的视野。后者的见解主要来自于教育上传统惯性的自动继承或集体无意识，或者说来自于过去年代记诵之学在教育上的经验体悟，所以前者的价值普遍性如何，值得深入细致的反思或探究。

2. 家庭作业有用吗？

“有用”的主要变量，这里限定于“能否提高学生的成绩”。对此，有三类研究回答这一问题。

第一类是简单比较两组学生的成绩：一组有家庭作业，另一组没有，并且也没有任何其他替代性的作业。结果是：“1962 年以来的 20 项研究中有 14 项肯定了家庭作业的作用，而有 6 项主张废除家庭作业。”[52]

第二类研究比较精细化，比较的对象是按年级区分的，并假设同一位教师同时教两个班，一个有家庭作业，一个没有家庭作业。研究结果显示：“年级水平对家庭作业功效有着惊人的影响。”具体表现为：“假设一个学生在有家庭作业班的成绩分级为 13，那么如果他或她在无家庭作业班，单元结束时，分级将降到 8。如果这位教师教的是初中，无家庭作业一班的平均分级只降到 10，而在小学，家庭作业不会使学生有任何差别。”[53]

第二类中的另一组研究结果与上面的相同，但研究比较的对象不同：其比较了家庭作业和课堂上有监督的学习。“这些研究认为，家庭作业的积极功效只有它相对于无作业时的一半。更重要的是它们显示出年级对家庭作业功效的强烈影响。在小学，家庭作业与课堂学习比较，后者更有效些；在初中，前者更有效；而在高中，家庭作业的有效性就更明显了。”[54]

第三类不是实验性研究，不关心家庭作业的实际操作，而是考查或调查学生汇报的家庭作业时间与成绩水平之间的相关性。这类调查规模是比较大和很大的：“许多研究出自州乃至全国范围的调查。”[55]“总的来看，有 43 项相关性研究认为多做家庭作业的学生成绩较好而只有 7 项研究持相反的观点。年级水平对家庭作业功效的强烈影响再次出现。对 3 ~5 年级的学生，家庭作业量与成绩之间相关几乎是零；对 5 ~9 年级的学生是 +0.07，而对高中生而言，则为 +0.25。”

以上多项研究共同指向了一点，即年级水平对家庭作业的功效具有显著的影响，所以库帕总结的基本结论是这样的："家庭作业对高中生成绩有重要的积极影响，对初中生也有用，但功效大约只有一半，对小学生来说，就算作业对他们的成绩真的有效，那也是微不足道的。"[56]

3. 某些家庭作业比其他的更有效吗?

库帕的这个问题，是期望揭示家庭作业在难度上的效度问题，而不是一般泛泛地谈家庭作业的功效，也不是只局限于家庭作业在年级层次上的功效差异。原因是以上的三类研究都还未精细到学科层次，所以"未发现一个清晰的模式能表明学科内容对家庭作业的影响"。[57]对此，库帕认为有两个假设比较容易得到肯定：一个是家庭作业难度适中，积极功效最大，也即"当家庭作业的内容不甚复杂或不是十分陌生时，家庭作业的作用发挥得最大"。[58]另一个是关于家庭作业的最适宜量问题。

后一个问题阐述比较复杂，也与年级变量密切相关。库帕"依据9项关于学生的作业时间量与其成绩的相关研究，画出一张成绩水平与时间效率的关系图。不出所料，进步曲线在低年级是平稳的——因为家庭作业通常不会提高小学生的成绩，这与作业量确实没有关系。对于初中生，家庭作业多了，成绩也会随之不断提高，直至一晚上要花费一小时的时间。超过这一限度的作业量，不会导致更大的进步。与之相反，对于高中生，进步曲线持续向上延伸。虽常识告诉我们应有一个趋于下降的转折点，但看起来在合理范围之内，家庭作业做得越多，高中生成绩就越好"。[59]

此外的发现还有："单单把家庭作业集中于当日所学的内容，不如把内容分散在若干作业中，练习和预习都是有益的"；[60]家长角色对家庭作业的功效是中性的，既无积极影响，也无消极影响；有关家庭作业的反馈影响的研究阙如，一些研究也并未揭示哪种反馈方式更好些。

4. 一般性指导方针

原文用了"指导方针"。实际上，按中国人的行文习惯，非官方表达用"指导建议或意见"之类可能更易于接受。库帕依据以上研究结果，提出了一个总体性意见和8点指导性意见，分述如下。

（1）对家庭作业的总体认识、各阶段目的应有所区别及其总体目的："家庭作业是一种行之有效的教学手段，但它在不同的年级应用于不同的目的，尤其是在短期内和对低年级不应要求过高。同橄榄球与侦察游戏一样，它只是我们所用的若干方法之一，用以向孩子们说明学习是无所不在的。”[61]

（2）学区层面：要明确一般原则，说明为何布置作业，为何家庭作业时常带有强制性，及应该有什么样的时间要求。

（3）学校层面：学校须进一步明确时间要求，协调班级之间的作业使之均等，并明确教师与校长的角色。教师则要规划出课堂上对学生的具体要求，并说明理由。

（4）低龄段儿童家庭作业的目的是针对习惯、态度、认知和体验的达成：“低龄儿童的作业应有助于养成良好的学习习惯，树立对学校的正确态度，并向学生表明家庭同样是学习的场所”，“并使他们获得成功的体验”。操作原则是：“小学的家庭作业要做到量少题易，涉及日常生活中熟悉的事物”。

（5）初中阶段家庭作业目的更为聚焦，适宜于融合强制性与自觉性或兴趣性的家庭作业：“在学业方面的功能已较明显，然而不应夸大它发展学习动机的作用。因此我提倡一种融合了强制和自觉的家庭作业。自觉的家庭作业与本年龄阶段学生的固有兴趣是一致的。”

（6）高中阶段家庭作业的目的具有更高的单一性，依据学科和教学一般常规、要求和进程进行：“高中教师可以把家庭当作课堂的继续。练习、复习学过的课程，预习下面要进行的内容的简单提示，应该成为一种例行作业。同样，要求学生综合利用技巧或课程中不同部分的作业也是如此。”

（7）家长角色的一般限定：“无论在哪一年级水平，家长们在家庭作业中的正式角色必须限制在最小的范围内。”

（8）家庭作业布置以面向大多数学生为主：“班级中个别化的作业不应占太大比例。大多数班级是由能力相似的学生组成的，个别化的家庭作业多了会使教师们得不偿失。”

（9）家庭作业与测验的区别及其师德上要求：“尽量少打分。家庭作业与测验不能等同，要使几乎每个学生都能顺利地完成家庭作业，这意味着面对不同成绩水平的学生，教师不得心存歧视。教师要检查作业完成情况，或写几句评语，这一程序表示布置家庭作业是认真而有目的的。”

（五）从美国中小学教育内容或课程构成看过负

这个标题本身是一个庞大的话题，不是这里能够胜任的。在此只是利用间接材料粗线条勾勒一下，以说明为什么美国中小学教育总体上难以存在过负。

1. 在校学习时间上的差异

有文章载："美国中小学生的作息时间是早上 7 点钟到校，下午 3 点钟放学，除了中午有 40 分钟的午餐时间。"[62]库帕的说法是家庭作业能让学生"明白学习是没有地点限制的，不仅仅是从早上 9 点到下午 3 点在学校教室里进行"。[63]两种说法，相差 2 个小时，后者为美国教育研究的专业人士，对此应该具有更高的信息准确性，所以采信后者的说法。

因此，就在校时间长度的一般规定来看，中美不是一个数量级的，尤其在高中阶段。美国是一个法律体系强大的国家，所以突破这一点而延长在校学习时间所遇到的法律风险相当大，不像中国在高中阶段学校巧立名目而突破政策规定、任意延长在校学习时间，不会有什么法律风险。尤其对那些寄宿制高中来说更不是问题，一天的学习、练习或训练达 15 个小时都算是仁慈的。可见，过负产生的机遇和条件，中国要大于美国。

2. 课程构成的差异

多类课程构成，形式上差异不大，但事实上和侧重上差异大。大体而言，美国中小学各阶段教育都有这几类课程，区别是各自侧重上会有差异。

知识性课程："美国中小学文化科学知识教育课程门类很多。以中学为例，必修课中英语、数学、自然科学应有尽有，选修课更是五花八门，'科学技术与社会（STS）'课程所涉及范围相当宽泛；课程难度亦不断提高，如相对论等原属大学教学的内容也进入到高中教材，以计算机为中心的信息技术早已成为中学教育的重要内容。"[64]

能力性课程："美国中小学还专门开设培养学生能力的课程。例如，从幼儿园到高中普遍开设演讲课，课程的主要内容是学生上台演讲。学生准备一次演讲要查阅大量的资料，确定演讲主题，撰写演讲稿，作模拟演讲等，30 分钟的演讲需要花费大量的时间来准备。”[65]

职业教育课程：“职业教育课是中小学生必修的课程，在小学和初中，教室里摆放着供学习裁剪、缝纫的工具，学习文秘的打字机以及学习修理汽车的图片等；高中生要到社区设立的职业教育中心学习，按个人兴趣选择 10 个学分的职业教育课程，成绩合格后可获得职业教育证书。”[66]

社会实践课程：主要针对欲上大学的高中学生，作为升大学的附加条件。“比如，将来有志攻读医学博士的高中学生，可以到医院或诊所去当一段时间的‘小护士’或医务助理；想攻读企业管理成为企业家的高中生，可以去站一段时间的柜台或当推销员；想当科学家的高中生，可以去实验室刷瓶子或给理工科的后进生当家教，等等。这些不同社会组织的负责人就会给这些高中生参与者写推荐信，作为进大学的有力参考。”[67]

作业类型：“知识性课程的作业有课堂作业和家庭作业，此外还要做一个‘项目（project）’。所谓项目就是学完一个单元或一门课程后，教师要求学生根据自己对新学知识的理解，做出一个能表达自己已掌握该项学习内容要素的项目，类似于大学生的毕业设计和毕业实习，其目的是提高学生运用知识的能力。”[68]

由上可见，美国中小学教育课程丰富，社会化内涵充足，与生活、活动和与孩子的天性及兴趣关联性也要大得多，所以课业类型本身对中枢神经和机体疲劳具有天然的调节或缓解效用，从课业受主内部也容易获得情感动力，从而课业负担难以长期累积为超负荷状态而成为顽疾。从基本指导思想及其课程设置看，美国重视学生机体活动及其能力的培养和开发，尤其在初、中等教育阶段，课程“重音、体、美，而轻数、理、化，无论是公立还是私立学校，音、体、美活动无不如火如荼，而数、理、化则乏人问津”[69]。即便是中国人极为看重的数理化课程，美国的教学目的、教学方法及其学习方法，也与中国差异很大。

（六）简要评述

从以上材料可以窥见，美国的中小学教育总体上不易生成过负，即便会发生也是个别极端的例子。下面几点，可以反映这一实质。

1. 作业研究的防偏或纠偏价值

美国有关家庭作业的系统研究，不仅仅是导因于过负或主要是为了作业减负，而是具有相当典型的教育教学研究上的价值。但对减负的价值而言，笔者认为，以上有关家庭作业难度和适宜量的阐述，具有很大的实践防偏或纠偏价值，尤其是对“家庭作业在高中层次的功效最大”这一结论，给予了一定的限定性，从而对家庭作业在高中阶段实践上的运用可能出现的偏颇，可起一定预防和预警作用。因为家庭作业尽管在高中阶段功效最大，即对提高学习成绩具有最大的相关性，但也不是无限的，而是有极限的。这个极限，不仅表现在数量上，也表现在难度上；否则，一样难以取得积极的功效，而导致时间、精力的浪费。这个作业研究，给我们政策上提出的“小学率先减负”的政策主张提供了研究依据。当然，仅仅是研究结论是不具有约束力的。

2. 有关家长作用的揭示对减负有警示意义

对家长角色在家庭作业上的中性影响的揭示，对减负及其宣传也很有警醒意义。在家庭作业方面，我们教师更是喜欢强调和依赖家长督促、帮助，而这实际上也是有意无意加重或累积课业负担及其压力的一个认识上的误区。

3. 追赶型理念下的教育扭曲

中国中小学教育受科技追赶或创新追赶型的急躁理念驱动，表现得相当突出。由此，无论理论上还是课程设置上，喜欢偏向于科学、文化知识和技能的传授和习得。实际上，由于社会各种条件不到位及系统合力的作用，科学、文化知识的传授和习得则演化为主要为了应付考试，以此来争夺稀缺资源——包括过程性优质资源和终端性优质资源，所以科学、文化知识的学习类似于以前科举的“敲门砖”，不是为人服务和为人发展的东西，而成了变相压迫人精神和天性的重负。

结果，越是强调和重视科学文化知识，就越导致课程、课业及其学习的持续膨胀，导致死记硬背的流行，导致社会化缺失、课业负担及其精神压力持续加重，反而使得很多学生对科学和文化知识产生餍足甚至仇视，甚至扩展为对学习、对教育、对学校及其教师的疏离或仇视，基础教育阶段就制造出大量的受教育失败者、受害者。

4. 儿童权利上的真实差

相比较而言，西方国家中过负很少发生，情况甚至正相反。例如，与我们反对家长的择校不同，英国政府就鼓励家长择校，认为家长择校对不受欢迎的学校改善其教育教学是一种必要的压力；同样，与我们号召减负不同，英国公众则“赞成提高大学入学门槛，给中学生‘增负’”[70]。

为什么东西方国家在这个问题上会出现如此明显的差异？笔者认为，从法治的角度看，是由东西方国家法律构架的不同所决定的。例如，儿童权利在西方国家的法律构架中是一个很重要很独立的权利品种，难以随意侵犯或剥夺，而在东方国家的法律构架中，儿童权利是一个似有似无或可有可无的权利品种，别说学校、教师或家长在课业上的加码，学业上加压，就是父母打骂孩子都不算什么问题。

在宣传上，好听的比喻儿童是花朵，儿童是国家的未来；经济学上的定位，儿童不过是人力资源的后备队伍；政治上的定位，则是社会主义的“建设者和接班人”；而儿童只有这些定位被满足的条件下才被赋予一定的价值和地位，而他或她学习不好的话，等于无形中被取消了被定位的价值和地位，所以儿童作为独立的人和人格，则是不被考虑的，他或她在成人眼里，往往是达成大人目的的免费资源或工具。即使教育上现在很强调儿童或学生的个性发展或创新，也有“以人为本”或“育人为本”的口号，那也只是大人们或决策者觉得需要个性发展或创新了，而并非儿童或学生本身就是有个性发展或创新权利的人。

因此，儿童权利品种立不起来，儿童自身不能意识到自己的权利和义务，甚至习惯、适应于过负，那么减负只是取决于部分大人的良心和良知，那就无法有效破解了。

五、本章小结

就文化渊源的角度看，东亚文化圈的国家多少都存在过负问题，如日本、韩国，都重视教育，更重视考试，把教育及其考试作为社会升迁的基本通道，从而考试地狱、科举“杀人”之类现象就难免不出现。新加坡属于华人圈，更是几近疯狂，即便今天也有九成七在校生请家教，荣登“家教之国”之榜。[71]

从意识形态和社会制度角度看，这类问题却容易发生在“社会主义”国家，苏联和中国都存在过这类问题，也都很严重，属于国家驱动的过负。

苏霍姆林斯基和巴班斯基的相关看法和建议，主要涉及教育教学上的微观现象或问题，属于负重而不属于过负。他们的建议对提高教学水平和师资质量、改善教育教学过程中的负重感具有价值，但对改善和解决过负不具有作用。相反，他们的方子不是缓解考试夺分的态势，而是强化和扩大这种态势，所以宏观上反而会起相反的作用。

过负从法律角度看，也是儿童权利品种立不起来，立起来也被任意突破的结果。❶ 从国外的比较看，法治体系完整和成熟的国家过负问题少见，即便是负重问题也轻微得多。因此，最后一道防线是学生自身正当权利意识的觉醒和自我捍卫，而这一点则涉及整个教育理念和宗旨的转换。

参考文献

[1]［2］［3］［4］续润华，等．苏霍姆林斯基论减轻学生的课业负担［J］．外国教育研究，2002（1）．

［5］苏霍姆林斯基．怎样培养真正的人［M］．北京：教育科学出版社，1992：123）．

［6］［7］［8］［9］［10］［11］［12］［13］［14］杜殿坤．巴班斯基谈学业负担过重问题［J］．全球展望，1985（1）．

［15］美《教育周刊》编．范国睿 译．奥巴马的教育蓝图［M］．教育科学出版社，

❶ 我们有《未成年人保护法》，但儿童利益和权利并没有明确的代言人，所以法律上的保护和维护实际上难以到位，除非上升到刑事层面上；而像增负或加负之类问题，恰恰是不太能上升到刑事层面上的。其良好的出发点，也使各方当事人天然具有了被惩豁免权；过负上的合力驱动，更使责任主体难归位。所以，过负禁而不止、久治不愈，不仅意味着儿童权利本身的不清晰、不到位，更意味着法律上的不作为和难作为。因此，从防御和防范的角度看，过负也是依法治国和依法治教的不到位在教育上的延伸，或者说是保护和维护儿童身心健康及其正当权利的法律防护带或隔离带没有真正建立起来，或者是建立起来了却无从发挥真实作用所致。

2010：73.
[16] 北京市教委．北京市2010年北京市初中毕业会考考试说明［M］．北京：北京出版社，2010：2－4.
[17] 肖杰．俄罗斯基础教育面临的问题及对策［J］．外国中小学教育，2003（8）.
[18] 王旭阳．俄罗斯的教育改革重点［J］．比较教育，2010（4）.
[19] 肖杰．俄罗斯基础教育面临的问题及对策［J］．外国中小学教育，2003（8）.
[20]［21］［22］兰瑛波．俄罗斯学生课业负担重［J］．中国青年研究，2002（4）.
[23] 娄立志．关于学生学业负担：20世纪世界教育改革的启示［J］．教育理论和实践，199（5）.
[24]［25］姜丽华．中日中小学生课业负担现状的比较研究［J］．辽宁师范大学学报（社科版），1999（1））.
[26] 任文忠，等．新世纪的中日基础教育课程改革比较［J］．安徽教育学院学报，2004（1）.
[27]［28］［29］姜丽华．中日中小学生课业负担现状的比较研究［J］．辽宁师范大学学报（社科版），1999（1）.
[30] 北京教育科学研究院基础教育科学研究所．减负新探［M］．北京出版集团公司北京出版社，2012：北京市教委。减负新探［M］．2012：207.
[31]［32］［33］［34］姜丽华．中日中小学生课业负担现状的比较研究［J］．辽宁师范大学学报（社科版），1999（1）.
[35] 北京教育科学研究院基础教育科学研究所．减负新探［M］．北京：北京出版集团公司北京出版社，2012：173.
[36] 解飞厚．减负、素质教育与考试制度改革——美中中小学教育之比较［J］．教育科学研究，2002（1）.
[37] 张崇防．美国中学生的负担也不轻［J］．时事报告中学生版，1999（5）.
[38] 雷夫·艾斯奎斯．成功没有捷径——第56号教室的奇迹［M］．天津社会科学出版社，2009：002.
[39]［40］［41］［42］［43］柯霞．从美国2061计划看我国中小学“减负”问题［J］．外国中小学教育，2004（5）.
[44]［45］［46］［47］张崇防．美国中学生的负担也不轻［J］．时事报告中学生版，1999（5）.
[48]［49］［50］［51］哈里斯·库帕．美国中小学生家庭作业研究［J］．上海教育科研，1995（6）.
[52]［53］［54］［55］［56］［57］［58］［59］［60］［61］哈里斯·库帕．美国中

小学生家庭作业研究［J］. 上海教育科研，1995（6）.
［62］解飞厚. 减负、素质教育与考试制度改革——美中中小学教育之比较［J］. 教育科学研究，2002（1）.
［63］哈里斯·库帕. 美国中小学生家庭作业研究［J］. 上海教育科研，1995（6）.
［64］［65］［66］［67］［68］解飞厚. 减负、素质教育与考试制度改革——美中中小学教育之比较［J］. 教育科学研究，2002（1）.
［69］高礼宏. 从中美两国互派教育代表团考察对方的基础教育得到的不同印象和结论谈起［OL］. 新浪博客. http：//blog. sina. com. cn/s/blog_ 4be30cb30100s96i. html.
［70］石剑峰 编译. 九成英国人赞成中学生“增负”［N］. 东方早报，2005 - 08 - 23：16.
［71］彭梦瑶. 九成七学生补习，新加坡堪称“家教之国”［N］. 新华每日电讯，2008 - 06 - 18：008.

第八章　减负政策文本的梳理及分析

从时段看，减负的政策文本应该划分为三个时期，即20世纪50年代初至60年代中期为第一时期；60年代中期至70年代末为第二时期；70年代末至至今为第三时期。第二时期由于进入了所谓“文革”时期，学校成了“文革”的发源地，也是“文革”的受害者，而课业负担的施加主体，如校长或老师，成了革命小将“批斗”或“专政”的对象，所以过负或负重都无从发生。就出路而言，当时“知识青年”无论读书好还是读书差，都要走“上山下乡”的道路，所以也不存在催产过负的内、外驱力。

可见，过负出现了一个时间断裂，政策文本也明确地映照了这个断裂期。本章就前后两个时期的政策文本做一点梳理及分析。

一、第一时期有关减负的政策文本

阅览这一时期有关减负的政策文本，似乎觉得当前有关减负的思考、思路、策略、措施及其效用，并没有什么实质性的进步，尽管历史已经越过了一个甲子。新政策文件的基本内容，大体上也是旧政策文件一次又一次的类似重复，这到底是人性的宿命还是减负的宿命，颇为难窥。这里，先打住感慨，而就事实层面上的信息做一些梳理。

（一）减负政策文本的大致情况

1. 文本数量及其政策生命周期

据王小利“建国以来基础教育‘减负’政策的演变及其思考”的梳理[1]，从1951年8月6日政务院发布《关于改善各级各类学校学生健康状况的决定》，到1966年1月17日教育部发布《关于减轻学生负担，保证学生健康问题的报告》，时间周期约15年，文本有8个，平均不到两年出台一个减负政策，政策生命周期平均为1.88年。这一期间，1964年是一个减负政策出台的密集期，一年之中的5、7、8三个月，连续出台了三个有关减负的政策，1966年又接着出台一个减负文件；这么一算这一段的政策生命周期就更短了，平均约为0.75年。这个密集期很有意味，即这个密集期反映了过负顽症到20世纪60年代中期日趋严重，而并非有所减轻。

2. 文本显示的基本主题

这一时期减负的基本主题，就是改善或保证师生的身体健康。8个政策文本，有四个标题明确显示该主题：《关于改善各级各类学校学生健康状况的决定》（1951年8月6日）、《关于保证学生、教师身体健康和劳逸结合的紧急通知》（1960年12月21日）、《关于中小学健康和改进学校体育工作的报告》（1964年8月19日）和《关于减轻学生负担，保证学生健康问题的报告》（1966年1月17日）。

可见，当时这15年间的减负主题相当单一而明确，但也表明现状并无多大改善或改观。

3. 政策文本上的减负思路

根据王小利的梳理，笔者引录如下："改善教材、提高教师水平和改进学校领导"，"劳逸结合，增加睡眠和休息时间"，"提高教育质量"，"要上好体育课，坚持认真做早操或课间操，广泛开展学生的课外体育活动"，"调整和精简中小学课程"。

此时，"适当减少每周上课总时数，使学生有较多的课外活动时间"这类非常具体的建议，也提出来了。

（二）政策文本上的归因

1. 直观性的归因及解决之道

一是"功课过重，社团活动过多，加以伙食管理不尽得法，卫生工作注意不够"。解决之道提了五条："调整学生日常学习及生活的时间""减轻学生课业学习与社团活动的负担""改进学校卫生工作""注重体育、娱乐活动”和“学校经费的支配，应适当地照顾保健工作的需要”[2]。

二是“有的教材内容过深，分量过重；教师的教学超纲、超进度，任意补充内容；学生课外作业繁重、考试多，学习时间普遍超过 1951 年政务院的规定”[3]。提出的解决之道是：两个“减少”，即“减少课外作业分量”“减少书面考试的种类和次数”；一改一取消：“改进课外活动，取消晨会”；规定校会、班会次数；“遵守作息时间，确保学生的睡眠与休息”。[4]

三是睡眠和休息的不足，所以提出“增加睡眠和休息时间”[5]；

四是体育不足或课外体育活动的不足，所以提出“要上好体育课，坚持认真做早操或课间操，广泛开展学生的课外体育活动”[6]；

五是课外活动上的不足，所以提出“使学生有较多的课外活动时间”[7]；

六是教材、教师水平和学校领导上的问题，所以认为“解决学生负担过重的基本办法是改善教材，提高教师水平，改进学校领导”[8]；

七是课程门类和课时安排的不当，所以提出“适当减少课程门类，能集中一年学完的就不学两年”，“适当减少每周上课总时数”[9]；

以上这些大都是技术操作上的归因，也是头疼医头、脚疼医脚的减负方子；同时也反映出学校没有教育教学上的基本自主权，连微观因素导致的动态随机的负重，也都要等待上级发文件指示才敢去改善或解决。

2. 办学指导思想上的归因

这一时期提出了几个一般性的归因，如把问题归咎于“课程设置、教学方法、考试办法的改革不彻底，有些方面仍沿袭着资产阶级旧教育的一套，有些方面是教条主义地抄袭苏联的办法”、教学内容“结合阶级斗争和生产斗争却很不够”。[10]但一个最大、最主要的归因，就是把过负归咎于“片面追求升学的思想”[11]，并进一步归咎于“学而优则仕，脱离劳动，这种剥削阶级思想的影响很深很广，在社会上和教育中是一种旧的习惯势力”。[12]由此演变为：衡量一所学校看升学率，衡量一个老师看所教学生的考试分数。

工作上的原因，“党的教育方针是正确的，但是，我们执行方针的办法不对，必须从根本上加以解决”[13]。

这个文本含有教育部临时党组自我检讨的性质，思维方式也是当时“阶级斗争为纲”那一套，但这个“片面追求升学率”的归因，则是第一次提出，并一直保留至今，属于生命周期最长的归因认识。所不同的是，当今则比较抽象地运用这一归因，所以把“资产阶级旧教育的一套”之类说法去掉了；“教条主义地抄袭苏联的办法”则改为归罪于“传统教育”；“剥削阶级思想的影响”去掉了，而改为家长“望子成龙成凤”的旧价值观。

（三）对这一时期减负政策的简要评述

1. 身体健康与过负

这一时期减负政策中突出的一个主题是有关学生的身体健康。从1951年的《关于改善各级各类学校学生健康状况的决定》，到1966年的《关于减轻学生负担，保证学生健康问题的报告》，始终突出这个主题，也可见这个问题一直没有解决好。身体健康问题与过负有很大的关联性，但与营养、卫生和体育的关系更为直接一些。1951年的政策是比较全面地谈到了这些方面，但谈到是一回事，条件是否能具备是另一回事。就当时而言，普遍贫困是一个基本国情，是更为基础性、普遍性的原因，所以“当时学生的身体发育一般还没有达到1959年以前的水平，近视眼、常见病患者很多”[14]。

这样的身体条件不足以支撑具有浓重功利目标而产生的繁重学习任务，过负则加剧了身体健康下降的趋势，但在普遍贫困的条件下，单靠减负来改善和解决这个身体健康问题，是相当不客观、不现实的，所以这一时期该主题总是老调重弹也不足为奇。不过，从政策思路的演进来看，针对这一主题的解决之道反而退步了，即越做不到却越要做到：经过了15年之久，保障学生健康反而更强调依靠减负来承担，这显然缺乏理据，也避重就轻了。减负显然是无法胜任这样的越界重任，也不能获得这样的越界善果。

2. 减负政策的生命周期

从这一时期出台的政策数量看，减负政策效用的生命周期平均约为两年；而1964年是一个减负政策出台的密集期，一年之中的5、7和8三个月，连续出台了三个有关减负的政策。由此，可以推断过负并无改善，政策失灵明显，也可以说政策效用的生命周期明显缩短。

这么短的政策生命周期，除了表明存在了一个减负与反减负的博弈存在，也表明归因不准、归因不全，因而措施必然缺乏针对性，效果自然大打折扣。

3. 对“过重课业负担”的归因

这些减负政策的归因，虽涉及教材、课程上的问题，但基本上是以下几类归因：一是基本上局限于教育范围来归因，二是从工作方法上来归因，三是从思想上来归因。最后一个则是，如有问题大都是别人的或下面的，决策或决策者没有问题。

这种归因，基本上是就现象谈现象，不触及实质要害；所谓的因，其实都不是因，而是果，所以其减负之道就不能解决根本问题。当然，从研究的角度讲，当初还没有“过重课业负担”与“课业负担过重”即宏观和微观相区分的想法，也没有特指和非特指的思考，在“人民翻身解放”的大氛围下，思维的触角更不可能戳破这个大罩子而触及过负背后深层次的现实根源。

例如，教育部1964年的《关于调整和精简中小学课程的通知》认为，负是“教材、教师水平和学校领导上”的问题，从而“解决学生负担过重的基本办法是改善教材，提高教师水平，改进学校领导”。这种归因就是一种想当然的经验型联想，即便正确也没有意义，因为教材似乎变动容易，但教师水平不是想提高就能提高的。当时的普遍情况是中学毕业生教小学，高中毕业生教初中，甚至有高中毕业生教高中；知识分子则是需要工农来改造的对象，过于钻研业务，则会有走“白专道路”的风险，那又怎么提高？这样的政治环境和基础条件下，其实也决定了提高教师水平是不可能的，事实上也不可能做到。所以这种归因等于是没有归因，只是说一些不带有任何风险的应付话或保险话。

又如，这一时期提出了有关过负的最大、最根本原因，即“片面追求升学率”。其实，这也不是因，只是思想和行为表现，即便用当时占统治地位的辩证唯物论看，这也不是因，而是对客观现实的反映。现实中存在着城乡之间的利益差，存在着教育双轨制，而且双轨制之间又有明显的利益前景差，那么要人们不去追求升学，就是泯灭人性，反而是十足的唯心论和唯意志论。这种归因，也等于没有归因。归完了却是无法消除的，那只能承认它，最多是缓和它，却无法否定它，因为不管你否定与否，即便把它归结为“剥削阶级思想”或“旧的习惯势力”，它还是必然会起作用的。减负上始终出现一个奇诡的悖论：制度最先进，成绩超巨大，人民很幸福，方针很正确，决策特英明，但就是课业负担很重，也始终减不下来。这怎么可能？因此，减负上归因不科学或无法科学，是减负始终不能进步的一个重要原因。

还有，归因上的自相矛盾很突出。例如，一方面认为提高教师水平或提高教育质量是减负的基本之道；一方面现象却证明：“一般地说，中学比小学重，毕业班比非毕业班重，特别是有些重点学校的学生负担更重。”[15]这种自相矛盾，表明教师水平或教育质量与过负之间不存在明显的反相关，事实证明这种假设不成立，如此减负之道自然不足为凭。❶

4. 减负之道

这一时期的减负措施或方法，基本上局限于教育范畴，其表现方式大致可以归为三类：

一类是强调教育思想的端正、强调提高教育质量之类。例如，加强正面教育，强化对毛泽东思想和党的教育方针的正确理解和执行，“学校教育都应该把政治思想教育放在首要地位”，“坚决纠正为片面追求升学率而采取的错误做法”，“努力提高教学质量”[16]。

一类是提出一些行为规范。例如，有关“每日上课、自习时间”“每日睡眠时间”和“每日体育、娱乐时间”，早在1951年的减负政策文本中就规定了。

最后一类，是本能性的直接反应，规定非常具体的加加减减条款。例如，教材内容过深，分量过重了，就减这个；课程多了减课程；社团

❶ 至今为止，学者、政府或学校都陷于这一假设中不能自拔，就是看不到过负与教育质量本来就可以是同体或连体问题，即“过负”可以是师资质量或教育质量不高而来，更可以是为追求教育质量而来，而现实中你几乎无法分辨这两者的区别，因为追求升学率难道一定不属于追求教育质量吗？可见，师资质量最高、教育质量最高的“有些重点学校的学生负担更重”，恰恰表明过负另有根源了。

活动多了减活动；课外作业多了，就减课外作业；考试多了，测验多了，就减考试或测验次数，并给予明确规定；等等。

这类政策规定，从形象上看，类似于一个什么都要管的大家长；从权责对称上看，也意味着学校没有任何教育教学自主权，完全是上级部门的提线木偶；从效果上看，意味着学校可以上交任何问题，但只能等明确的政策条文下达后，才能来处理或解决。可见，如此行政回路难以减负，只会使问题恶化；即便是微观因素导致的动态随机性的不当课业负担，也会因无法及时校正或改善而加重。

二、第三时期与减负相关的政策文本

第三时期，从 1977 年恢复全国统一高考起，到 2010 年《国家中长期教育改革和发展规划纲要》止，时间跨度约 33 年。这一段时期，是“改革开放”和“教育现代化”为基本国策的时期，但诡异的是，也是“因学生负担过重而诱发的恶性案件屡次发生，使人措手不及，瞠目结舌”的时期[17]。

（一）减负政策文本的大致情况

1. 政策文本数量及政策生命周期

本书第一章提及：从 1977 年 8 月到 1980、1981 年这短短三年中，教育部印发的文件就已多次提到“注意防止和克服学生负担过重问题”[18]，再到 2010 年《国家中长期教育改革和发展规划纲要》中提出“小学率先减负”，这期间出台了多少与减负相关或有关的文件，笔者没有全面统计。这里以《建国以来基础教育“减负”政策的演变及其思考》一文为据[19]，其中列出的 10 个文本，如果算上 2001 年的《关于基础教育改革与发展的决定》和 2010 年的《国家中长期教育改革和发展规划纲要》，那么 1979 年到 2010 年共有 12 个减负或有关减负的政策文本。

33 年中有关文件 12 个，平均生命周期是 2.75 年。这个生命周期，与 1951 年至 1966 年期间的 1.88 年相比，政策生命周期延长了不少。

2. 文本显示的基本主题

与以前比，减负主题变得非常丰富。主题不专注于“身体健康”，而变为“身心健康”，这是一个始终贯穿的基本主题。此外，“全面贯彻教育方针，全面提高教育质量”“全面推进素质教育”“学生综合素质”“动手实践”“创新”“民生”，以及直接针对并治理“奥赛”“教辅材料”“英语等级考试”之类问题。

主题的扩大，也反映了过负所带来或造成的危害在扩大。这个危害，不仅涉及学生身体健康，涉及心理健康，还涉及人格健全；不仅危害到能力的培养，也涉及学生综合素质的退化或社会化缺失，恶化师生关系；不仅导致家庭经济支出过大，也危害到民生健全，恶化亲子关系；等等。

3. 政策文本上的减负思路

减负思路，依然保留了早期减负的惯性。如规定学习时间、睡眠时间、作业时间、体育锻炼时间之类；禁止校内外的某些不当教育教学活动及其相关行为，如频繁考试、升学补习班，各类竞赛、评奖活动、推销教辅材料、选拔学生，等等；减负指导思想上，依然强调贯彻教育方针，却又提出了“转变教育思想，更新教育观念”；强调教育教学范围内的质量提高或师资水平的提高，如提高教学质量或效率，提高师资质量，等等。

比较新的提法，是把“改革”纳入进减负中来，即所谓“根本出路在于改革”，并提出“综合治理”；技术性的新思路是“要建立健全减轻学生课业负担的监测督查机制”，强调评价方式的改变；提出了“率先实现小学生减负”的目标。

（二）政策文本上的归因

1. 直观性的归因及解决之道

这一归因及其应对，依然是第一时期减负政策的翻版。书包重，就减书包重量；课时长，作业多，就规定上学学习时间和作业时间；考试多，就提出禁止性条款；体育锻炼不足，就规定体育锻炼一小时；等等。

2. 教育思想上的归因及解决之道

归因于教育思想的不端正，从而提出“纠正片面追求升学率倾向”，并提出“端正教育思想，坚持全面育人”；归因于教育思想不当或教育观念的陈旧，所以提出“转变教育思想、更新教育观念”。

3. 学校内部上的归因及解决之道

归因于师资质量不高、教学效率不足，或者教学方式不当，学校改革不到位，从而提出：提高教师质量、提高教学质量或效率，改进教学方法，并认为“根本出路在于改革”。

4. 管理和执行上的归因及解决之道

归因于执行政策不力、管理不到位、纪律不严明，从而“中小学生课业负担过重问题必须加强领导、加强管理、严肃纪律”。

这其中也归因于市场的扰乱作用，所以还提出了整顿、清理教育服务市场的意见和要求，包括联合执法、停办奥林匹克学校、整顿教辅材料市场等。

5. 机制或制度上的归因

归因于监测督查机制不健全，从而提出各级政府都要建立健全减轻学生课业负担的监督检查机制。

（三）对第三时期减负政策的简要评述

1. 进步与不足之处

从这一时期的减负政策文本看，一个进步主要表现在以前那种“以阶级斗争为纲”的色彩和语言消失了，主要以“传统与现代”的二元框架来看待过负。

第二个进步表现在不仅仅着眼于身体健康，也从“全面提高青少年素质”[20]视角来看待和阐释减负。

第三个进步表现为减负视野开阔了，不局限于教育和学校，而提出“综合治理”和监测督查机制的思路，尽管依然是主要针对学校及其教育，还是教育部门唱独角戏为主。

第四个进步表现为不仅仅以教育方针为依据，而引入了教育法的依据强调减负的严肃性，提出了领导人责任制；尽管实际上这类问题既无法私诉，更难公诉，所以法律依据的引进也形同门神摆设。

没有进步的地方主要表现在如下一些方面。归因上，首先，第三时期的政策延续了早期的基本归因，即归结为“片面追求升学率”或“单纯追求升学率”。其次，延续了早期硬性规定的政策惯性，如规定学习时间、睡眠时间、体育锻炼时间、作业时间等，尽管规定了也未必被执行；再次，是强调教育方针的贯彻、思想观念的转变或更新；最后强调管理、师资、教学质量的提高，以至于极端到“把减负落实到教育教学的各个环节”。

2. 政策文本的基本精神及其效用

这类政策文本的基本精神，就是诉诸于学校和家庭、领导和教师的认识良知和道德良心的发现。道理上似乎都对，但在当下的背景条件不变的情况下，至于思想是否转变，观念是否能更新，师资质量能否提高，教学质量可否提高，靠什么来提高，则是语焉不详。当下教育教学的模式和行为，难道不正是教育适应并满足现实及其需求的表现吗？不正是体现了我们教育学一直宣扬的教育要适应政治、经济的需要并为政治、经济服务的功能吗？由于这些问题都不能予以回答，所以层出不穷的减负文件所宣称的道理，其实都不成为道理，其生命周期的短命也是必然的。

就政策效用而言，这些接连不断的政策，最大的效用就是敲钟效应。正如有校长所坦言：“之所以年年发文件，皆因年年做不到。”敲一下就重视一下，不敲了又复归原样，因为这些政策规定及其作用，相对于市场力量和民生追求本能而言，根本不可匹敌；而且敲多了，就如“狼来了”喊多了一样，人们也麻木了，甚至还诱使学校及其教师创造出许多执行上的新花样，如“替代性执行”“表面性执行”或“选择性执行”等。[21]

三、本章小结

减负政策多，发布密度高，主题老化、思路陈旧，效用低，政策生命周期短，很可能是各类教育政策中最突出的典型，也是最突出的问题。虽然也有一些随着历史演进而渗入的进步，但总体看，针对减负政策及其文本的阅读疲劳症和执行厌烦症已经出现。其表现在如下几个方面：

一是概念不清。搞不清特指概念与非特指概念的区分，搞不清过负是合力所致还是微观因素所致，抑或是特种手段上的选择所致。结果是把一个具有深刻社会根源的问题，与教育中由微观因素导致的动态随机性现象或问题混为一谈，或彼此替代，尤其是以后者代替前者，从而把需要在宏观背景、制度和体制上调整改变的问题，当成微观上就能解决或改变的问题。

二是归因不科学，倒果为因，甚至归到孩子自身上。“片面（或单纯）追求升学率”的思想及其行为都是果，不是因。倒果为因，只能导致唯意志论而恶化问题，而归到孩子自身上，则是更多给孩子增加了精神压力和心理负担，而不是减轻负担。

三是自相矛盾多。一方面强调“全面贯彻教育方针”，一方面又鼓吹“转变教育思想，更新教育观念”，好像教育方针不属于指导思想似的。

四是重复自循环不断。本来过负就是突破教育方针和正确教育思想的产物或表现，而政策文本又反过来拿被突破的前者作为治理后者的手段或依据，似乎把在以前或在别处声言的教育方针或正确教育思想，重复搬到减负政策文本上再重申一遍，效用就会立马不同了似的。

五是法权问题与认识问题混同。表现为把一个法律上不当侵权的问题，当成一个思想认识上的问题，所以减负政策文本，也显示出一个啰嗦烦人的九斤老太的形象：总是在唠叨提高认识，转变思想，更新观念，等等，啰里啰嗦几十年。

六是揽誉御责色彩浓重。政策都是英明的，问题都是下面的，或者是传统的，甚至还要怪到古人头上。过负与房改、教改和医改导致的民生失衡，与低工资、低保障、低人权的经济体制，与在此基础上的分配严重不公及其两极分化的格局，与教育资源不均衡及其教育出路前景上的巨大分化，总之，与教育职能异化为敲门砖这一近因，有更大更紧密的关联。古人的思想或观念之所以还有强大生命力，那恰恰是由现实根源给予充分激活了的缘故，将过负归到传统或古人头上，只能表明后人的无能，因为后人是不可能把历史彻底切割或斩断的。

最后，基础教育的定位不清和教育现代化的方向不清，导致所谓“教育优先发展”和“教育现代化”推进，不仅没有减缓或消除过负，反而成了加剧过负的政策激励新源头。

参考文献

[1] 王小利. 建国以来基础教育“减负”政策的演变及其思考［J］. 教育与考试，2009（5）.

[2] 政务院《关于改善各级学校学生健康状况的决定》，1951. 8. 6.

[3]［4］顾志跃. 中小学生课业负担状况调查与分析［M］. 广西教育出版社，2011.

[5] 中共中央《关于保证学生、教师身体健康和劳逸结合的紧急通知》，1960. 12. 21.

[6] 教育部《关于中小学健康和改进学校体育工作的报告》，1964. 8. 19.

[7]［8］［9］教育部《关于调整和精简中小学课程的通知》，1964. 7. 14.

[10]［11］［12］［13］中共中央、国务院批转教育部、国家体委、卫生部《关于克服中小学负担过重和提高教育质量的报告》，1964. 5. 4.

[14] 顾志跃. 中小学生课业负担状况调查与分析［M］. 广西教育出版社，2011.

[15] 中共中央、国务院批转教育部、国家体委、卫生部《关于克服中小学负担过重和提高教育质量的报告》，1964. 5. 4.

[16] 中共中央、国务院批转教育部、国家体委、卫生部《关于克服中小学负担过重和提高教育质量的报告》，1964. 5. 4.

[17]［18］谢利民. 我国半个世纪“减负”问题的历史回溯与思考［J］. 集美大学学报，2005（9）.

[19] 王小利. 建国以来基础教育“减负”政策的演变及其思考［J］. 教育与考试，2009（5）.

[20] 谢利民. 我国半个世纪“减负”问题的历史回溯与思考［J］. 集美大学学报，2005（9）.

[21] 王小利. 建国以来基础教育“减负”政策的演变及其思考［J］. 教育与考试，2009（5）.

第九章　过重课业负担归因的框架及分析

过负的归因是一个非常困难的研究环节。首先，这取决于过负构成本身复杂，如特指现象与一般动态随机的现象往往纠缠一体，而作为培养手段，重与“过重”的价值也无法抽象地一概而论；其次，催生过负的原因纠结一体，性质各异，种类繁多，作用不一。❶ 所以，有称过负为“多因综合征”，[1]这是确切的表达。

本书把过负作为特定问题及特指概念来分析，所以就过负的归因，不是平面分类方式的归因，而是以一些客观事实作为基点，由此反映出过负的特定性及其因果联系。在此列出的基本事实的基础上，再作必要的分类。这样有助于搞清这些基本事实的初始方向及其实际效应，也可提高减负的准确性。当然，这一章的分析是概述性、纲要性的。

一、对“特指性”的解读

应试教育也好，片面追求升学或/和择校也好、过负也好，其实都是我们当下的现实背景及其条件下，必然要产生的一组连带性问题，所以它是一个特指性问题。如果不是特指的，也就是说凡教育必然存在过

❶ 例如，从直接、间接的角度看，家长或老师都可以是课业负担的直接施加者，但很多时候，在表现上他们是直接施加者，实质上他们却只是执行者。这样，归因又必然要越出他们的范围；但真要确定是执行行为还是非执行行为，却并不是那么容易的一件事，因为两者常常掺合一体了。又如，从主动、被动的角度看，家长或教师都可以是主动者，但很多时候他们却是被动者；这样，他们又成了主动与被动的同一体。不少学校及其老师，都喜欢从微观角度看到过负，以至于什么都要与减负挂上钩；这种认识及其减负，对特指的过负而言，类似精卫填海，只起“尽心”作用；从另一方面看，却也透露出其或者缺乏教育信念，或者其教育信念不坚。

负，那就没有解决的可能和必要，只能与问题同在。但事实上不是，那些完成现代化的国家及其教育，并没有过负这一问题；即便像西亚的那些君主制国家如沙特，也不存在这个问题。他们的问题正相反，是如何把孩子吸引到学校或课堂中来，所以国家还想出去上课就发零化钱的金钱激励法。美国的《不让一个孩子掉队》和绩效工资的法案出台后，也出现了为考试而教（teach to test）“分数陷阱”[2]的问题，但如与中国相比，那根本就称不上是负担，更别说是什么“过重课业负担”了。小学生每天学习科学课程25分钟算什么负担？[3]中国这类课程及学习时间何止几倍？这个差别，主要就在于一条儿童权利的法律防线如何：美国是难以突破这一法律防线，而中国则等于没有这一条法律防线，因为谁都可以突破且不用担责。

（一）当前过负成因的复杂性

中国的过负发生得很早，现象上彼此极为相似，但一些内在差异也已显露。例如，“文革”前发生的所谓过负，主要是国家和政治性活动驱使的，这也表现为教育与政治的边界不清，并可被政治或上级权力随意突破或支配；那时的生活条件和卫生条件极差，也导致了学生承受课业负担及其压力的基质差，不都是文化课程设置及其教学上的不当所致。这类问题，可以通过政策自纠来解决或对付，如果行政反馈回路不复杂、不漫长，那么不会造成大范围的多危性后果；如果政策自纠难以起效，那么说明问题另有源头了。

可以说，当前过负的根源和原因比以前年代要复杂得多。“文革”前，学校完全受政策或行政命令支配，依据上级要求运行，而现在的学校则不完全这样，也受市场逻辑的支配；“文革”前，几乎不存在校外或课外教育市场，现在则存在这么一个蓬勃的市场，有的考试培训机构还是响当当的上市公司；“文革”前，追求升学或/和择校的动量没有这么大，现在随着城市化的大扩展和家庭结构的缩小，以及家庭在孩子教育及其学习上的责任和义务延长及增大，导致对孩子的教育及其学习上的支配力急剧放大，其追求升学或/和择校的动量比以前年代大得不可比拟；“文革”前，各阶层贫富没有如此悬殊，工农商学兵各个出路之间有差异，但不是太悬殊，而当下政治精英、经济精英和知识精英通吃，基本上又与很有限的重点名校耦合，体面出路某种意义上变窄了，从而也导致教育及其学习上为优势出路或优势前景的竞争更趋剧烈，并不断向下延伸。总之，相比较而言，当前教育的敲门砖性质不是淡了，而是更重了。

当然，除了主源外，还有不少支源，从不同方向或方面，给学生增添并累积为不当负担。所以，当前减负单靠政策和行政命令或号召素质教育，效果不彰，甚至还导致政策错乱丛生，教师困惑，家长不买账；这已为减负历史所证明。

（二）过负由民生竞争加剧所决定

过负的特指性，就在于民生竞争与基础教育过早发生了耦合性因果关联，从而形成了一个紧密相关的竞争链和心理链：民生竞争——就业竞争——升学或/和择校竞争——学业竞争——考试竞争——分数竞争。

教育部长也认为分数竞争、考试成绩的竞争、升学的竞争，归根到底是就业压力的前移。[4]有的书总结为“学业失败，与好工作无缘”“学业失败，与低收入为伴”“学业失败，催生脆弱心灵”和“学业失败，常是犯罪起点”。[5]❶虽然这是全球视角，并是从男孩的角度说明问题。

百度上有位教师则排出了减负难有成效的因果关联图，形象地刻画了其中的关联效应：“社会用人学历当先，且歧视非全日制的高教学历

---

❶ 需要说明一下的是，无论是作为事实，还是作为行为导引，以上的说法不能说明当前中国的过负没有特指性，因为欧美国家的低收入人群，未必都是学业“失败者”，而可以是自我选择的结果。例如，就美国的数据看，低于九年级教育程度的家庭户主平均收入与专业学位的最高平均收入之差不到6倍（同上14页），这与中国最高收入与最低收入相差几百倍甚至上千倍怎么比？对中国的孩子而言，基础教育上的学业如何不仅意味着命运的天差地别，这一学业失败甚至意味着全盘皆输，所以很容易迫使大部分只能靠拼孩子头脑资源及其勤奋的家庭，一条道走到黑去逼孩子拼学业成绩，即靠“拼命”来博取未来的民生优势。美国则未必需要如此而可以自由选择。可以自由选择，不必置于死地而后生，就意味着在基础教育阶段可以量力而行或量潜而行，也就不会发生大规模、大范围的过负。从美国的科尔曼报告来看，很有意思，中美两国正好相反：美国政府是为孩子不爱学习、不爱读书而发愁，而中国政府则是为孩子太“爱”学习、太“爱”读书而发愁。在欧美国家即便在高等教育阶段实行宽进严出政策而存在繁重课业负担，但高等教育属于挑战性教育，既可以选择适合自己挑战潜能的高等教育，也可以应战失败而退出高等教育领域，甚至还有休学或延期毕业的制度来缓冲学业竞争及其课业负担的压力，不至于由此导致生存无着落或发展机遇几尽丧失的问题，更不会催产出大范围的身心危害后果。

及职教学历，轻能力和经验考查，于是人们为学历文凭而疯狂——升学看分数，上名校更看分数——高考命题方式等改革迟迟未有成效，灵活的能力考察未能有效凸显——老师应试教育出‘成绩’，评优秀晋职称，成为香饽饽——学校升学率高，全校名利双收——老师指挥题海，千万学生争分数夺‘名’校——学习负担过重，休息时间被占，学生越来越无法承受——教育部检查——学校搞双课表等上有政策下有对策——检查无果，督导一阵风，负担屡减不降——于是发生事件，再发减负通知文件……于是循环往复，陷入周而复始的怪圈。”[6]

这个因果链中，其要害就是针对终端性优质资源即优质就业和过程性优质资源即所谓“优质教育资源”这两个竞争加剧了。考察近二十多年来的历史，其实政策及其措施，都在“效率优先，兼顾公平”的旗号下，不断拉大或扩大这种资源差距，导致民生竞争和择校竞争越演越烈。所以，减负空有一腔热血，不能触及这一根源，自然只能沦为“减负比抗战还难”的笑谈。整个教育教学及其学习由此也窄化为夺分服务，为升学服务，为就业服务，为政绩服务，因为这些是可量化、可视化的“效率”；而为人的多元发展服务，为人的潜能开发服务，为人的健康服务，为不拘一格降人才服务，为人的现代化服务，为人的尊严和公民权利服务等价值理念，则全沦为升学/就业教育的边缘品或附带品，因为这些都是难以量化、非可视化的“公平”。

（三）过负表现为正当防范和自纠机能的失灵

从上可见，这个竞争链不仅在平面上发生作用，即对相关各方都有至关重要的影响和效应，这是形成系统叠加合力的原因。在纵线条上更明显，竞争向下蔓延至小学阶段，甚至还蔓延到幼儿园阶段。

1. 微观和宏观上的双失灵

这个竞争链过长又趋于不断强化，导致学校、家庭及学生本人微观上对过负的自我防御、调节和修复的机能的失常或失灵，而社会法治不健全、不到位，对未成年孩子在教育及其学习上的防御带或保护带不能建立，或虽建立但常被突破也无从追责、问责，以至于儿童权利形同虚设，是外部宏观上正当防范或自纠机制的失灵。其结果，必然是使不当课业的直接承受者即儿童，其身心受害的风险大增，受害范围扩大。

此外，围绕着这个竞争链，还有教育上或学校内的其他一些次因，如办班或补课谋利、师德不良、教育观念陈旧、教学水平低下，一并透过课业施加于学生，导致课业负担和压力只增不减，难以遏制。这类不当负担，脱离开民生竞争及其升学、择校的竞争，往往是日常教育中微观因素所造成的动态随机性现象或问题，是需要也能够通过师生互动反馈，或通过学校或教师自身的自纠，随时发现、遏制、改善或解决的。

因此，真重视教育，真搞全面发展教育或素质教育，那不可能有过负，而搞应试教育或升学教育，那过负就不可能不重；既想搞全面发展教育或素质教育，又想搞应试教育或升学教育，那过负只能更重。现在的问题，恰恰是应起防御和校正作用的指导思想、政策规定，起不了防御和校正作用，或者学校内的减负，也被校外或课外的加负所抵消，N多的减负令，其实只是把不同场合和不同时间说的教育理念或方针再重复啰嗦一遍而已。

2. 过负的要害是儿童权利的被侵害

过负存在，必定意味着儿童正当权利和权益的被侵害。儿童并没有明确的特定代言人，家长、老师、学校，甚至政府部门，说起来都是儿童权利和权益的保护者或代言人，但他们常常又是过负上有意无意的加害者或侵权者。由于侵害主体不明，儿童群体特定代言人缺失，既表现为在社会法治层面上的正当防御机制的失灵，也表现为儿童权利和权益在事实上的虚拟化、模糊化。[1]

因此，不清楚过负的要害，也不能从法治的层面立威，仅侧重于教育行为上规范，诸如规定作业数量和时间，规定上课时间和在校时间，指望提高教师专业水平或教学质量来减负，至多起象征作用，因为只要

---

[1] 最好的防护当然是来自于权利主体自身，但儿童则还缺乏这种明确意识和能力，我们的教育更没有启蒙这种意识和能力，甚至还消灭这种意识和能力。郑渊洁写“发生在北京一重点小学的真事”（凯迪网，猫眼看人），如果此事确凿，就表明我们教育的这种前现代性，也是儿童对过负侵权的自我防御机能无法起效的原因。当然，也有好的例子，如一个小学生大胆给老师留了一个字条，促进了老师反思：“heng，你这个管家婆，什么都不让玩。就只让写作业，我想看书，可妈妈不给我买新书，我就没看书。别人又没新书。你为什么不让我们玩！要求为所有学生一个理!”但这个好的例子也表明，没有谁是儿童正当权利和权益的明确代言人，而都可以是或明或暗、有意无意的侵权者。

形势需要或别的任务一出现，这些做法或规定立马会被突破或抛弃。从上面列出的因果关系图可以看到过负生成并非是无知的产物，而是知道不对、不好，但依然会如此行为所致。

（四）过负与应试策略

当前的过负主要是一个民生失衡及其出路通道单一催生出的问题，是这个根子在教育教学上的延伸和表现，不是单纯的学校及其教师自身上的问题。当然，教育制度或体系上的问题存在，各级教育管理者对以分数胜出的所谓“优质教育资源”的暧昧态度，以及教育管理上许多矛盾政策或政策矛盾也都在强化过负；这既是教育适应或服务现实的表现，也是催产过负教育自身方面的制度和体制上的原因。

1. 应试策略的选择及其运用的必然性

在以上的约束条件下，过负的生成与教育教学服务于应试并围绕应试直接有关，这首先就存在一个应试策略的选择及运用。应试策略的选择及运用跟学业及夺分竞争相连，与这种竞争具有长期持续性相关，但跟学校师资质量不均衡也有关。所以，择校初看上去是择师，但归根到底则是择分，所以只讲均衡化而不讲均衡化的导向，本身就是一个误导。

学校师资质量不均衡是一个事实，而且某种标准下的“优质”总是少数，但夺分竞争则具有同质性。除非不纳入竞争轨道，不会因为师资质量欠佳而不参与这种竞争，更不会因为师资质量欠佳而分数赋值加高。北京地区高考录取分数要比外地的低很多，不知这是说明北京基础教育的师资质量高，还是低？是教育质量高，还是低？但在同一地区范围内，分数赋值是不以师资质量状况为转移的。因此，猫有猫法，鼠有鼠道，对同一地区内所谓非优质教育资源的学校及其教师来说，最简便也是最好的策略，就是通过加班加点、集体补课之类题海战术或地毯式轰炸的训练方法，帮助学生达到竞争目标，从而间接实现自己的目标。原理上就是象棋残局效应，通过不断增加和扩大熟悉度来应付考试范围及其难度；用老师熟悉的行话说，就是“反复做，做反复”；激励性的通俗老话，就是勤能补拙和熟能生巧。

可见，过负与择校（“择校”，反过来则意味着学校“择生”）是相连的，与应试教育更是一体的，事实也证明这一古老的策略是有效而易行的，不然应试教育不会盛行并屡禁不止。当前中小学中的“抓两头”就表明了这一点。有教师在“‘减负大家谈’征文”中谈到：“抓前头尖子生出成绩，抓后头学困生降低流失率。很多教师将90%的精力用在人数不足10%的尖子生身上，只要尖子生考出好成绩就能一俊遮百丑。”当然，这种应试策略施加于全体学生身上，必定是以大多数儿童身心资源的大量透支和提前透支为代价的；施加于少数尖子生身上，也致使其身心机能运用和发展上的失衡和片面，而社会化缺失和综合素质的退化，则是这两者共有的后果。

2. 均衡化和“生本”理念的局限性

指望均衡化来改善或解决过负，是近年来一种不断加温的学术调门和政策调子。其实，这种联系是皮相的：均衡化可以消除择校，而消除择校，就意味着消除了过负的一个重要源头。但是，择校属于对过程性优质资源的争夺，而在高考竞争及其大学出路前景差分化很大的约束下，所谓“过程性优质资源”是会自然生长出来的。所以，均衡化无法触及择校的根源，均衡化找不到自己的方向，自然也无法解决择校问题。

单靠均衡化并不能解决过负。均衡化是国民或公民权利的体现，但并非是改善或解决过负的根本之道，因为假定师资质量起点相等，但在目标相同、标准相同和时间约束相同的条件下，提分或拉开分差的最好策略依然会归于题海战术或地毯式轰炸的应试训练，并且靠不断扩大应试训练的范围和难度来保证。对此，均衡化可以减轻一点症状，但不能解决根本问题；何况，均衡总是相对的，不均衡才是绝对的。至于有专家鼓吹的“生本”或“靠生”理念之类，[7]在当前夺分竞争的前提下，对无从挑选学生的学校来说，根本没有价值；对能挑选学生的学校来说，则等于什么也没说。

“生本”或“靠生”理念，说白了就是儿童本位或儿童中心论的教育观。这对可挑选学生的学校并针对择校或/和升学的有限目的而言，做到或展现这一点不是难事。现在的问题，恰恰是宏观整体上的配套条件无法到位或匹配，并通过一系列环节催生出过负，所以这种少数学校可做到、多数做不到的经验不具有可推广性。杜郎口或洋思经验，到了大城市，其实也一样面临着这种难以复制的尴尬，何况人们是否真的看到了这些经验背后的真相都还是一个问题。

儿童本位的缺失及过负的产生，本质上不是教育界人士或家长的思想多落后所致，而是系统条件不到位、不匹配的产物。所以，减负要注重科学分析，而不能靠唯意志加经验主义行事。

二、从几个基本事实看过负

过负成因纠结，归因复杂，是减负实践或工作难以做好的一个内因。完全归结为教育外部，会导致教育自身反思或自检的御责；完全归结为教育自身，甚至归结到课堂教学的增效或提质，会成鸵鸟行为，也不合乎育人的规律；完全归之为家庭或家长方面的原因，会导致制度或政策自纠的错漏；完全归之为主源作用，也会忽视多源作用和中间环节带来的累积效应；等等。

正因为如此，过负需要从基本事实的角度来探究，而不是平面化地从“任务、观念、学生自身、教学、环境”等角度来归因。这些个基本事实，也就是制约、支配人们真实思想及其行动的客观现实及其制度环境。

（一）造成过负的几大基本事实

这里梳理出七大基本事实，或者是各方都要面对的客观现实，或者是其中一方或两方直接面对的客观现实。这些客观现实会对其中当事者的动机、行为或追求产生支配性或驱动性的作用，有的作用直接些，有的作用间接些，有的中介环节少些，有的中介环节多些，但最后则搅成一股强大合力施加到孩子身上。结果就是原本由微观因素带来的动态随机性并可随机及时改善或解决不当课业负担，也由于这种合力驱使而突破各道防火墙，汇合成了特指的过负。

1. 民生差异格局高度裂变

这个客观事实引发出对未来前景的预期，就表现为家长或孩子自身的求学动力：它既可诱发对民生稀缺资源的争夺，也可表现为对未来民生恐惧的躲避。这个事实决定了家庭及其孩子求学的基本动力和方向是什么，求学所指向的前景有多远，从而也早早决定了孩子所可能承受的预期压力有多大，其课业负担有多重。这个客观事实，对处于民生格局不利地位或弱势地位的大多数家庭及其孩子而言，使得教育及其学习从一开始就作为实现社会升迁或身份转换主要通道的效用浮现出来了，即为了实现未来的民生预期，从而教育从初始起就成了其“拼命”的开始；而要“拼命”的基础教育，其课业负担不可能是不重的，更意味着是不正当、不合理和不合法的。

2. 教育资源差异格局高度分化

即教育自身优质资源和优质资源链的形成这个客观事实。它表现为教育出路上的差异与未来的民生前景上的差异相吻合，也表现为前后之间构成了必要条件关系。有人把考大学比喻为底层人群的“翻身梦”，把当今的大学比喻“镀金工厂”，就形象而通俗地传达出了这一点。这个事实本身，也是教育适应并服务于民生差异格局的体现及结果。由此，终端性的民生稀缺资源争夺的未来压力，首先转化为当下连续性的升学或/和择校竞争压力，即率先转化为争夺过程性稀缺资源的压力，所以过负背后有升学或/和择校竞争压力根源，更有民生压力根源。

当然，这种压力只对靠拼头脑和拼勤奋的家庭及其孩子有效，对可以“拼爹”或“拼钱、拼权”之类的则无效。其次，优质教育作为稀缺资源本身就是值得追求的对象，不是因为有利于未来民生资源的争夺才有价值。西方人追逐名校，并非都是为了将来找个好工作，挣个大工资。中国现在的问题，是两者耦合一体了，而所谓的“优质”或“好”，其标准其实很简单，主要是考分或升学率高；这种“优质”其实只是有助于谋生和显示政绩的“优质”而已。

3. 高考制度和中考制度制约

这其中，还包括小学升初中、初中升高中环节上的一些调节性的制度和政策，如特长生制度、择校考试制度、提前招生选拔制度等。它们是凭分取人的强择机制，以适应和服务于教育优质资源不均衡的格局，或达到所谓选优或选才的结果，但它们是形成分数至上指挥棒效应的制度根源。特长生制度对这一凭分强择机制具有一点中和或缓冲作用，而且特长生制度已沿用到高考录取上了，它的影响效应大大扩展了；但就课业负担而言，其实它更造成了很多家庭及其孩子的双重负担，因为它或者造成家长为了追求保险而对特长训练的过度投入，或者造成家长两手准备而哪边也不敢放松的心态，结果孩子的课业负担和心理负担双倍加重。这类制度形式上表现出公平、公正，但掩盖了实质上的不公平、不公正，也掩盖了考试权力垄断及其政策执行上带来的灰色利益，更是激发基层学校出于多种自我目的而为此暗中竞相攀比，大搞应试训练以及高中提前分班的制度根源。

当然，在教育垄断本身没有被破解的前提下，高考制度和中考制度改革几乎不可能，尤其是前者。即使改，也是换汤不换药的改革。

4. 课程问题突出

即课程庞大，内容艰深，尤其是基础教育终端或出口阶段高中教育的课程艰深，对下游阶段教育形成支配性效应。课程构成是课业负担的直接显体，它的容量及其难度是衍生出一系列其他负担如作业负担、教学负担、课外或校外班负担等的直接源头。这表明，课程改革或课程建设不能转轨到现代化的轨道上，而依然陷于传统的为高校选拔可造人才的思路或为适应重点大学的格局来设计高中教育及其课程，那么“难度优先”的应试训练及其高考就改不了；这后者改不了，“宽度优先”的课程体系及其教学如三级课程之类，实际上也难以实施，更别说“个性优先”或“实践优先”的课程及其教学了。

就“三级课程”来说，即使只从课程的层面看，已是“国家、地方和学校”三方构成了合力关系，如果课程总负荷不能刚性确定或可以隐形突破，那么这三个自由变量，尤其是后两者，都可以是增负的自由变量。因此，“三级课程”的设计思路，对减负而言，其效果很可能是负面的。至于高中教育，减负减不了什么或推进不了，首先是指导思想上就已经分裂不统一了；其次，在满足减负与满足高考夺分之间，人们会作出理性的选择，高中教育会偏向于哪头，其实也不说自明。

教育是个整体，基础教育更是一个整体。没有这个整体意识，不抓高考和课程源头减负而各管一段的减负，必然会导致基础教育内各阶段教育适应不良又使过负反弹回来的结局。这一点，也为近二三十年的减负历史所证明。

5. 教师绩效工资制度激励

绩效工资制实质是改进型的计件工资制，是从企业工资制度移植进来的。衡量教师绩效最可靠的和可行的依据，当然是学生成绩或分数，所以这一制度也容易刺激为考试而教或为夺分而教，甚至为提高成绩或分数而出现弄虚作假的问题。由于工资是教师重大的切身利益，分数则关涉教师的多种利益如绩效工资、考核、评优、职务评聘等，演变为“教师的命根”，所以很容易与来自家长或学生为升学或/和择校而对高分的追求动力和目标合成一体，成为应试训练或课业负担增添直接的动力和来源。对此，来自教师的敏感性很高，近六成的教师认为“来自学生的考试成绩”对其压力大或比较大。还有直言：“改革对教师考核、评价的方法，取消末位淘汰制”，“改革评价体系，不要以分数作为评价教师唯一标准。”[8]

这个压力来自绩效工资制和与此密切相连的教师考核评价制度，但最终会自觉不自觉地转嫁到学生头上，学生某种程度上成了教师绩效工资制和考核评价制的间接牺牲品。

6. 教学质量监测及其结果排名压力

这个监测制度的结果排名是暗箱性的，但效果并无不同。这个监测制度也分级，直辖市一般分区、市两级，当然也可能到镇一级。这个监测制度的目的是为了提高教学质量，并不直接针对升学或/和择校，不属于“片面追求升学率”，但也不矛盾。这一监测结果排名状态，客观上可表现为教育行政部门的政绩，也可表现为学校领导的业绩，所以领导层都很重视。就敏感性而言，学校干部对此的敏感性要大于教师。

北京市 2011 年就小学阶段的过负做过一次问卷调研。就过负原因排序，教师认为第一位、第二位和第三位分别是“现行的招生与考试制度制约、使用教学质量监测结果排名和来自社会竞争的压力过大”，而学校干部的选择结果分别是：“使用教学质量监测结果排名、现行的招生与考试制度制约和来自社会竞争的压力过大。”[9]可见，学校领导层对此的敏感程度要高，感受到的压力更大。

这个压力来自上级行政主管，学校领导层是不敢掉以轻心的，所以分数也成了“学校的命根”。但接着，必然会转移给教师，最后又必然转嫁给学生，学生则是终端倒霉蛋。

7. 市场服务诱导

市场是一种制度，也是一种机制，因社会需求兴起而兴起，也因社会需求消失而消失。市场根源，可以强化社会需求，但不决定社会需求本身，而是服务于后者，所以根本上是被决定的，也是被选择的。从这个意义上讲，它不是源头，但对孩子来说，参加很多课外或校外班并非都是出于自我选择，而是顺从甚而屈从于家长压力或教师暗示的结果，所以对孩子或学生而言，也成了一个外加的来源。对家长而言，接受市场诱导可能是家长群体互激的结果，而并非是实际需要的产物。市场当然不会也不必去考虑这种区别，但对孩子而言，来源于教育服务市场的课业负担，则通过家长而外加或强加给他或她了。

显然，只要产生升学或/和择校竞争的需求根源或由制度或政策而催生的竞争需求不变，政府与这种竞争需求的博弈也不再处于绝对上风的情形下，那么课外或校外教育市场就会产生和存在。人们一旦具有这一需求，如果在基础教育阶段学校内得不到满足，或者满足程度不够，会向外寻找满足源，因此交易性教育服务市场必然兴起，单靠行政禁止是不可能的，也不一定有益；何况政府本身就是催生竞争的那些制度或政策的制定者。当前的过负构成中，教育服务市场来源带来的份量很不小，有时也表现为重头部分，并具有持续性，它对家长或孩子具有极大的诱惑性，尽管取决于自愿选择而不是强迫。就动机而言，主要是培养特长、培优和考试夺分三类，随着年级上升动机而更多转向于后者；从效用看，这三类动机其实并不矛盾而是一致的，大都是围绕择校或/和升学的功利目标。

可见，对减负而言，解决外部的服务市场诱惑问题，直接针对服务市场下手则非良策，产生的效果也类似割韭菜，因为它毕竟不是终端源头。

（二）四大驱动实体

除以上七大基本事实外，从实体角度可分出四大相对独立的驱动体：一个是政源，一个是家源，一个是校源，一个是师源。从这些源头可见，减负难是因为减负必然关涉到相关各方的利益损溢问题，所以增负容易减负难就成了一般特征或基本态势。

1. 政府驱动

政府是减负第一责任人，所以减负也意味着政府的自检和自纠，其中包括制度、政策和管理上的自检和自纠。政府是减负的第一主体，但同时过负生成有很多是由于政策打架或行为叠加的结果。就对课程来说，政府在课程和教育内容上，有时表现为权力部门对课程的任意插足。例如，教育部一会儿要加“交际舞课”，一会儿要加“京剧课”，一会儿又要加“书法课”；有时则是课程设计上的理想主义的想当然，搞国家课程、地方课程，还要搞校本课程。至于这么多类的课程与学生在校时间的政策规定是否冲突，与减负要求是否冲突，这么多的课程及其内容怎么相融而不是冲突，则是不考虑的。

有人从课程体系角度揭示过负源头：“小学课表上就排出 11 ~ 15 门课程，中学就排出 11 ~ 12 门课程。除此之外还有配合社会需要的诸如：国防、环境、人口、安全、法制、传统、国土、卫生、科技等等临时性教育内容。”[10] 这些“临时性教育内容”，就不耗费学生的时间和精力吗？

所谓“社会需要”，说白了就是权力说了算。这些说了算的权力部门，说起来都属于广义的政府。它们似乎都可以对教育或学校指手画脚，学校也只有低三下四接受的份儿，但最后都要汇落到孩子头上。由此，学校重了，教师重了，却要孩子课业负担不过重，纯属天方夜谭。所以，这类原因导致的课业负担，都属于不合理、不正当和不合法课业负担。可见，过负发生一方面可表现为学校或教师自主权的滥用，另一方面又表现为自主权的不足。这类政府附加与升学或/和择校的总方向或总目标，很多是不一致的，不都是“片面追求升学率”或为了追求升学率，但属于自上而下派发出来的课业负担。

政府源头效能过大，说白了就是权力本位最大的表现。从教育思想上讲，过负也就是成人本位膨胀，尤其是权力本位膨胀的产物，并且容易通过权力寻租而带来增负或维负。就目前而言，也表现为政府减负口号与行为的自相矛盾，更是增加了学校及其教师的思想困惑，并诱发其在教育上的机会主义行为。

2. 家庭驱动

家庭是一个相对独立的社会细胞，它既是孩子身心健康成长的要素，也是防范儿童受侵受害的末端性安全隔离带或防火墙。在过负上，它所起的作用可以是中介型、减压型和加压型的，但现在基本上是减压型阙如，中介型和加压型为主，即客观现实约束所形成的负担和压力，通过家长转移到孩子身上，但很多时候则是家长出自自身的理由，给孩子提出很高目标和要求，如成绩排名要求，或按自己的想法给孩子擅加很多作业，或者亲自施教、辅导之类。因此，家庭作为防范儿童受侵受害的末端性安全隔离带或防火墙的机能，也由此失灵或无效。

调查显示，城市家庭孩子的课业负担比农村的重，而知识分子家庭的孩子课业负担比非知识分子家庭的要重，就显示出家长自身背景及其阶层敏感性所起的加负效应。这些期望或愿景，未必都具有“成龙成凤”或“做人上人”的古典性质，但属于对体面工作或出路的追求；当然，多少带点城市市民和知识分子阶层虚荣的一面，则不难肯定。

过负上如家源附加过大，无论是家庭顺应现实潮流而中介性的加负，还是因自身理由而自主加压，客观上都意味着为保护儿童身心健康和儿童权利的最后一道外在防火墙的失灵或被突破。因此，从消极防范机能的角度看，过负也意味着一道道保护儿童身心健康的防火墙被突破了的结果。

3. 学校驱动

学校也是一个相对独立实体，它受法律体制约束，更受行政管理体制约束，但还是具有相对独立性，可以有独立的自我目标，所以其思想和行动都可以加重学生的负担。比如，为了市场声誉而追求考试高分，或者自己为了赢利而办班或联合办班，等等，都可以给学生带来额外课业负担。这些行为形式上往往以自愿为提示，但在学校能够左右学生命运的制约关系下，学生也是不敢不自愿的。

校源因素同样是复杂的，是性质各异或目的各异的，并非只有不当逐利或片面追求升学率带来的增负效应。不过，校源问题是一个微观且责任范围明确的根源，所以是一个易查、易纠的问题。如果它突破了教育指导思想及其相关政策而形成过负，学校及其老师自己也知道这样不好、这样不对，却不想自纠也难以外纠，这才是问题的要害。

4. 教师驱动

教师与学校的性质类似，也是一个相对独立的实体，有自己的独立利益或考量。来源于教师而外加或强加课业负担的事例狠多，如指定学生购买什么教辅材料，或者教学内容上留一手而让学生课下出钱传授，等等。同样，师源因素性质或种类也各异，并非只是师德欠缺所致，而师资水平和专业能力不足，都可以带来课业负担或心理负担。

不过，师源问题是更为微观且责任范围明确的根源，是更为易纠的问题；也就是说，如果过负是师源性的，那么在学校层面，甚至在年级组层面就可以随时或及时得到改善、纠正和解决。如果教师行为是有意为之，学校层面却不能及时发现或不愿及时纠正或校正，或者是无法纠正，那么才是问题的关键。例如，学校内教师之间构成的一个竞争关系，就可以是一个加负源头，而显然在当下很多制度激励和评价激励的条件下无法消除，甚至也难以降低这种竞争关系，那么教师或明或暗要求学生出成绩，就自然成为过负的一个校内源头。

5. 过负难纠的背后

由上可见，过负之所以称它为特指问题，就是因为无论是教师层面，还是学校层面，甚至还是管理层面上，往往不能自纠，反而顺应潮流而并汇成合力。

各方不能自纠或难以自纠，是因为会出现一个“好人反而吃亏、听话反而倒霉”的结局，所以“谁减负谁倒霉”的校方自白，以及“成绩好、成绩差，都要找家教”的教师号召，就反映了来自于现实经验教训的“理性自觉”，反映了决定或左右学校、教师或家长行为的制度或政策本身自我打架，忽左忽右，不可预期。所以，减负首先面临一个制度或政策自纠和自清的问题，而不能一味只针对学校、教师、家长和市场，更不能只注重教学、课堂或作业，不能总是上面生病下面吃药、制

度不当而让受约束者承担。❶

通俗地讲，过负反映出能够驱使孩子学习或用功的各种“老板”太多了，孩子实际上成了各种“老板”的无偿打工者。老板多，自然会要求多；老板多，自然会任务多；最后都一并落在孩子身上，而孩子则无从反抗其中的不当驱动、不当要求，哪要课业不重，压力不大，纯属幻想。

三、对几大基本事实的分类

以上几大基本事实，就其作用性质和程度而言，是具有很大差异的。这里作出分类，以便增加减负的针对性和可行性，起码在认识上明白其中的机理及关系。

（一）主导根源

第一、第二个基本事实是过负产生的大背景前提，表明了教育的“敲门砖”性质更突出了。这个民生差异格局过大，是过负大规模、大范围发生的根本源头。就因果关系而言，近 20 年来过负难抑，恶性事件远甚以往，正面的教育指导思想类似门神摆设，政策自纠作用不大，与民生差异格局急剧扩大和家庭对孩子教育及其学习上的责任义务迅速增大，是相吻合的。

1. 外在表现及其共识

据消息，有的学校把“拼命”来赢得高考，视为与官二代或富二代生存竞赛的唯一依托。[11]高考被赋予了新的时代特点，从微观上就反映出这一点；而高考成了社会定期享有的特权性重大事务，民众自发维护高考环境之类表现，高考甚至比救命还重要，就鲜明地点出了这一民生根源的深度制约效应。

如果比较一下当今的过负与“文革”前的过负，可以发现其主导根

---

❶ 顺便指出，学校内很多作为或工作，本身就是教育上需不断改进或改善的份内事务，如师资质量提高，教学水平改进，教育质量的提高，师德规范，以及更为微观的备课、布置作业之类的业务改进等等。现在的问题，是学校或教师把自己份内的事务、应尽职责和应有追求，都当成因为减负而需要做的事，都当成了减负动作。这是一个很大的减负误区，因果关系搞颠倒了。

源是非常不同了。后者的主导根源来自国家追求及其政治形势驱使，家庭或学生自我动力有，但并不占主导地位，从而政策自纠可以起到及时的减负效果；而当前则主要表现为家庭驱力为基本动能，并由此孕育出一个庞大的教育服务市场，减负更涉及相关各方利益的损益问题。例如，家长未必买减负的账，学校也未必一定买账，课外或校外机构则是机会主义，希望减负落在正规学校头上，但绝不希望落在自己头上，等等。这样一来，政府及其政策自纠难以起到减负效用。这是当前过负具有鲜明特指性的表征之一。

大致而言，对此已形成了较为一致的共识。全国政协委员、复旦大学教授葛剑雄说：“‘减负’难，根源在于社会给年轻人的出路太少、太窄。家长们越来越迷信‘不能输在起跑线上’。以前‘起跑线’在小学，现在已经前移到幼儿园。我们应该反思的是，除了上大学、上好大学，还有没有什么好的出路？要从根源上解决‘减负’难题，一是学校教育要有更多的分流渠道，加强职业教育的吸引力；二是社会阶层间要有足够的流动机会，大学生可以先做‘螺丝钉’，再做‘栋梁’；三是社会要尊重普通劳动者，让任何职业的人都能有尊严地生活和工作。”[12]

2. 减负的无奈感和无力感

由于这个大背景前提已经形成并固化，大家谈这个共识也多带着无奈感和无力感，因为共识不是现实，而要成为现实，路途还相当遥远，既不可能短期内改变，甚至还是禁忌性话题；当然，有人也未必希望改变。❶ 所以，过负常常只能沦为话题，或者只能沦为时尚文章的标题，而不能成为事实上欲解和可解的问题。

显然，升学也好，择校也好，过负也好，完全不能达到民生改善或“翻身”的结果，那么预期不能兑现的负反馈也意味着预期压力消失；而预期压力消失，受预期所支配或驱动的行为将无从发生。这样，基础教育阶段的过负则因驱力消散而无从发生。

当前的问题，恰恰是还存在着很大的现实可能性，更有一些显著例

❶ 不改善或解决这两个基本事实上的问题，“片面追求升学率”的思想及其行动是解决不了的。我们反了几十年的“片面追求升学率”，提出了那么多减负措施，结果又怎么样呢？是“片面追求升学率”势头减弱了，还是择校动因减少了？是应试教育消失了，还是过负顽症不“顽”了？可以看出来了。

子支撑着这一可能性；加上信息不对称，普通民众还是依然会惯性化地奔升学或择校，奔应试挣高分；而学校则因各种制度、管理或利益上的激励而相机而行，为应试挣高分服务。正因为如此，这两个基本事实，是家庭追求升学或/和择校的主导根源，是学校或教师为之服务并由此显示傲人业绩或被择资本的主要依据，还是课外或校外教育市场随之兴起的根源，所以称之为“主导根源”或第一位源头。

（二）直接根源

第三、第四、第七这三个基本事实，是过负的直接根源，是形成考试指挥教育或应试教育、题海战术，以及上游课业下延的直接源头。

1. 直接根源的作用机理

就直接性而言，这几个基本事实更为直接，属于达到前两者目标的通道或途径，直接决定了竞争的目标、方式和范围；就目的而言，则从属于前两个基本事实，因为毕竟高考或中考制度引发的应试或分数竞争，大多数学生不是为了高考或中考本身，而是为了实现远景预期或为了未来的体面民生。

这类制度就积极意义而言，是出于选才或选优的目的；就消极意义而言，是适应并维护优质资源不平衡的竞争格局和分配秩序。但只要它们能触发人们的预期，触发理性人意识及其竞争意愿的发生，那么就会演变为围绕这类基点的课业负担直接累加和持续强化。对学校或教师而言，就形成了围绕高考或中考进行教育教学的指挥棒逻辑，从而为追求升学率而进行应试教育及其题海战术提供了事实上合理合法又可行的依据，也提供了方法策略上的基本保证。个别学校能做到既服从这一指挥棒，又避免应试教育及其题海战术导致的加负效应，但对大部分学校而言，做不到这个而会采取“先保前者再说”的策略，因为满足前者不仅对家长或学生十分重要，对学校自身，甚至对教育主管部门也一样十分重要。这也就是为什么许多学校对减负动力不足或采取应付策略的原因。

2. “无知之幕”与市场源头

考试极重要，课程很庞大，课业好繁难，这本身就是催生课外或校外培训服务市场的制度因素和课程因素。进入课外或校外培训学习，是否一定对学业促进和考试夺分很有效，永远是一个无知之幕，但只要人们认为可以值得一试，或者看到真实的榜样，或者觉得不试也没有更好的办法，或者觉得多学总比不学好，或者出于从众，或者想不从众却又担忧学差及分差真的降临，那么课外或校外教育服务市场就会应运而生。

很多调研，都揭示了课外或校外班教学及其课业，是城市孩子过负的构成部分，有的是重头部分；而课外或校外班课业及其教学目的则十分明确，就是针对考试，围绕考试，为了提分和夺取高分，所以市场源课业负担成了很多孩子的一个直接的重头来源。

3. 考试指挥与课程制约

考试与课程密切相关，但前者的作用更直接和关键，对学生或学校而言都更直接、更关键，因为可以直接依据考试范围及其重点来裁剪课程并安排教育教学。

现在的高中实行三考制度，即会考、区考和校考。学校就根据这三种考试制度来进行课程裁剪，并指导学生如何应对。当然，权重最大的是高考，极为明显地显示了高考指挥棒对高中教育教学的支配作用。这也是高考、会考或中考之类习题试卷买卖兴隆的原因。而上游课程过难的加负效应，主要表现为触发下游教育提前学习或熟悉未来的课程内容，以便为学生自己提前赢得一个学习优势或竞争优势。这个进程不一定通过学校，而可以通过课外或校外教学服务市场来累加，有的则通过家长亲自辅导来累加。

当然，提前接触或提前学习不一定是不合法的，更不一定是不合理、不正当的，但它或超出了必要的限度，或属于群体互激而剥夺了儿童正当的权利，或导致学校及其教师对学困生或贫困生的多重排斥或歧视，那它的正面意义或价值也就微不足道了。

（三）附加根源

第四、第五根源，可以称为附加根源。它们的直接目的与来自家长或学校的追求目的并不一致，而是所谓监测或提高教学质量和评价教师绩效的目的。这两个根源是过负的新源头，所以可以说形成过负的合力来源比以前年代更多了。

这两个制度根源对学校及其教师的影响很大，直接针对校方或教师，属于过负中间环节上的加力泵，但加力的结果都会有意无意地转移到孩子头上。表面看上去，这两个制度是为了学生好、为了保障学生的利益。但这种通过学生考试表现来检测教学质量和评价教师绩效的方法，学生很容易成为校方或教师达成自己目的的免费资源或免费打工者。家长会打着都是为了孩子的旗号，让孩子把家长自己的期望或意愿内化为孩子的自觉，校方或老师同样会这样说、这么做，还可美其名为思想品德教育。在当前的大背景和其他前提约束下，这样的制度设置的确成了新的增负源头，尽管其制度制订的本意并非如此。

可见，孩子表面上是全社会谁都爱的人，但实际上社会中的大人们都容易把各自的要求和期望转移到孩子头上，结果孩子成了全社会中负担最重、最辛劳的弱势人群。诚如校园歌曲所说的那样："上学最早的，是我；回家最晚的，是我；玩得最少的，作业最多的，睡觉最迟的，最困最累的，是我是我还是我……"这虽是儿歌，但相当真实。

四、"减负"概念不清下的几种倾向

产生或导致课业负担的微观因素很多，如技术上的、教学方法上的、师德上的，等等；但假如教育指导思想和教育目标是正确的，课程内容是得当的，自查和自纠机制是正常的，这些微观因素带来的动态随机性负担，都可以在与学生互动反馈过程中及时发现并校正或改进，不会转化为过负顽症并造成多危风险。但众多的根源及原因当前混合、融合一体，的确模糊了当前过负的主根源及其学业竞争、教育目标和职能异变这一实质，并导致了一个做什么都是为了减负，做什么都是减负的怪圈。这样理解过负及其减负，外延拓展过大了，结果减负的中心则淹没了，减负的大方向也失去了。

因此，在政策层面起码应该清楚实质，不然减负政策及其措施会偏离重心和中心，导致减负政策及其措施只能老调重弹，年年旧面孔，岁岁老一套。但就目前看，有两种减负倾向要预防：一种是内向化，一种是取巧化。

（一）归因内向化及其问题

1. 归因内向化的表现

“减负”落脚在“负担”上，而“负担”又是一个可以通过内部变量的变化来化解的问题。例如，你提高了学生的能力，那么过重的负担学生就不觉得过重，甚至连负担也不成为负担而成为乐趣。同样，你设法提高了学生的学习兴趣，正如有专家所说：“有了一定的学习兴趣，青少年学生将如饥似渴地学习，而不会将学习和作业视为负担，即使占用了他们的娱乐和休息时间。”[13]

前面提到的“减负增效”经验介绍中的“‘提升学生的学习境界’是‘根本’”的说法，在学校层面就反映出了对“减负”的这种“内向化”倾向。这类“减负”理解，忽略了过负的特指性，无意中把一个具有深刻社会根源的问题在教育上和心理上完全内部化了，但结果很可能是越减越重，因为内部变量的效用是有限的，也不是想怎么“提升”就能提升的，想什么时候提升就能提升的，所以不是什么“根本”。

2. 归因内部化的问题

把课业负担问题归结为儿童身心的内部因素，这种归因对属于日常教育上由微观因素造成的动态随机现象是有用的，也是需要随时发现和及时解决的，苏霍姆林斯基对此谈得很多。对过负而言，教师因素如师德或专业水平问题，学生自身因素如学习动力不足、学习方法不佳之类问题，都是微观或环节上的因素。这些问题任何时代都会发生或存在，也是应随时随地应对或改善解决的教育事务。像“减负的根本是提高学生的学习境界”，或根本原因是“学生没有形成良好的学习习惯”之类归因和分析，对学习上针对性十分具体的情形而论，是有益的、有用的，但对过负而言，这种提法适得其反。这等于是指望通过解决或改善学习习惯或提高学习境界，来解决一个由深刻的社会根源而催生出来的问题，大方向就偏了，更夸大了学校及其老师的能效。何况，无论是学习境界还是学习习惯，不是想提高就能提高、想改变就立马改变的，这是远水不解近渴；即便可以提高或改善，这也不是无限度的。如果可以无限提高或改善，那根本就不会存在“过负”这一顽症了。具体而言，不能归因内向化的理由是这样的：

首先，这种归因内向化，导致过负特指性消失，从而把减负内部化。这变相是把过负归结为学生的心理问题或品行习惯问题，容易使减负做无用功。

其次，学生内因与教育的关系是含混复杂的，谁因谁果并不能有效证明。可能本来就是教育造成的，或本来就是教育上应该解决的，所以有倒果为因的嫌疑，更有不当御责的嫌疑。所以，归因内向化很可能的一个后果，就是社会或学校、家长或老师生病而孩子吃药。

再次，归因内向化会导致减负内部化，更可能导致减负动机与减负结果的悖论：即动机是为了减负，结果反而更加重了学生的负担。因为这意味着把过负根源和责任主要归咎于学生方面，自然更加重了学生的思想负担或精神压力。

最后，归因内向化会导致学校及其教师的减负责任过大，学校及其教师无意中夸大了自己在特定减负中的责任和能效。

总之，就减负效果来看，这种归因内向化及其减负思路表现为这样一种努力，即努力把他虐问题转变为学生自虐问题，从而过负也就在“自主学习”或“我要学”的新课改旗号下，转变成合理、正当的了。这是很可怕的，将使减负失去大方向。

（二）教育取巧化倾向

取巧化倾向，则由“减负增效”“轻负高质”或“减负提质”之类口号或提法显示出来了。口号或提法具有简约化特征是必然的，但阐述不能揭示概念的特指性及其内涵，这种口号或提法容易误导教育工作者。

当年气功热，有所谓气功大师对大学生说：学会气功，很多高超能力或本领就不学自会；难深的知识都不用刻苦学习，似睡非睡之中即可轻松获得。这种神秘主义色彩的广告宣传，不足与论。不过，还是应注意，离开了过负的特指性，以上口号或提法道理牵强，却会诱使学校及其老师去追求取巧梦想：什么都学得轻松，玩得快乐，而学业卓越。

因为减负，但又担心减负影响所谓质量或成绩，就又冒出“减负增效”“减负不减质”“轻负高质”这类口号，或“既要减负，又要促进健康成长”之类所谓辩证法。这样，外延无边的“减负”无形中转换成了教育上永恒不变的目标和中心。即便只限于义务教育阶段，这没有道理；从“成功没有捷径”的一般规律看，也没有道理。教育上永远是育人第一位，减负第二位，不可颠倒；而学校及其老师的心思如果都花在取巧梦想上是可怕的，因为这偏离了当前减负的特指性而将之永恒化了。这要谨慎。

（三）减负被消解倾向

当前的减负过于与“增效”或“提质”联结为一体，使得“增效”或“提质”被视为弥补或预防减负可能造成“效率”或“质量”损失的手段或预警，是减负难行的一个心理或思想上的障碍，也表现为“效率”或“质量”的评价标准单一。其实，微观层面上的减负及其效果，本身就是教育质量、师资质量和教学效率的体现及其组成部分，不可孤立起来看的。这类口号，都存在把“质量”、“效率”与减负割裂开来的问题。

目前的所谓“效率”或“质量”，归根到底还是分数说了算，“增效”“高效”或“提质”“高质”说到底还是“重分”和“提分”而已。就“过重课业负担”的转义来说，减掉“不当课业负担”本身就是价值，就是意义，就是对儿童权利和权益的尊重和保障，不需要用所谓“效率”和“质量”来衡量，才算是有价值、有意义；换言之，这个“减”本身就是“效率”，本身就是“质量”。从这个意义上讲，减负本身有价值自足、自洽的一面，不都是作为手段或工具才有价值和意义；这一点要明确。

因此，这个“效率”或“质量”的评价标准不变或依旧，看不到减负的直接目的是“保护或维护孩子这一属于民族的最大、最宝贵的身心资源，是还给孩子应有的儿童权利和权益，是创设孩子自我发展和自主发展的必要时空”这一根本的“效率”或“质量”，那么这类口号实际上不是在倡导减负，而成了对减负的另类消解而已。

五、本章小结

过负的归因是很复杂的研究环节，因为特指与非特指搅合一体，界线难分，内涵不清，外延过宽，归因很容易出错；实践上也容易用针对非特指问题的方式或措施，去处理或解决特指问题，结果是南辕北辙，费力不讨好。由于课业本身是教育上的一种培养手段，重型课业的效用价值，要取决于教育目的的合理、合法性，取决于实现这种目的的客观可能性，取决于其与承担者的代价对比，更要取决于承担主体的自愿选择，以及有效的避险或退出机制。如果这些都不具备而发生过负，那么不仅表明这些课业负荷是不合理、不正当和不合法的，也表明导致“不当课业负担”的特定根源存在并起实质支配作用了，而并非是培养手段的运用或选择不当上的微观问题了。

本章列举了七大基本事实，从实体角度分出四大驱动实体，并对各个根源或原因分为三大类，即主导源头、直接源头和附加源头。这些源头及其合力驱动，其实质或要害其实是儿童作为主体所应有的正当权利和权益受侵害。由此，看清过负的来源和作用方向，可为了解过负的合力形成并为破解这一合力提供认识基础。

过负由于是系统合力所致，那么减负对相关各方而言，就存在了一个利益损益的问题。减负难，也难在这里：不触动利益，减负无用；触动利益，那么减负阻力就增大。这个利益损益，不仅体现在考试制度上，体现在对所谓优质教育资源的配置、掌控上，还体现在课程及其教材的权力分配上。减负常常无疾而终，说白了，不过是这个利益损益的关键不能破解而已。

最后，本章列举了当前减负中几种普遍倾向，即“归因内向化、教育取巧化和减负被消解”问题。这也是认识不到过负的特指性，或看不到减负的根本目的和价值所致。把教育教学行为或工作的改善、改进、改变或提高，都当成是为了减负，都是减负，这夸大了教育的作用，也把教育的中心主题虚化了，把遵循教育规律育人虚化了，把学生主体及其自主作用虚化了。这是当前减负实践中最需要警觉的问题。

参考文献

［1］辜胜阻．减轻学生过重负担 大力推进素质教育［J］．教育研究，2000（5）．
［2］［美］《教育周刊》．奥巴马的教育蓝图［M］．范国睿，译．北京：教育科学

出版社，2010：1.

[3] 同上：73.

[4] 袁贵仁．用五大措施十个字改变中小学课业负担重［OL］．人民网，2007－10－20．http：//cpc. people. com. cn/GB/104019/104109/6409339. html.

[5] 孙云晓．拯救男孩［M］．作家出版社，2010：1.

[6] 应学俊．中小学生“减负”：为何比抗日战争还难？［OL］．百度网，http：//blog. gmw. cn/blog－53162－139511. html.

[7] 郭思乐．从仿生到靠生：基础教育改革的根本突破［J］．北京：教育研究，2009（9）.

[8] 北京教育科学研究院基础教育科学研究所．减负新探［M］．北京：北京出版集团公司北京出版社，2012：211－212.

[9] 同上：211、229.

[10] 乔树森．“减负”要减到“根儿”上［J］．普教视点，2000（6）.

[11] 厦门一中．没有高考，你拼得过富二代吗？［EB/OL］百度贴吧．http：//tieba. baidu. com/p/1431921250.

[12]“微”教育——两会代表委员谈减轻学生过重课业负担［J］．基础教育课程，2012（4）：5.

[13] 谢维和．重要的是减轻中学学生的心理负担［J］．教育研究，2000（4）.

第十章　读书观、价值观演变及其影响

中国古人对求学受教育，是用“读书”来表示的。这个表达是简练而准确的，不仅反映了受教育的基本模式，也反映了书本在教育及其考试中的中心地位。因此，自科举制以来的千百年间，古人的教育基本上就是“一心只读圣贤书，一手尽写八股文”。

读书观及其价值观反映了社会群体对读书受教育的基本态度和目标设定。读书观表明的是，读什么书，怎么读书，由此可得到社会激励和肯定；与此相连的价值观是指，读书为了什么，读书的核心追求是什么，读书人是什么样的人。读书观及其价值观可以对人的行为发生影响，但只有当它与现实存在的利益差及其因读书而可获的出路前景差相吻合一致时，相应的读书观及其价值观才是有真实驱动效用的指导思想。因此，某种读书观及其价值观左右人们追求的观念和行为，表明了支撑它的利益差及其出路前景差的存在和强弱，也是对某种利益差及其出路前景差的集中反映和集中表达。

作为必要的对比，这里首先从中国古人的读书观及其价值观谈起，由此窥测古人如何看待由读书引发的过负。

一、中国古人的读书观及价值观

自秦以来，中国一直是一个官本位色彩浓厚的社会。儒家设计的一条成才、成功路线即“格物致知正心诚意修身齐家治国平天下”，还附有士大夫“为民请命”或“天下为公”一套高调的读书观及其价值观，是中国古代教育上遵循的教化逻辑和晋身路线；到了汉代“独尊儒术”后，则成了法定的教育路线和传统。说文雅一点，叫“学而优则仕”；说现代一点，是“读书做官论”；说直白一点，就是做“人上人”或

“光宗耀祖，衣锦还乡”；说俗一点，就是“黄金屋，颜如玉，千钟粟”。中国古代有立德、立言和立功的三分法，但除了成圣，俗世上“做官”是中国社会的最高价值、最大利益和最大名声，并可以统一以上三者。

科举制后，读书或教育就与做官或为官在体制上结构一体了，读书或教育成了依附于官僚体制结构上的衍生物，不然就没有价值。总之，“读书高人一等”的价值观，其最大的体现就是做官；说白了，就是官员高人一等而已。在民间，读书追求的内容相当世俗而直白，是“金榜题名时，洞房花烛夜”，是“千锺黍、颜如玉、黄金屋”，是“光宗耀祖，衣锦还乡”。这些跟读书都挂上了钩，并且靠勤读、苦读可以实现，所以读书是为了“功名”或成为“人上人”，而“功名”或“人上人”的直接体现和最大标志，就是做官。读书并考取状元，立马可以被封为中央级别的官，中个举人，也可封个地方官位，所以中国古人最乐于夸耀和叹赏的人间奇迹，就是“朝为田舍郎、暮登天子堂”。对此，民间有非常形象而生动的说法，叫“跳龙门”；书卷气一点，叫“寒门出贵子”。所以，底层百姓对子女的最高期望，就是“望子成龙”。

无论是官方的雅正表达，还是民间的世俗诉求，以上的读书观及其价值观都是社会上正面并高调宣扬的主张，是主张与践行一致的，国家目标和个人追求也是相统一的。既然读书是实现“人上人”梦想的天梯，那么读书属于“苦中苦”的炼狱也是必然和应该的，并且有公理似的格言来背书，如“苦作舟”和“勤为路”之类，还有各种近乎变态的励志故事。正因为读书被赋加了如此大的出路前景，所以主张勤读、苦读，甚至死记硬背也都具有天然的正当性、合理性和合法性。悬梁刺股的励志，自残也成了美谈；四体不勤，五谷不分，成了读书人的标准形象，并从挖苦含义转换为赞美含义。读书明理也是中国古人读书的一个目的，但读书不是宗教修行却胜过宗教修行，不是修身养性却苦于修身养性，天地玄黄、悠悠万事，唯此（读书）为大。

很长的历史时期内，中国古人的读书主要是顺应科举的轨道。由于读书被赋加的前景价值或利益过大，即所谓“万般皆下品，唯有读书高”，所以铤而走险的行为也必然发生。中国古代科举上的舞弊作假丑闻时常不断，成为大案、要案的也不是一两件，皆因此而起。[1]不过，有一点很蹊跷：这种勤读、苦读，甚至死读，不损害儿童的身心健康吗？古人文献中对此有关的记述很少，民间最多是对读书人“两耳不闻窗外事”而造成的不谙世事，挖苦为“书呆子”，文艺作品中似乎只有一个“范进”最为典型或广为人知，其行为表现也只是得知中举而有点神志失常；相比于当今的一连串的危害性事件，范进的失常或失态还真算不上什么多严重。这是为什么呢？对此，笔者的看法是这样的：

第一，古人的价值观，首先就认定读书或受教育必须是重的、累的、苦的，只有它的结果才是轻的、不累的、甜的或很甜的，因为是“跳龙门”的飞黄腾达，是“人上人”的脱胎换骨。上面列举的有关读书的格言及多类励志故事，以及读书的功名目的，都说明了这一点。这个合乎经济学的基本规律，即风险、代价与收益相对等。

第二，读书已被古人夸张或抬高到过于神圣的地步，所以为了维护读书的正面形象和正统价值，只好尽可能略去或不提因苦读、死读发生的负面事件及负面效应；不然，形成了读书无用的社会趋向，大量年轻人的能量无处释放，教化不能布施，对统治秩序的冲击更大。

第三，古代读书人只是一个很小的群体，社会群体之间彼此联系和连接的信息通道和途径也很少，传播效率更是低下，所以即便发生因苦读、死读发生的负面事件，也难以为社会及时得知；而形不成强大声势，被记载下来的可能性就不大，对社会的反馈促进更不大。

第四，古代读书是内容单一和方法简单的过程，所以适应和胜任这种方法和过程的读书人很容易显现并被鉴别出来，而不适应、不胜任的则很快被淘汰出去。所以，即便当时的教育中体罚为常事，但这种教育过程造成的身心危害尚未严重时就被随时中断了，起码不会造成大范围、大规模的灾难。

最后，中国古代是自给自足的小农经济社会和小商品经济社会，即便退出或被淘汰出这一教育过程，也有广大的农耕空间和学徒空间接纳那些读书失败者。

以上几个看法很重要，因为由此可以知道同是读书导致的问题，但社会背景和社会格局不同了，结果和后果也随之不同。

不过，中国古代读书人的正面形象是文弱书生，是典型的“东亚病夫”。所以，不管古人自己说不说读书的弊端和病态，这一形象本身已暴露出了古人“一心只读圣贤书”的弊端和病态，是“读书高人一等”

价值观扭曲后积非成是的典型形象；这与中国古代女人裹小脚，使小脚成为审美对象一样，不过是审美观扭曲后积非成是的典型表现而已。

二、1949—1979 年间的读书观及价值观

这里简略概述一下从 1949 年到改革开放这一时段读书观及其价值观的一些发展变化。其中，可以明显划分为两个阶段：一个是革命化加建设化的读书观及其价值观；一个是造反化加反知化的读书观及其价值观。

（一）革命化加建设化的读书观及其价值观

1949 年后，中国社会发生颠覆性变化，相应地也必然是读书观及其价值观发生颠覆性变化：不仅颠覆了中国古代传统的读书观及其价值观，也颠覆了当时尚处于萌芽状态的个人自由主义的读书观及其价值观。当时的社会，斩断了市场机制，人员不能自由流动，社会被人为固化为城市和农村两大块板及其两大人群；社会阶层被称为“工农商学兵”五大阶层，其实还有一个领导阶层，也称“干部”队伍；另一个则是被专政、被管制和被改造的反面阶层，即“地富反坏右”。当时社会尽管被称为平均主义社会，但利益差同样存在，最原始性的就是城乡之间差异；其次是工人群体中的差异，有所谓“八级工资制”；还有领导阶层中的等级差异，级别更多，有 13 级或更多，但级数与收益呈反比。利益分配中最低的自然是“地富反坏右”人群，但其间的经济收入差也十分复杂，无法一概而论：有的政治权利上归零，但经济收入上并不低，有的则近似国家奴隶或“贱民”阶层，政治权利和经济地位双双归零。

1949 年后，中国社会发生的颠覆性变化是由革命战争造成的，所以革命化的逻辑或惯性也自然延续下来。虽然不再是战争形态的革命，而表现为以革命主导者的思想、趣味和习惯来取代原有的读书观及其价值观，也意味着读书为革命服务，甚至是为“世界革命”服务；同时，革命战争成功后的另一个任务是建设，所以另一个主题就是读书为“社会主义建设”服务。

革命化主题反映在读书观及其价值观上，就是要反对一切传统的读书观及其价值观，无论是“人上人”“读书做官”“读书高人一等”，还是俗气浓重的“千锺黍、颜如玉、黄金屋”，抑或是个人自由发展的价值观及其读书观，如“成名成家”“白专道路”，都在反对或否定之列。反映在教育方针上，就是“社会主义觉悟”和“劳动者”，[2]用当时最高领导人的表达，就是“又红又专”[3]。“红”是革命化的最准确、最经典、最简洁的表达，所以读书观及其价值观就是读书要以与工农结合为荣，以与生产劳动结合为荣，以成为劳动者为荣；再极端一点，后来就变成了“做革命的螺丝钉”。

建设化主题反映在读书观及其价值观上，相对要宽容一点，不再像否定一切那样否定一切科学文化知识。在教育方针上，这是用“有文化”来表达的，通俗简略的表达则称为“专”。后来“文革”期间，堂皇高调的说法，是成为一切听从党或组织召唤和安排的“驯服工具”。

由于“红”与“专”有内在矛盾，“红”作为规范又变幻不定，难以把握，所以政策号召“又红又专”或做“有社会主义觉悟的劳动者”是一回事，但实际奉行的是另一回事，因而当时普遍潜行的是“学好数理化，走遍天下都不怕”的读书观及其价值观。其次，由于当时社会中利益差同样存在，教育在制度设置上也自觉不自觉地服从了这一利益分配格局。

当时的教育制度设计，是事实上的双轨制。一类为全日制普通初中和普通高中，主要为高等学校输送合格生源；其他几类，倒是真正属于培养“有文化的劳动者”的范畴。[4]当时的教育方针中，还没有“建设者”与“接班人”的区分或提法，但事实上，大学则与干部体制结构一体，属于干部体制所需后备队伍的来源机构，所以大学生则被设定为“干部”的入门等级，享受国家干部的身份及其起始待遇。从城乡差别转换的角度看，上大学或接受高等教育，是农村身份转变为城市身份，农民待遇变成市民待遇的机会和通道。这种华丽转身以及极为狭窄的向上流动的机会和通道，在当时依然被称之为“跳龙门”或“吃皇粮”；新创造的名词则叫“吃公粮”“农转工”被称为“跳农门”。

这一由利益差导致的求学上的出路前景差，通过教育制度上的信号和轨道导引，必然反映到学业、课业及其学习行为变化上来。因此，尽管当初还有其他几种正面价值观的制约，当时的升学群体也远没有现在这么庞大，但由考试、升学竞争导致的过负同样发生了。当然，由于当时的学校教育受政治形势支配更为直接的缘故，大量非文化性的活动如政治活动或社团活动过多，以及当时的卫生和营养条件跟不上，成了加剧过负的多类因素。这在第五章有所论述，不再赘述。

（二）继续革命加反知化的读书观及其价值观

革命化与建设化的主题同样是有内在矛盾的。革命化要打破一切规则和秩序，而建设化却强调规则和秩序，甚至要求科层制的规则和秩序。这个矛盾掺杂着权力分配和话语权的争夺，终于爆发出“文革”的运动。说浅白一点，其实就是建国初始设定的“革命化”与“建设化”的均衡被打破，并由革命化逻辑战胜建设化逻辑，革命化的无序能量摧垮了建设化的有序能量而已。“文革”是以原始的“造反有理”口号为动力，血脉上是以革命的正统自居并以反对修正主义的“变色”为依据，所以也称之为“继续革命”或“反帝反修”。表现在教育上，则是“停课闹革命”的运动和“复课闹革命”的半运动。革命的主体起初是青少年学生，而革命的对象主要是那些以前革过别人命但被认为落伍了的“老革命”，所以当时流行的一句话叫“老革命遇到新问题”。

十年“文革”中如果有价值观的话，是所谓“卑贱者最聪明，高贵者最愚蠢”，“宁要社会主义的草，不要资本主义的苗”，甚至是血统论的“根红苗正”；有读书观的话，也就是反智、反知化的否定性读书观，就是“知识越多越反动”“接受贫下中农再教育”“生产实践第一”“反潮流”，最后，“白卷先生”成为“反潮流”的英雄，就是这种否定性读书观及其价值观盛行下的必然结果。

“文革”早期，大学不招生，中学基本停课，知识青年上山下乡接受贫下中农再教育；“知识越多越反动”，书本知识成了负资产，读书或学习成了负做功；“以学为主，兼学别样”，但“学政治”摆到了学习的第一位，主课是“阶级斗争”，其次是参与各种生产劳动增多；学制缩短，小学缩短为 5 年，初中和高中各缩短为两年；师生伦理颠倒，教师与学生不是面向求知的指导与学习的关系，校长及教师成了被“革命小将”批判或打倒的对象。从当时的利益差来看，主要体现为城乡差别和军民之间的差别，所以左右和支配人们行为的主导动机，主要是当兵、留城或返城，而不是苦读。因此，无论是从当时主导价值观来说，还是从当时的利益差以及由此决定的出路前景来看，不存在诱使或驱动人们去勤读、苦读或死读的正面诱因或驱力。即便 1971 年大学开始招生，但实行的是推举制，即从“工农兵”中选拔上大学，所以也不存在通过高考甄选的制度驱力和压力。由此，“文革”时期过负的确消失得无影无踪。

“文革”时期过负消失，从政策文件发布时间上明显显示出来。例如，“文革”前夕即 1966 年 1 月 17 日，当时教育部发布《关于减轻学生负担，保证学生健康问题的报告》，期间再也没有类似的文件或报告发布。直到 1979 年 12 月发布《中小学卫生工作暂行规定》，其中有减负的内容；随后，1983 年 12 月发布《关于全日制普通中学全面贯彻党的教育方针，纠正片面追求升学率倾向的十项规定》，成了“文革”后第一个有关减负的专门性文件。

可见，随着“文革”的结束，过负又快速浮现并加剧了起来。

三、改革开放后的读书观及价值观

改革开放至今这一段时期内的读书观及其价值观，用“纷至沓来，五彩缤纷，令人眼花缭乱”来形容，一点也不为过。详细记录这一时期的读书观及其价值观的演变不是本章的任务，本章只是粗线条地勾勒读书观及其价值观与利益差及其出路前景差的离合和共振，以期说明问题的根源。

“文革”后，教育战线进行了“拨乱返正”的思想清理。但过负即“过重课业负担”，算“乱”还是“正”？这个问题一点也没有触及。算“乱”，却没有被“拨”掉，反而越发强劲；算“正”，就不应该减负而应鼓励。可见，对此无法从“拨乱返正”上得到说明或解释，说明它不是当时“拨乱返正”的兴奋点和着眼点。当时教育界的“拨乱返正”，主要是肯定“文革”前 17 年的教育是“红线”主导，所以也必然是全面复活“文革”前 17 年的教育制度和模式，而这必然会复活其中的问题或病症；而且，“文革”后用人政策激励，市场经济、城市化加速、阶层分化、高教改革滞后、利益差及其出路前景差分化悬殊等，使得催生并加剧过负的因素更多、更大了。

（一）改革开放初期的读书观及其价值观

有几个制度设定和政策导向，对当初人们的读书观及其价值观的形成和左右作用非常大。一是全国统一高考制度；二是年轻化、知识化和专业化的人才选拔、使用政策；三是恢复大规模派遣留学生的制度；四是多出人才、快出人才的号召。总体口号上，就是“实现四个现代化”，以及稍后提出的“以经济建设为中心”的“教育为社会主义建设服务”方针。

此时，知识得到重视，人才得到尊重，知识分子的地位和待遇得到落实，也相对高于社会其他群体。大学生被称之为“天之骄子”，踌躇满志，趾高气扬，所以对大多数年轻学子而言，微观动力和导向就是读书是为了获得知识，为了成为人才或知识分子，宏观动力和目标是“为社会主义建设”或为“实现四个现代化”服务。虽有政治课的内容及其考试而不得不应付，但“学好数理化（加上英语），走遍天下都不怕”或“读书成才”的读书观和价值观，不仅得到了复活和延续，而且可堂而皇之。

改革开放早期的读书观和价值观，虽然不乏个人功利的内涵，“成名成家”也不再是社会上忌讳的话题，但相对而言，当时还带有相当朴素的理想主义色彩，还多少带有一点中国传统读书人“为国为民”的抱负和雄心，以至于周总理儿时的“为中华崛起而读书”口号，又成了当时年轻学子的励志名言。但是，对读书行为起左右或支配作用的力量，主要还是由现实的利益差及求学出路前景所驱使的。

城乡差别在当时依然是一个基本差别，干部与群众利益差也是基本差别，国内上学与国外留学的利益差则又加入进来，人才与非人才的利益差及其鉴定标准也大致明确（对绝大部分人而言，起码要成为大学生，才算准人才），大学作为稀缺资源则是显眼的事实，并成了城乡和城市中大多数阶层共同追求的明确对象，而教育上重点非重点的制度分轨得以确立，所以由利益差及其由此决定求学上的出路前景，通过狭窄教育通道而引发的考试、择校或/和升学竞争，很快就加剧起来了。这就是为什么"文革"后短短几年中，过负立马浮现并加剧起来的现实根源，以至每隔一两年就要发文件重申减负，强调端正教育思想和强调贯彻教育方针。

（二）改革开放中期的读书观及其价值观

改革开放初期带有点传统而淳朴的读书观及其价值观，并没有持久多长时间。对这种读书观及其价值观首先造成冲击的，是"个体户发了"，而读书所指向的那些终端所在如官场、国营单位则是光环失落，风光不再，开始动摇了读书行为及其动力。很微妙的细节变化，是"天子骄子"们不再以校徽为荣，不再佩戴而弃之如履；但更大冲击则来自1984年开始的下海经商潮。是年"有计划的商品经济体制"提出，为下海经商给出了官方背书或合法印章。随后1987年和1992年"南巡"后下海经商热，不仅教师、学者下海，连官员也纷纷辞官下海，全民经商的大潮登时蔚为壮观。各行各业嘴里的话题就是发财和"闷声发大财"。连数字"8"也成为发财图腾的吉祥数字，凡用数字的地方或物品，全民争抢"8"。

这一段时间可以说是读书人经济体面地位顿失的时期，也导致了教师的不安定和高流失。高校年轻教师不仅工资低廉，住房更是渺茫，精神痛苦，陷入迷茫彷徨。这一段时间，也是"读书无用论"略有回头且过负不显眼的一段时期。老板、大款是社会的中心形象和标签，而当时那些老板、大款的草莽、草根性，也大大反衬了读书或上学的无用、可怜和荒谬。在南方大城市，连公务员还成了被奚落的对象，成了家长教训孩子的反面榜样。

这一段时期，如果还有读书的话，主要也是与经商或暴发有关的书籍，还有就是与MBA有关的教育及其教材。全民经商，人人都是商人，社会不再是各归其位的专业性社会，发财或一夜暴富是最高梦想，拜金主义是普世真理。"一夜暴富"的故事满天飞，正如有的报道所说："1980年代，金钱是个令人疯狂的东西。地皮、批文、回扣、官倒、个体户、万元户、炒更、下海、跳槽、股票……这些都是那个年代的关键词。"[5]中国历史上历来受压制的"重商主义"，现在却成了时代最强音。当时还发生了所谓"蛇口风波"，即几个"青年教育家"抨击"淘金者”引发的一场口水战。实际上也是想把当时的个人发家致富的狂潮纳入“爱国主义”的轨道，结果是理不服人，人不挡势。

这一段时期，是脑体倒挂时期。社会上流传的说法，是“搞导弹的不如卖茶叶蛋的，手术刀不如剃头刀”，“教授曾经卖烧饼”。[6]导致这一脑体倒挂的主要是双轨制制度，某些有背景或关系优势的人利用这一双轨制发大财，一部分体力劳动者则因为首先在市场半市场中而自然受益，知识分子或脑力劳动者此时则大量云集在原有计划经济体制下的单位实体中，财政供血有限，所以收入不如体力劳动者，也属势所必然。

不过，这一利益差及其出路前景倒挂的现实对读书观及其价值观的影响，由于脑体倒挂的持续时间并不长，脑体倒挂因素的发酵不充分，所以对中小学教育的影响有限。另外，此时教育方面的其他一些对过负起催化作用的制度未出台，如“教学质量检查评价制度”“成绩排名制度”，以及更靠后的教师“绩效工资”制度之类，所以这一段时期，即便惯性上过负还存在，但程度上应该没有更为加重；而来自家庭的增负压力，则由于这一时期家长的兴奋中心大都落在如何寻找商机快速致富上，多少也顾不上对孩子学习上加班加码而阙如。

（三）改革开放后期的读书观及其价值观

1992年党的十四大提出了建立社会主义市场经济体制的目标，各类原有国营机构和单位办公司，利用自身资源和优势在市场上淘金，得到意识形态上的首肯。北大破墙开店与之呼应，轰动全国，就是一个显例。知识精英暴富的例子开始大量涌现，下海经商的官员重回官场的潮流浮现，原有大款或老板买文凭或去大学包装自己的例子不再新鲜，海龟被高薪、高待遇吸引回国也不只是极个别案例，各类新兴职业如律师、咨询业、设计创意之类，也成了吸引人的知识型职业，尤其是外资企业大量涌进国门后出现了诱人的白领或金领阶层；这些都属于知识型职业或工作。高校则因为学费制度确立和科研经费的涌入，教师经济地位迅速得以改变，不再是哀叹命运不公并期望纷纷出逃高校的一族，而翻盘成了门槛不断提高的高级体面职业。因此，在大城市中体脑倒挂的现状迅速得到校正并消失。

此外，理论上提出了“知识经济”概念，政策上又提出“创新拔尖人才的培养”，从而读书及其价值从正面又一次得到高扬，尽管是从新的角度加以高扬。况且，以受过高等教育面貌出现的知识精英、经济精英和政治精英，在这一时期，整体浮现并十分耀眼，更是从事实上印证并强化了传统读书观及其价值观的恒久魅力和效力。从最低标准看，读书尤其是作为优质资源的大学，与体面职业或重要部门已经结构一体了，所以读书是通向体面职业或体面生活的基本通道，起码对绝大多数普通家庭及其孩子来说是这样的。高校办学以就业为指导，大学生则把大学比喻为“镀金工厂”，把读书比喻为“抢钱、抢粮、抢女人”，可以说读书及其价值观到此成了实现基本生存必需品的内驱力，新的语言形式却包含着最原始的低端内涵。

从 20 世纪 90 年代中期，尽管教育及其基础教育中的改革不断，包括第八次新课改启动，声势浩大。人们大都以为由此基础教育会发生根本性改观，应试教育会销声匿迹，素质教育会成为一道亮丽风景，过负以及由此造成的恶性事件会成为历史，创新拔尖人才及其创新风气、个性发展会成为基础教育中的常态，等等，基础教育呈现出的将是一片光明灿烂。但追踪一下这 20 年的历史，可以发现事实并非如此，以至国家“十二五发展纲要”重提减负，并列为要解决的首要问题之一。

这一时期，在城市中体脑倒挂的现状迅速得到校正并消失，但另一面即利益差及其出路前景极为悬殊也发生在这一时期。这一利益差悬殊得空前绝后，领先世界。任何教育改革和新课改在如此悬殊的利益差事实面前，根本无助于扭转应试大潮，无助于遏制为争夺优质教育资源而进行的考试、择校或/和升学竞争，以及最后的就业竞争。正因为如此，这一时期，事实上也是过负越发逞强的时期，网上形容为减负“比八年抗战还难”。[7]

四、本章小结

从上可见，读书观及其价值观都是高调与低调、群体性和个体性的混合体，也是相互支撑的；当两者不是相互支撑而是彼此否定的情况下，这种彼此否定到了极端，教育自身也会崩溃。读书观及其价值观的形成和作用，主要是受现实政经趋势和主流阶层支配的，而当下的读书观及其价值观其实是相当低调和实际的，反映的是掺杂了中产趣味的大众意识，并非是指向为极少数人才能实现的“人上人”“成龙成凤”，或时髦用语上的所谓“精英”。人民群众没有那么傻。就动力而言，由于低端教育的义务化和就业年龄趋高化，导致为此竞争的动力基数极大地扩大了，从而也为过负的产生和加剧提供了不断扩大的竞争性群体基数。

就演变而言，中国古人的读书观及其价值观，是高调与低调的混合体。高调的就是“治国平天下”“为民请命”士大夫的一套，低调的就是“金榜题名时，洞房花烛夜”“跳龙门”“光宗耀祖”或“考取功名”一类，是多为民间传诵和流通的读书观及其价值观。高调的是政府拉力，低调的是低层推力，共同构成读书或学习的双基动力，但这种高调与低调之间不构成彼此否定，都是被高度肯定的。

这种一体现象到了 1949 年后被打破了。此后，出现了高调与低调价值观之间的彼此对立或否定。低调的读书观及其价值观，如个人主义的、自由主义的“成名成家”或“专”，成了被高调读书观及其价值观所否定的对象；而低调的读书观及其价值观，却在实践层面暗中否定高调的读书观及其价值观。尽管如此，高调与低调的读书观及其价值观，到了“文革”后又混合一体：尽管意识形态上不鼓励、不宣扬，但也不批判、不否定低调的读书观及其价值观了。不过，低调的内涵发生了巨大转折，转变为以拜金主义或“发财致富”为主基调了。有大学老师称学生到 40 岁还挣不到四千万就别来见我，[8]就直率而形象地表明了这一拜金主义或“发财致富”的读书观及其价值观已经在教育上登堂入室了。

这种“四千万”可量化的拜金主义或“发财致富”读书观及其价值观似乎不登台面，但属于低调中的高端标准。就目前看，由于要素资源及其市场大都已被分割和占有完毕，对大多数普通家庭而言，除了自己孩子的头脑资源和勤奋资源可利用，自身省吃俭用节余下的资金积蓄可供自己支配外，缺乏实现这种高端性拜金主义或“发财致富”读书观及其价值观的诸多条件，所以目前的大多数市民家庭所信奉的读书观及其价值观，其实是为了孩子能够在教育竞争中胜出一点，为今后对体面职业或体面饭碗竞争中增加一点自身优势而已，与古典的“成龙成凤”或

“人上人”扯不上多大关系，甚至与现代的“精英”概念也扯不上多大关系。相比之下，这是相当低端或世俗的读书观及其价值观，读书只是如电影《投名状》里所说的为了“抢钱、抢粮、抢女人”而已。

这种原始本能性动力及行为追求当然具有正当性、合理性，但在如下的社会大背景及其格局下，却成了催产并加剧过负的无穷动力，势不可挡。

参考文献

[1] 李树政．明清科举的舞弊大案［N］．羊城晚报，2012 – 5 – 9：B5.

[2] 毛泽东．关于正确处理人民内部矛盾的问题（一九五七年二月二十七日）［M］．人民出版社版，1957：23.

[3] 毛泽东．《做革命的促进派》．1957 年 10 月 9 日．

[4] 冯增俊．中国教育制度世纪变革回顾与展望［J］．华南师范大学学报（社会科学版），2002（1）.

[5] 叶曙明．其实你不懂广东人［M］．广州：广东教育出版社，2005.

[6] 搞导弹的不如卖茶叶蛋［OL］．新华网，2008 – 10 – 13. http：//news. xinhuanet. com/misc/2008 – 10/13/content_ 10187726. htm.

[7] 应学俊．中小学生减负：为何比抗日战争还难？［OL］．中国教育人博客，http：//yxjedu. blog. edu. cn.

[8] 董藩．学生挣不到四千万 别来见我［OL］．齐鲁视频，2011 – 4 – 6.

第十一章　过重课业负担的背景及其格局分析

过负发生乃至趋于严重，就民生源头讲没有什么神秘的，不过是民生分配的利益差过大的产物。这个格局投射到教育上，就演变成教育上出路前景差过大并引发一连串的过程性激烈竞争。这个源头大背景及其格局是引发并加剧过负的远景诱因。[1]

利益差任何时代都存在，但利益差分化如此之大，并对教育上出路前景产生如此之大的支配和扭曲效应，则是于今为烈。从这个意义上讲，没有“共同富裕”就不可能最终解决过负顽症。本章和下一章揭示畸形利益差的形成和教育上出路前景差分化彼此相呼应，使得社会群体形成了共同而稳固的心理链追求愿景，由此加剧考试、择校或/和升学竞争，并催生出为满足这一强大需求的多类型教育市场服务供应主体，共同催发并加剧过负。

这里揭示了30多年来六大社会背景及其格局，由此刻画过负形成中涉及多么复杂的社会深层根源。当然，有些背景及其格局如“改革开放”“城市化进程”“人口知识化”，不仅是过负得以发生的背景及其格局，教育本身也是参与和形成这个背景及其格局的要素，尽管教育不是决定性的，涉及的作用范围没有那么大。从这个意义上讲，它们依然是大背景及其格局。

---

[1] 中国人对教育或读书，无论国家还是个人，历来持有浓重的愿景性功利追求，国家把教育当成是寻找和造就各类人力资源和接班人的手段或途径，家庭及个人则把读书当成是博获未来“功名”或实现“人上人”梦想的通道，而要实现这一点，就得通过“过五关斩六将”的考试。除此之外，知识也好，文化也好，教育也好，学习也好，其本身都显得微不足道、形同鸡肋。这两者之间不一定能一致，在信息封闭的计划经济时代，靠宣传和行政力量做出调节或调和可以很有效，但在信息开放的市场经济时代，则无法阻挡社会群体被巨大利益差和教育上出路前景差所激励出来的追逐动力，靠宣传和行政力量做出调节或调和往往失灵。

通过这六大背景及其格局的梳理，可以看清为什么过负在当今比以前、在城市比农村更趋强劲的原由何在。

一、二元社会与过负

二元社会是一个历史事实，但 1949 年后反而被人为固化。二元社会这里既指城乡二元，也指官民二元。这个二元的单向联通，主要靠读书。读书读好了，可以跳出农门，由农村户口变成城市户口，由乡下人变成城里人；读书读好了，也可以进入体制，由群众变成干部或准干部，甚至吃官饭。最不济也可进入正规国营单位，成为公家人，吃皇粮，名声好听，工作体面。因此，这个二元社会大背景及其格局下，读书或受教育一直承担着很大很重的向上流动和身份转换的职能；同时，教育不只承担向上流动和身份转换的职能，也在维护这个二元社会的格局。这一点，为最新的实证研究所证实：即教育并没有改变社会结构，而只是延续和强化了既有的社会分层。[1] 所以事实上，教育不仅表现出双重职能，也要设置明确的双轨制。

而过负，从文件上可以清楚看出，以前是针对全日制普通中学而言的，因为只有它才具有明确的升学功能。这一制度设置或通道，被杨东平先生称之为“接班人教育”，在改革开放前是十分狭窄的：1953 年“首批确定 194 所重点中学，占全国中学的 4.4%”，1963 年，全国“重点中学共 487 所，占公办中学的 3.1%”[2]；而上游的大学接纳能力更狭小了，当时部属高校就 200 多所，各个大学自身规模也很小。通道和接纳狭小，而期望进入的人口很多，那么考试、择校或/和升学竞争难免不发生，由此催发出过负及其相连的身心健康问题，也实属必然。

正因为二元社会的利益差明显，过负自 1949 年后还是马上就浮现出来。对此，1955 年就出台了第一个明确以“减负”为主题的政府文件，即《关于减轻中小学过重负担的指示》；并且，当时就表现为城市中的过负更为引人注目。这从本书第五章可以看到：引起毛泽东主席重视这一问题的引发校，就是城市里的中学。

二、改革开放与过负

改革开放从确立经济建设为中心，从有计划的商品经济到社会主义市场经济的变化，不仅意味着人才走出国门，也意味着资本走进国门。其最大的变化就是阶层的重构，利益差高度分化，贫富差距急剧扩大，以至于几近社会撕裂的程度。改革开放是从经济领域开始的，并主要发生在经济领域，所以一切向钱看，以发财论英雄的拜金主义，转化为社会主导价值观，也是势所必然。

改革开放最滞后的几个领域，一是政治领域，二是金融领域，三是新闻领域，四就是教育领域，所以教育也被称为“计划经济的最后一块领地或堡垒”[3]。教育属于开放范围和内容很小的一个领域，以至中国这个民办教育的故乡，却连土生土长的民办教育都很难再兴盛起来。这根子自然不在教育或民办教育本身，而在权力体制改革缺位，窒息了民间和外资兴办教育的健康能量；相反，却滋生了把教育当牟利产业，当成快速发财或捞一把就走这类机会主义办学行为。由于这个缺位，事实上是市场不如官场，市场受制官场，市场适应官场，市场也要取悦于官场，由此以发财论英雄的拜金主义，最后还是回归于以权位高下论英雄的拜权主义。公考热的背后，所支撑的不仅仅是期望得到可保太平饭的“官碗”之类小市民、小资分子的心态，也意味着依托体制实现飞黄腾达蝉变梦想或畅想裹挟其中了。

教育改革小打小闹，教育属于“说起来重要，做起来次要，急起来不要”的一块，所以与改革开放整体局势不配套、不匹配，欠账很多，民怨很大。甚至，后来也变成以产业化理论为包装而专掏民众口袋来拉动经济的手段，以至于教育被讥为“新三座大山”之一，老师被挖苦为“眼镜蛇”。由此，除了家庭经济实力足以支撑自己的孩子直入国外的教育，或者可以通过“拼爹”方式获取所谓优质教育资源的孩子，大部分普通家庭及其子女都要靠“拼分”“拼特”之类来获得稀少的“优质教育资源”。

无论过程性优质教育资源的稀缺，还是终端性优质教育资源的稀缺，无论是总体上的稀缺还是品种上的稀缺，面对如此庞大的中小学群体，都意味着考试、择校或/和升学竞争，以及最后的就业竞争，也意味着必然归于激烈，甚至残酷；而义务教育的固化，城乡差距扩大，东西部发展差距的扩大，包括发生不太久远的下岗潮，都在刺激并加剧这种读书及学业竞争。所以，除非预知孩子不是读书的料而尽早退出教育领域，否则难以不卷进就学竞争及其所催发的过负之中。

三、城市化与过负

城市化是一个历史趋势，与改革开放紧紧缠绕一体。其为沿海经济主要是外向型经济所拉动，也被城镇化政策直接推进，所以中国的城市化进程，三十多年来一致处于加速中，三十多年走了人家一百多年的路程。

据研究，“在 1978—1996 年间，城市化水平由 17.92% 提高到 30.43%，年均增长率为 0.76 个百分点，比同期世界平均城市化率还高一倍。1997—2008 年，城市化水平提高更快，年均增幅是前 20 年的两倍。到 2008 年底，我国城市数量已达到 655 个，城市化率达到 45.68%”，“全国城镇人口达到 6.066 亿人”。[4]中国社科院蓝皮书指出，“2011 年，中国的城镇人口比例达到 51.27%。从统计学意义上讲，中国已成为“城市化”国家”，蓝皮书预计，“到 2020 年，中国城市化率将达 55%，其间有 1.5 亿中国人将完成从农民到市民的空间、身份转换”[5]。

这就是说，中国已经有一半以上人口为城市人口了。在这种条件下，教育已经不只是需要向上流动和身份转换的通道职能，不只是造就人力资源的工具，同时它作为接纳大量儿童的社会空间职能大大突出出来了。为了维护城市社会的秩序，这种职能是必需的，不像在农业社会不是必需，尽管这一职能属于附带性质。教育改革没有主动应对这一趋势的设想和举措，没有考虑过这个空间应该具有怎样的性质和功能，政策上依然是培养人才或培养接班人或建设者的工具主义思路，而学校及其教师的行为上则是把教育当成夺分及其达成升学的工具和手段。

1949 年，中国人口只有四亿五千万，“中国的城市化率为 10.6%”，那时过负就发生了；而当前中国人口 13 亿，城市化率超过了 50%，这就是说，触发过负的动能基数极大地增加了。一些实证性调研也表明这一点趋势特征：就过负顽症，城市比农村严重，而城镇最严重。[6]

农村较轻，首先，农村家庭经济条件总体上不如城市，所以考试、择校或/和升学竞争的经济条件支撑不足，由此相对减少了可由家长或由老师强加或另加给孩子的额外课业负担；其次，这与农村家庭对孩子上学采取的是零和博弈策略有关，即能升学就支持，不能升学就退学打工。这使得不小的一部分农村家长对孩子上学采取自然主义态度，客观上就减轻了很多学生的课业负担及其心理压力。

城镇学校的过负显现最重，有这么几点原由。一是相对于主城区，可选择的优质教育资源要少，所以择校和升学竞争自然加剧；二是相对于农村，城镇家长对孩子就学采取自然主义的态度大为减少，因为城镇孩子很难或无法走退学打工谋生的道路；三是城镇人口中知识分子比例较高，这部分人口的价值偏好强化了对上学及其升学的选择，由此形成考试、择校或/和升学竞争的更强动能。总体而言，既然教育也是一个容纳空间，而这个空间彼此间本身的差异那么大，由此造成的出路前景差异更大，那么择校不发生是难以想象的。要通过考试、择校或/和升学竞争，乃至最后的就业竞争而博取体面民生，却又期望不形成过负，难以想象这一奇迹会发生。

城市人群的价值观相对来说要多元些，但追求体面工作和体面生活的诉求又相当一致。当今城市社会中，非体面工作与体面生活基本上绝缘，非体面工作基本上也为外来农民工所占据，而体面工作又不足以满足如此大城市人口的追逐，即便制定了一些非公平的政策来保护城市居民子女获得体面工作的优先权也无法满足。这种势态投射到教育上，加剧了城市中教育的彼此竞争性，更加剧了城市家长及其子女的择校性，而所择的方向和类型又是那么的相同或趋同，过负必然被连带出来。

可见，城市化进程加剧了过负的动能基数，反过来也表现为教育体制和制度陈旧，无法顺应城市化进程的新局面。

四、人口知识化与过负

与城市化进程紧密联系一体的，其实还有人口知识化进程。这个进程由知识化、专业化的用人政策直接推动，受知识经济的就业市场推动，也受知识精英的榜样引导。

据统战部称，截至2011年，“我国具有大专以上学历的知识分子共有11 964万人，其中党外知识分子占75.1%，数量已达8986万人”，[7]而改革开放初期则不到1000万人。[8]这就是说，知识分子人口趋近于总人口的十分之一了，30多年的时间，增长了近12倍；可以肯定地说，这个庞大的知识分子人口绝大部分都属于城市、城镇人口。就其职业构成，大都属于传统的文教卫生、科研、政府部门，其次是科技产业或新兴的知识产业，还有就是自由职业如律师、作家、设计师之类；从收入收益角度看，属于中等或中等偏上收入。

这一人口群的价值观基本上是小资口味，讲究享受和优雅，很少有激进的变革主张，他们是读书受教育的成功者，知道读书很苦，但成功后又为此脱离生活苦海而庆幸，所以这一阶层对待读书受教育形成了一种集体无意识的路径依赖，也是知识庸人的经验外推。读书是他们的立身之本，是他们脱离原有阶层和地域的飞毯，他们除了自己的头脑资源和勤奋外，没有别的外在资本可以凭借，所以对读书或教育持有一种本能的敏感性和接纳感。这种读书观及其价值观，投射到对待子女的读书受教育上，他们更在意对教育的选择和挑剔，所以大城市的居民及其子女对高职高专不感兴趣，除了这一种类教育成本高而在出路前景上劣质外，也是因为大城市中知识分子云集，后者的选择倾向左右了大城市居民的总体选择取向。

另外，知识分子人口阶层接近十分之一，但他们对待教育的价值观或趣味，对社会有巨大的辐射性影响；作为读书或上学成功的榜样，对左邻右舍和亲戚朋友更有直接的影响。就城市人口而言，可以说当今已受知识分子阶层的选择倾向所支配了。这与30多年前城市更多受“工人阶级”价值观的支配和影响已经完全不同了，因为这两者当今在社会中的地位恰好倒了一个个儿。如果这个阶层能获得并维持体面地位和体面生活，那么这种影响对社会而言，是一种十分积极而有益的影响；但如果权力体制、分配体制和教育体制改革长期滞后，那么这种积极而有益的影响，实际上也等于是给考试、择校或/和升学竞争增添了榜样动力，自然也给催生过负注入了强劲动力。可见，过负在改革开放后三十多年的时间内高烧持续不退，跟知识化人口膨胀是联系在一起的，跟这个阶层个体遵循现有约束条件所作出的选择倾向性，最后聚合成了社会总体性选择的主导趋势强烈相关。

这个责任似乎不在知识分子，而在于决策阶层。但说起来，当今的决策阶层已经都是知识分子了，连官员群起追逐博士学位也不再是新闻，所以这个责任归根到底还就是知识分子的责任。何况现在的所谓公共知识分子，对社会行为选择具有很大左右作用，所以说到底，依然是知识分子的责任。

但对社会尤其对教育来说，中国知识分子的公共责任伦理缺失，价值观混乱，独立人格匮乏，是社会及其教育趋于劣质化的一个致命因素。

五、下岗潮与过负

20世纪90年代中期，“国企改革”开始，按照“抓大放小”的原则，实现“规范破产，鼓励兼并，下岗分流，减员增效”的举措，伴之而来的就是“下岗潮”，被称为“是计划经济向市场经济过渡不可逾越的阶段，是改革中的‘阵痛’”。[9]

这一过程，经过各个不同利益群体的复杂博弈，导致了阶层或群体利益的高度分化和固化，垄断性行业和企业由于国家政策和资金的支持，形成市场支配性企业群体，其中的正式职工类似于“工人贵族”，而非垄断性或所谓竞争性企业则依据市场原则进行破产或兼并，员工则称为社会人而不再是原来形态的“单位人”而实行下岗切割，从而形成了依靠“最低生活保障费”生活的底层人群，甚至是“上访人群”。这一“抓大放小”过程中，出现了“打包廉价拍卖”浪潮，由此形成了一批“一夜暴富”人群，而垄断企业实行所谓与“国际接轨”的“上不封顶”分配政策，业内高层与职工收入差距之大令人瞠目，与社会最低工资相比，则更是天壤之别，高达百倍或上千倍都有。

因此，高度分化和扩大的利益差，仅仅在企业这一块也极为醒目，而下岗群体则成了利益差最低端群体，即便依然挂着“领导阶级”的桂冠，也无奈体面失落的真实窘迫。在社会上，家长告诫子女不要当工人，已成为共识。

与此稍后，从政府部门开始，各行各业也开始了“人才高消费”，[10]出现不是名牌大学的不用，不是硕士、博士不用，不是海归不用的潮流。这主因是体面岗位稀缺，但对教育而言，则明确预示了出路前景何在：不同种类教育，不同学校教育，不同学历教育，其不同出路前景的展示却十分清晰。

教育上的出路前景，对考试、择校或/和升学竞争是正面拉动，而“下岗潮”则是从背面反推。“再就业”之类的“救助岗位”是僧多粥少、杯水车薪，对大多数下岗家庭是聊胜于无，无法化解下岗潮带来的生存恐惧。全国下岗人群几千万，他们要资本无资本，要技能无技能，要关系无关系，要年轻已不年轻，唯一剩下的就是子女的头脑资源，并对这一资源还抱有一定的“翻身”希望和期望。因此，下岗潮这一股背面推动力对考试、择校或/和升学竞争相当巨大，是从背面给本已不轻的考试、择校或/和升学竞争态势又一力推。

过负在城市要严重于农村，与这一背面推力的突然加大是密切关联的。

六、经济发展的低价战略与过负

中国经济增长动力是投资、出口和消费三驾马车。其中最大的归“出口”引导的外向型经济，并且主要以沿海地区为依托。投资是指“财政支出，即政府通过一系列的财政预算包括发行国债，对教育、科技、国防、卫生等事业的支出，是辅助性的扩大内需”，但主要是靠对“基础建设”和房地产投资，对教育、科技和卫生的投入其实是一直徘徊不前。例如，国家财政对教育投入就一直达不到GDP的4%水平。这一点投入不足常为人诟病，但其实不完全取决于政府良心，也有缺乏客观需求的原因在内。

消费主要指国内消费。消费不足这一块一直是一个心病，但这是将个人原子化成功实现而相应的社会化滞后所致，所以面对教育、医疗和养老的家庭承担份额越大，那么在未来的收益前景不确定增大的条件下，穷人依然是无钱消费，中产半中产是不敢消费，少数大款或豪富即使奢靡消费，也无济于事。

因此，中国经济的增长和发展还是靠出口。出口之所以成功，则是因为有低价优势和政策优惠。政策优惠的优势涉及交易成本的降低，主要是针对外资，“招商引资”主要靠这一条；而低价优势则涉及物力资源，也涉及人力资源，这有利于资本收益的最大化。所以低工资、低保障和低人权的人力资源战略必然成为外向型经济的普遍选择，这也是外向型经济的基本特征。当然，低价战略设定是一回事，而低价战略可行则是另一回事。事实证明，这个低价战略是可行的，更是成功的，可行并成功的依据恰恰是二元社会这一前提的存在。二元社会的农村恰好拥有大量劳动力并需要吸纳它的空间这一客观事实，从而构成对低价战略的强力支撑。而外向型经济的劳动密集型模式、产品初加工特征等，也最能吸纳大量低价劳动力，所以外向型经济以农民工为主体也是势所必然。

这个趋势和特征，一方面促进了城乡流动和城市化进程，另一方面也扩大了城市与农村的发展差距，扩大了城市与农村的收益差距，所以“城市像欧洲，农村像非洲”景象出现了。结果是，“旧三大差别”还没有消除，“新三大差别”则形成了。[11]这个低价战略，也导致在城市中，非体面工作为外来农民工一扫而光，主观上是城市居民及其子女不再乐意从事非体面工作，客观上也是其不具有这种竞争实力；何况，非体面工作也不足以维持体面生活。

对教育而言，这一低价战略的负面影响则相当大。一是导致农村家庭对教育无力重视和无需重视，转而导致当地政府尤其是经济不发达地区的政府对教育的不必重视和无需重视：因为需求不足，只要满足“两基”任务或中小学教育，就足以作为劳动力向外输出。二是对绝大部分城市居民而言，教育陡然成了争夺体面饭碗的主通道而过度重视教育，甚至成了高压性的教育。当然这不是一般化地重视教育，而是极端重视可通向体面饭碗的课程及其学习，从而更是加剧了考试、择校或/和升学的畸形竞争。

由此，过负及其连带的多危风险也随之而来，城市的过负尤为显眼，并且难以遏制，则是自然而然之事了。

七、本章小结

改革开放以来的几大社会背景及其格局，对教育的影响及其对过负的产生，从动力方向上讲，主要是拉力和推力两个方向同时加力。利益差扩大和加剧，不仅导致社会阶层分化，也直接导致教育资源的高度分化，从而导致不同教育之间的出路前景高度分化和扩大。这一前提事实存在，在信息社会中，无法阻挡人们由相同期望所形成的择校浪潮，也无法阻挡考试及升学竞争的扩大或加剧。

从以上的分析可见，由新旧背景交织形成的总体背景及其格局，表现为这样一对矛盾，即对优质民主资源及其过程性优质资源争夺的人群基数极为扩大，而对日渐扩大的城镇居民而言，则表现为教育出路前景和就业选择上的选择——除了“出国”这一条路径增加了之外，其他则大为缩小了，甚至像过去年代那样的退路都没有了。这个总体矛盾，是催产当前求学竞争及其过负的总根源，也是单靠教育改革或课程改革无法解决的根源。

当然，外因还要通过内因起作用。这个内因分几个方面：一是教育自身的制度设置，二是教育教学围绕考试及其分数运转的应试逻辑，三是教育主管部门对优质教育资源偏爱和割舍的暧昧态度。下章，简要梳理教育自身对这些大背景及其格局的应对性反应，其中的悖论行为和模式就决定了它自身无法解决过负，而变成了加负的内因根源。

参考文献

[1] 李中清，等．无声的革命：北京大学与苏州大学学生社会来源研究（1952—2002）[M]．中国社会科学，2012（1）.

[2] 杨东平．中国教育制度和教育政策的变迁（二）[OL]．中国语文课程网；数据来源于：中国教育年鉴（1949—1982），第 168 页.

[3] 赵颖．对中国教育现状的忧思——三位教育专家访谈录 [OL]．百度文库．http：//wenku. baidu. com/view/b0fa7cd5195f312b3169a5ef. html.

[4] 李京文．中国城市化进程回顾与前瞻 [J]．中国城市经济，2010（9）.

[5] 中国社会科学院．国际城市发展报告 2012 [M]．北京：中国社会科学文献出版社，2012.

[6] 北京教育科学研究院基础教育科学研究所．减负新探 [M]．北京：北京出版集团公司北京出版社，2012：180－182.

[7] 崔静．中央统战部：中国党外知识分子数量近 9000 万人 [OL]．新华网，2011. 8. 18. http：//news. xinhuanet. com/politics/2011－08/18/c_ 121879715. htm.

[8] 市场经济条件下党外知识分子队伍的新变化 [OL]．中国共产党新闻网．http：//cpc. people. com. cn/GB/64107/65708/66072/66090/4471845. html.

[9] 朱隆基．认真贯彻十五大精神，积极落实关于经济体制改革的各项部署（1997－12－11）[M]．新时期经济体制改革重要文献选编（下）.

[10] 关桂峰．调查显示近七成企业学历虚高 [N]．工人日报，2006－02－16.

[11] 王海滨．如何消除和谐社会构建中的“新三大差别”[J]．商业时代，2007（14）.

第十二章　教育自身的内因作用

上一章分析了过负形成的大背景及格局。这些大背景及格局透过家庭、学校、市场或透过家长、教师而对孩子的学业或学习形成推力和拉力。这些动力要起到实际作用，还需要通过教育自身的内因。

这个教育上的内因既表现为教育优质资源的不均衡，也表现为资源配置制度的不合理，更表现为“优先发展”的不到位；既表现为高教大扩招不能适应和促进经济结构转型的要求，也表现为不是减缓而是更激化了来自于基础教育的竞争或追逐；既表现为基础教育阶段教育教学围绕分数运转的基本逻辑激活和强化，也表现为从小学开始到高中的“牛校”或优校升学链的形成和固化，体现为基础教育各阶段对升学需求和上游阶段教育的适应和服务。当然，在择校强劲的态势下，优质教育资源更意味着强大的卖方市场及其巨大的经济收益来源，所以也表现为教育主管部门对优质教育资源垄断的偏爱，以及难以割舍的暧昧态度。

这里梳理教育自身上的背景因素和制度因素，由此可以厘清触发过负的内因。这些内因，有的对下游阶段教育的应试逻辑构成强劲支撑；有的对家长或教师的挣分行为形成强劲支撑；有的对形成升学率政绩或业绩形成强劲支撑。

一、高教大众化的实现及其诡异悖论

从1978年第一届全国统一高考正式启动后，高考及其上大学就成为中国社会、政府、学校及家庭的一件中心大事。高考及其上大学被比喻为“千军万马过独木桥”，其景象状如“动物世界”里大迁徙的角马奔腾，势不可挡。面对如此的求学需求，中国高等教育的应对或改革，可以说是十八般武艺全上阵，令人眼花缭乱。有民办高校兴起，有一本二本三本的分别，有高职高专的半壁江山，有名校办分校，有自学高考，有成人高考，有电大教育；还有连通国外高校的联合或合作培养，等等。总体而言，接受高等教育的通道很多，并且高等教育的种类也很多，而建立所谓职教、高教“立交桥”的设想及其呼声也一直不断。这其中，对中国社会及其教育自身影响深远的重大举措，就是高校收费和高校扩招。

（一）超高速的高校大扩招

中国高考录取人数1997年首次达到100万，从1977年算起花了20年时间，这种增长大致可以认为是自然增长。“1998年我国的大学生在校人数只有780万，占同龄人比例为9.8%”，[1]达不到高等教育大众化的底线标准即15%。1999年为扩招第一年，按当年统计，全国普通高校招生160万人，比1998年增加了52万人，增幅高达48%。2001年录取260万人，录取率首次突破50%。2007年考生人数首次接近1977年的报考人数1100万。2011年考生数为933万，录取675万人，录取率达到72.3%。[2]有的地区如山东，2011年计划招生（本、专、高职）录取率超过96%。[3]

以上增速，可以用“超高速增长”来形容。中国高等教育毛入学率2011年达到26.5%[4]，这就是说，只用12年的时间，高等教育毛入学率就从9.8%（1998年）上升到了26.5%（2010年），超过了高等教育大众化的中线水平。个别大城市，尤其是北京，2003年其高等教育毛入学率就达到52%[5]，早早跨入高等教育普及化阶段。

（二）扩招与过负：双双飙升

大扩招的积极理由据载主要有四条，其中一条是为全面推行素质教育考虑的，即“过去招生比例低，录取人数少，考大学难，迫使基础教育集中力量应付高难度的考试，因此影响了素质教育的全面推行”；[6]此外，还有一条消极理由，即孩子高中毕业就不了业，又上不了学，放在家里大人不放心。[7]

从以上数据看，计划招生的录取率相当高，尤其是大城市，所以考大学及上大学应该是不难了，而通向高等教育的通道也很多，甚至扩展出国外通道。高等教育的种类则更是琳琅满目，可以各取所需。按理说，发生在基础教育阶段的考试、择校或/和升学竞争的热度和烈度会下降，素质教育有了推行的良好背景和前景，过负起码应该有很好的缓解或改善。然而，从1999年以来，奔腾的高校大扩招与基础教育中的过负，恰如两股道上跑的车，各行其轨，并行不悖。也就是说这一举措，并未改变基础教育中的应试取向及其逻辑，并未成为基础教育中全面实施素质教育的助力，即便基础教育中还有“课改”的直接动作配合，问题也无改善；相反，教师中还有“自课改以来，减负越减越重了”的感觉和体会。

扩招与过负，原以为会出现一个“此起彼伏”的善果，现在则成了“双双飙升”。为什么会出现这种悖论？其实并不复杂：通向高等教育的通道虽然很多，其种类也很多，但它们彼此之间的出路前景差别太大。即便从体面工作、体面生活，以及好一点的发展前景看，彼此之间的差别也太大。就业市场上的以学历取人相当严重，尤其是市场高端或政府用人以特定学历取人，更是率先示范。这种就业市场信号，对教育及其求学导向的驱使相当大：人们改变不了就业市场趋势，自然只能改变自己以适应它，而改变自己以适应就业市场趋势，就不得不进行升学和择校竞争，而进入可以获得理想学历文凭的重点大学是关键。

因此，高校大扩张其实只满足了前面说的消极理由，而对满足积极理由即“全面推进素质教育”则起不到激励作用。另外，高教的这种大扩张与中国经济发展的基本战略及其模式也并不符合，所以其中一个必然的结果，就是不断制造并累积大批的教育无产者。[8]

二、高校收费、高校的分化及其出路前景对比

这里对高校收费、高校的分化及其出路前景对过负的关系及影响作出分析。

高考制度对下游阶段教育教学的指挥棒作用，其背后隐藏着很多经济和非经济的内涵，而不仅仅是高考制度本身。

（一）高校收费的影响

高校收费比高校大扩招要早，起先是“双轨制”，从1994年起并轨而实行统一收费制。[9]理由有两个，一个是财政承担不起，一个是公费导致学生不珍惜大学的学习时光。[10]高校收费从理论上讲，会抑制上大学的需求和冲动，尤其是对中低等收入的家庭而言影响为大。但关键并非是收费，而是成本和收益的对比，即毕业后的收益大于上大学的成本支出，那么即便收费，也不会抑制多少上大学的需求和冲动。何况，实行收费制后，还有一大套补救办法，如奖学金、勤工俭学、困难补助、助学贷款，等等；尽管这些补救办法自身也一直存在操作复杂和总量杯水车薪的问题。

更重要的是，不上大学的话退路怎么样？在哪里？如果没有退路或其他适宜的选择，只有这一条上大学的主通道，那么即便高收费，也难以抑制上大学的需求和冲动，相反更刺激起“搏命”或“拼命”的升学竞争。某种意义上讲，过负就是“搏命”或“拼命”的直观显现。

当然，这一收费政策对农村的影响倒是强烈地显示出来了。据专题研究，不仅仅是北大、清华，中国国家重点大学里的农村学生比例自1990年开始不断滑落。[11]这意味着“知识改变命运”或“寒门出贵子”历史，真的成为久远的美丽传说。不过，农村子女向上流动进入高等教育的大量减少，也是为另一出路的拉力所致，即进城打工，尤其是沿海及其外向型经济对年轻农民工的吸力巨大。[12]因此，高校收费对过负来说，在农村则起到了明显的抑制作用，即通过抑制求学动力和竞争而减少了农村孩子在课业及其学习上的过多耗能和耗财；总体而言，这是农村学生课业负担较轻在大背景及其格局上的原由。换言之，相对而言，农村子弟的出路反而显得更多一些：升上大学，进城打工，留乡务农，并且还有一亩三分地的土地权保障。这一土地保障绝不仅仅起心理保障作用，在市场经济条件下，是一些城郊结合部农民家庭由此一夜暴富的珍稀资源。

对城市而言，高校收费不仅没有降低上城市家庭子女上大学的需求和冲动，反而更加剧了考试、择校或/和升学的竞争烈度。其中原因：一是农民工性质的工作及其待遇，不是城市家庭子女的主选。例如，广州一项调查显示，仅有1.4%的中学生愿意当蓝领技术工人[13]。二是高校的分化在各自毕业出路前景上的差别十分明显且突出，由此反馈，更强化了下游阶段教育对考试、择校或/和升学的竞争。笔者承接过北京市“十一五”哲社重点项目《首都高等教育发展战略创新》，问卷调研显示：北方地区和北京地区高三学生选择高职高专的有效频率合计不超过6%；北京市更低，不超过5%。这数据极为一致，不分地区，也就是说，只要进入普通高中的圈子，那么绝大多数学生的求学目标从一开始，就排除了对高职高专的选择。[14]

可见，升学或就学竞争目标是多么趋同和狭窄。所以，高校收费政策，对城市居民而言，客观上起不到有效抑制择校或/和升学竞争强度的作用。

（二）高校分化对过负的诱发效应

中国高校的分化，主要取决于政策力量与历史资源的结合，其中最主要的则是“985”大学和“211”大学的设计。❶ 这两者也是单向重叠的，即“985”大学基本上也是“211”大学。

“985”思路就是想造就中国的哈佛、斯坦福或中国的牛津、剑桥，而其本身也已是中国高教史上名声或排位上数一数二的大学，如北大、清华、复旦、浙大、厦大之类。“211”即包括100个重点学科，也包括100个高校。这一百所大学，构成中国高等教育的顶部结构，而“985”大学就是这一顶部的塔尖，有39所。余下的就是地方大学和高职高专中、底部结构。据载“中国独立设置的高等职业院校发展到1168所，当年招生283万人，在校学生达到861万人，约占普通高等院校招生和在校生数的一半”[15]；而社区学院、成人高教、自学高考之类，算是高等教育底部边缘衍生部分。

据教育部网“2009年具有普通高等学历教育招生资格的高等学校名单”，大陆高校数量达到了2380所，主要包括普通本科院校（共770

---

❶ 这种设计思路与基础教育中的重点校或示范校的设计思路其实是一样的。只是高等教育不是义务教育，所以对公平、公正的脱敏度高，从而这种制度设计获得一致叫好的声音会多些。这里姑且不谈这类问题。

所），普通高职院校（共 1207 所），经国家批准设立的独立学院（共 318 所），以及经国家审定的分校办学点（共 85 个）。按照这个名单，那么从“985”大学到高职高专院校，就是一个十分典型的宝塔结构：100 所“211”大学——其中有 39 所 985 大学，670 所普通本科大学，1600 多所高职高专、独立学院和分校办学点。按照一本、二本、三本的录取分数线，有的相差 100 分左右。录取分数各省市不同，各校不同，各专业也不同，但假定塔尖的大学总是收割高考状元——这已是事实，也有很大的合理性——，那么这就意味着瞄准“985”大学和“211”大学的竞争十分激烈，尽管现在进入高等教育的通道还有自费留学的通道，但这并不能降低多少瞄准塔尖的竞争动量：因为即便对那些有志留学的高中生来说，“985”或“211”大学不是首选校，但它们也一定是首位备选校。

从规模上讲，2009 年普通本科高校校均接近 13000 人，那么 100 所“211”大学学生规模就有一百三十万。是年“全国各类高等教育总规模达到 2979 万人”[16]，约占总规模的 4.36%。按“普通本科、高职（专科）在校生达 2231.8 万人，比上年增加 87.1 万人”，[17]折算后，约占折算后总规模的 5.82%；按高职高专占一半的估算，约占折算后平分规模的 12.1%。这就是说，将“211”大学总规模和折算后平分规模都除以 4 后，两者再相除，那么 2009 年度能上“211”大学的本科人数，大约只占上本科大学人数的 11.65%。由于是统一高考，主要是分数说了算，即便假定每年近千万考生中只有 1/2 的学生，在高中阶段具有争取进入 211 高校的动机，而 100 所“211”大学当年招收约 30 万新生，那么竞争力度也高达 6% 的程度。这个竞争难度，只比改革开放初期 1977 年高考 4.8% 录取率降低一些，[18]而都高于尔后的录取比例。

可见，高考这一制度只是满足和适应高校资源分化和分配的现实，对下游阶段教育的指挥棒效应却只能固化和强化，而不会日渐降低。其结果，原来是笼统的高考升学率，演变成“名高校升学率”，再演变成“两校升学率”。这就是高考指挥棒支配和驱动基础教育适应和满足高校新格局和新体制的典型表现，也就是说，恰恰是高校的新等级制度通过高考更加剧了基础教育的择校和升学竞争强度；而在如此新等级体制并由此诱发的竞争强度下，却期望降低难度优先的高考思路，从而起到减负效用，就近乎天方夜谭了。可见，高考制度改革根本就不是可以孤立进行改革的事务。

（三）高校分化及其出路前景对比

高校的类型分化和层次分化，其实也明显意味着出路前景的分化及其扩大。第一个是总体性影响，即名校或重点大学对社会产生的“几多”示范：成为公务员和大官的多；出国留学或发展的多；进外企成为白领、金领的多；产生富翁的多；总体看，也就是所谓政治精英、经济精英和知识精英这个“三多”。第二从就业率影响。扩招政策对高校办学影响巨大，随之而来的就业率指标，成了悬在高校头上的达摩克里斯剑，以至于高校办学基本上要跟市场同步，大大强化了办学的短期行为。不过，就业率指标一定程度上反映了高校的出路前景差。

教育部调查显示：“重点大学就业率90%”[19]，“高校毕业生的学历层次越低，即时就业率越低。1998年，专科、本科、硕士和博士毕业生的即时就业率分别为43.5%、75.7%、86.9%和90.7%。不同学科和专业之间就业率相差很大”；“本科院校中，高者如全国重点大学或地方名牌大学就业率在90%以上，低者甚至不到50%”；“从毕业生择业的行业结构看，尽管近年来在非国有部门就业者有所增加，但国家机关和国有企事业单位仍然是吸纳毕业生的主要领域。”[20]

以上是1998年的情况，尔后教育部公布有专业排名，未查到高校排名，但网上有公布2010年就业率前十名大学可以作为参考：北京7所，上海3所，均为211大学，其中985大学占多数。因此，上大学看牌子，看专业，还要看地域，成了求学选择的基本功。当然，就业率是水分很大的指标，按专业区分则更为复杂，受市场景气状况制约更大。就教育部对就业率低于60%的专业减招停招的规定看，就业问题一直是扩招以来最头痛的问题，因为它涉及“维稳”这个首位问题，以至于教育部不像教育部而倒像“劳动就业部”了，大学则更变得像职业培训机构。总体上看，高校分化产生的出路前景差别相当明显，也相当大：一部分人毕业后可以拿高薪，另一部分只能拿低薪，再一部分只能成为薪水时有时无的“蚁族”，最后不小一部分只能无薪啃老。这其中还不包括进入重点大学所自然延伸出来的边际优势之类，如学业发展优势，即继续上硕士、博士的优势，而高职高专只是“高考失败者的收容所”[21]，自然不拥有这些边际优势。

上大学为居民尤其是城市居民既定的选择，而大学的出路前景差又是如此之大，那么人们会做出什么样的行为选择呢？一个是因绝对无望而早早放弃考大学的念头，另一个是都抱着一线希望而靠一路拼分去奔重点大学。后者是当前的主趋势，而过负就发生在这样的一个主趋势之中。

（四）高校的质量差及高考竞争

由于政策和市场的双重驱动，近一二十年来高等教育体系中的升格潮十分强劲：专科的要升本科，学院的要改名为大学，多科大学要升格为综合性大学，没有研究生的要招研究生，没有研究生院的要办研究生院等，不一而足。这还是体系内的变化，好听的说法叫“内涵发展”，而突破体系界限的浪潮更是强劲：一夜之间，搞一个组建，翻一块牌子，班子还是原来的班子，人马还是原来的那些人马，却如神奇魔术，立马乌鸡变凤凰，中专变高专，技校变高职，高等教育大国立马呈现。罩在“发展是硬道理”的大旗下，华丽转身的合法性、正当性获得，一切都显得顺顺当当。

据专家梳理，中国的高等院校“到 1965 年，调整后变成 434 所。经‘文革’十年到 1977 年‘拨乱反正’后是 404 所。1985 年、1993 年关于高教改革的纲要出来以后，加上教育主管部门的操作，中国的高等院校有了很大的发展，但到 90 年代后期，高等院校一直保持在 1000 所上下。据吴启迪副部长在 2005 年夏天一个国际研讨会上透露的数字，到 2004 年为止，中国的高等教育机构是 2236 所，在校生 2000 万”。[22]

这就是说，与 1977 年比，2004 年时高校翻了 5 倍多；与 20 世纪 90 年代后期比，不到十年的时间里翻了 1 倍多。虽然“高等教育机构”与“高等院校”不完全等同，但说高校数量近年来快速增长依然是正确的事实判断。其中，民办高校的兴起是一个增长点，高职高专是另一个增长点；高校条块管理体制打破后，地方办高等教育的权力增大，地方高校是又一个增长点。这其中会有交叉，前两者之间尤其是后两者都会有交叉，但各自又有很大的独立内涵，所以高校或高教机构增长有三个增长点，甚至不止这三个增长点。有三个增长点，想要高教不“大跃进”，怎么可能？

据研究，高职高专院校自1999年全国高校扩招以来，“从中专、技校升格或者新成立了许多高职高专院校。到2006年，高职高专院校已从扩招前的386所增加到1091所，占全国高校的60.9%；在校生数达到713万人，占全国高校在校生的47%”[23]。有的文章中数据更大，时间也更早：“2002年底，全国独立举办高等职业教育的院校已达1374所，占全国高等院校总数的68.6%；高职高专院校的在校生约为781万，占全国高等学校在校生总数的53.4%。”[24]这就是说，按前者是七年间翻了近3倍，后者是三年间翻了3倍多；这个数量比教育部网2009年的数据“1207所”要大。显然，高职高专校的准确数据是不会有的，但以权威性大一点的教育部网2009年的数据为基准，十年间高职高专校也翻了三倍，而且这个势头仍在继续。这些数据表明，所谓的高职高专“半壁江山”，大部分就是通过翻牌而变来的“江山”。

“到2006年底，全国现有独立设置的民办高校278所，在校生达到了133.8万人。”[25]民办高校发展遇到了扩招的寒流，也遇到了政策支持不到位、生源下降，以及自身素质跟不上的瓶颈问题，发展势头受阻。即便如此，这也可算是快速增长了。

这些一夜或几夜之间冒出来的高校及其高等教育质量怎么样？没有准确的评估。即便评估，也未必准确、可靠。其实，无需专门评估，用常识去判断也八九不离十。尽管高等教育与中等教育并没有绝对的界限，这个界限在历史上也是动态变动的，高等教育的台阶更非高不可攀；但有一点可以肯定，即现在的基础教育知识容量大大上升和扩展了的前提下，那么这种一夜或几夜蝉变方式而成的高等教育，显然不大会赢得求学者的尊重，更不会主动去选择。

另有一些材料，可从经费侧面窥看到高校质量差极为巨大。“据统计，2002年中央部委院校有111所，地方高校为1285所，即地方高校比重占92%。但是地方高校得到教育经费仅占全国高校经费的57%。即便这57%，由于经费来源为地方财政拨款，到位率并不理想：能够完全到位仅占7.41%，基本到位和难以到位各占58.33%和27.38%，其余7%的高校拨款不能到位。而恰恰这些地方院校由于科研和产业量小体弱，自筹能力较差，使得我国中小型高校包括‘下放管’和合并管理的高校办学经费十分紧张。以某直辖市为例，国家对少数重点大学一年投入8个亿，而地方高校平均才4千万元，悬差20倍。一边吃‘哈根达斯’，一边只能吃‘盐水棒冰’。这类学校的公用经费、社会保障费用的开支与财政拨款数缺口高达50%。”[26]这里反映的情况也有例外，如有的原属部管高校下放给地方后因“祸”得福，所得经费和其他支持比原先要多要好；但总体看，的确是“985”嫡系大学获得的各种资源优势巨大，从而其质量保证系数大。[27]

高校扩招是一种行政行为，所以对那些具有历史积淀的重点大学来说，也存在一个优质资源释稀的问题；这导致一些优质生源不再青睐这些大学。但从比较优势来看，它们毕竟比一夜或几夜之间冒出来的民办高校或通过翻牌而成的高校要强不少。另外，高校的学费收费制度确立后，必然导致家长对高校的性价比估值动机大大上升。同样的费用，甚至更高的费用，但性价比低，那么作为求学者会做出什么样的选择呢？自然是会努力追求性价比高的大学，首先是追求那些“985”大学、其次是“211”大学，再次是追求普通本科校，再次的再次是高职高专，等等。尤其在高等教育与整个经济结构不匹配、不吻合的条件下，上大学主要出于自身就业价值的保值、增值动机，那么求学者的选择必然受对高校质量差所做出的性价比估值判断所支配。

因此，高校数量大增长及其规模大扩张，其实起不到降低下游阶段教育在考试、择校或/和升学上竞争强度的作用。这种政策思路没有顾及高校质量差的存在及其悬殊，会导致求学者选择趋于强烈集中这一道理。这跟大城市的中学普及了，高中基本普及了，但仍要择校是一样的道理。所以，高等教育大众化是实现了，但缓解下游阶段教育过负的作用却没有出现，悖论出现了。

素质教育也好，新课改也好，离开了“教育是一个整体”的认知，不考虑高教质量差巨大这一局面的制约，没有不碰壁的。

（五）高校分化及其求学成本差

高校扩招中，冒出了一批独立学院或分校。就学费来说，高职高专的收费如是正规的统招生，学费与普通公立高校差异不大，在

4000～5000元；如果是民办的要贵不少，“民办大学专科专业人均学费是：理科约为7600元，文科约为7500元”，“本科专业人均学费是：理科约为11 100元，文科约为10 500元”；[28]最贵的就是招收三本生的独立学院，在15 000元左右，艺术类的高达3万多元。[29]

收费研究由于来源信息缺乏透明度以及完整性，所以准确性是非常不高的。但就基本规则看，民办高校或独立学院按市场化规则收费，而公办高校按成本分担规则收费，这一点大体可以肯定。并且，在现有体制框架下，后者的收费受政策控制的地方多，所以总体而言其收费标准处于下位，这在事实上是成立的。尽管如此，普通公立高校并非是“谦谦君子”，其利用自身的历史声誉和资源优势，在争夺低端生源方面如成教和高职生源一样十分卖力，其动机十分简单明了，无非是多招一个就是钱。这是引发低端性高校，尤其是民办高校非常不满的地方，[30]也是普通本科校的扩招从1999年起，远高于专科院校的原因之一。[31]

这就是说，出路前景好的大学收费低，而出路前景差的高校或大学其收费高。这不合乎市场规律，也是中国高等教育改革的荒谬之处。但不管如何荒谬，只要这个事实存在，并且也不是求学者所能改变，那么它就不能不对基础教育在考试、择校或/和升学上的恶性竞争，提供事实依据和诱因拉力。

三、小学、初中和高中的分化及其择校

中国的基础教育，从1980年开始，从重点小学、重点中学发端，中经择校追捧，开始向均衡化发展，像是否定之否定的轨迹。本部分简述基础教育自身中与择校、应试训练及其过负十分密切的几个更直接的制度内因。

（一）重点学校制度

据载，1977年，当时领导人倡导“办教育要两条腿走路，既注意普及，又注意提高。要办重点小学、重点中学、重点大学。要经过严格考试，把最优秀的人集中在重点中学和重点大学”。[32]到1980年12月，

“中小学学制由‘文化大革命’中的10年恢复为12年，并在中小学重新建立重点学校制度”。[33]❶

但在利益驱动下，这种重点学校制度已不只局限于学校层面，也扩展到班级层面，所以有“重点班”或“实验班”的各类创设。《义务教育法》修订草案于2006年9月1日正式执行，不仅意味着重点学校与非重点学校的制度要取消，也明令现行小学、初中的重点班全部取消，但在现有的政策环境和市场环境下，实际上是取而不消。所以，这个起点，不管当初的合理性有多大，但对基础教育后续变化、发展以甄选为重的根子则深深地埋下了。

（二）示范校制度

示范校制度作为重点学校制度设置的替代品，起始时间大约是在20世纪末开始的。示范校制度是一个很复杂的制度设置，由高中开始，并一直下移到小学；本身又有行政级别的差异，如国家级、市级和区级示范校之类。还有从内容上的区分，如素质教育示范校、教学示范校、语言文字规范示范校或红领巾示范校，等等，真是五花八门，创新无限。

示范校是一个政策支持点，也增加了新的使命点：“示范高中的另外一个特别之处就是开放式办学与辐射作用。简单地说，不只要自己的学校好，还要带动一批学校，服务于社区，这也是以往重点高中必需肩负的使命。”[34]这个设想与当初“先富带后富”的设想其实是一回事，但动机上的确把以前从重点小学、重点中学到重点大学一线贯通的思路做了切割，因此设置上取消了“完中”模式而要求示范高中为独立高中模式。不过，既然可以切割，自然也能联通，变换一种方式如“名校办民校”就能自然联通，这样不仅可以享受示范校的政策支持及其连带的一系列好处，也可以满足市场的需求和自己培养上一贯到底的优势，好处是几头不落空。

示范校的政策动机与均衡化有关，但实际结果却正相反。正如有的

---

❶ 从指导思想上，这种制度设置也是“娃娃论”的具体体现。“娃娃论”不是科学论断，对基础教育的影响很不好，是基础教育中过负生成的一个思想源头。

校长所说：示范校的硬件建设导致“财力的集中，使教育均衡化成了空话”。这一点也许可以归咎于操作层面上发生的问题，但更明显的一个问题是，示范校依然延续着“马太效应”的惯性而行进，这只要看看示范校的前身大都是什么学校就可以了。其实，大部分还是由原来的重点校变换过来的，它们也更有实力和关系变换过来。如果说变成示范校后，应试教育会改观，择校浪潮会退潮，从而过负会减弱，那么这是好事；但事实上，三个五年计划都过去了，结果并非如此，所以示范校的政策初衷及其设计是值得反思的：示范校到底示了什么范？在当前的政绩观约束下，它又能示什么范？

（三）名校办民校

名校办民校的叫法很多，有的称“改制学校”，有的学者干脆称“一校两制”，老百姓则形象地称为“校中校”。就其实质来说，就是公办校办民校，名校的起点只能是公办校，因为当初基础教育中没有后来所称的那种“民办”。

据《百度》文库称，这一办学形式与《关于“中国教育改革与发展纲要”的实施意见》所倡导的“民办公助”“公办民助”等多种办学形式有关，原本针对基础薄弱校的“学校转制”的改革演变而来。[35]就动因而言，不一而足。有的是从“实验班”被择校追捧而来，择校生变成择校班，最后无法容纳了，就变成“校中校”[36]；有的则是示范校建设中取消“完中”的政策所致，也就是高中校为了保证自己高考升学率而在初中挑选相应的生源所致；有的纯属从改善教师员工待遇的角度考虑[37]。当然，也不排除借此大发教育财的动机存在。

名校办民校，表面看起来可以促使所谓优质教育资源的扩散，但这也意味着优质教育资源的释稀，所以母本校实质上是不会松动的，最多是挂牌效应加教学指导为多。这是一。其次，名校办民校同样强化并固化择校的惯性，愿意选择它也是冲着上高一级的母本校而去，所以从效果看，它并不能改善或缓解择校的问题，相反是把择校在通道上更予以合理化了；而母本校之所以为名校，就是因为其高考升学率高，进入重点大学甚至进入“两校”率高而已。即便像新树立的素质教育或新课改

的某些正面的新典型，其实也不敢不抓升学率的。❶

（四）超级中学

超级中学是高中阶段的现象，恰好与均衡化政策相反，它是最优质教育资源的吸口。由于高中阶段不属于义务教育，所以这种做法似乎不违反政策。超级中学由地方政府全力打造，又以产业化思路经营和发展，所有也被称为“超级企业”或“把教育当生意”，[38]它体现了政府对教育政绩的追求，也包含了对促进经济增长、拉动消费，以及隐匿其中的利益链之类的灰色动机；但它瞄准的主目标是高考，金字招牌是高考升学率，所以“导致一流大学生源正在被‘超级中学’垄断，重点高校中农村学生的比例不断下降。农村学生依靠高考跳出农村的机会日益降低”。[39]超级中学一般在省会城市，但近年来也向市、县级城市蔓延。

超级中学是明确顺应择校的需求，也必然加剧择校。它对过负的强化作用尤为明显，等于是在进重点大学这一“独木桥”的前提下，又架起了一座进超级中学的“独木桥”。为了使进入超级中学的高昂学费不白费，家长只能期望孩子通过加倍的自觉和刻苦学习来保证；为了使超级中学的市场声誉不降低，学校及其教师则通过加倍的应试训练来保证，甚至是军事化的方式管理；为了使超级中学的升学绩效不滑坡，教育主管部门也会通过或明或暗的方法来督战。这样超级中学的课业负担无法不重，压力无法不大，而对下游阶段教育的示范或导向作用更是巨大，也更明确。

（五）简要分析

基础教育中的制度分轨，本身不只是一个背景诱因，而是导致择校、应试教育及其过负的直接内因，因为它直接支配或框定了学生的求学动力、方向和模式。

在“体脑倒挂”的时期，这个制度内因会受到自然抑制，而在它所

---

❶ 只要完整和认真细察，不难看出这类新典型不过是“一校两部制”的魔术而已：明的是“课改展示部”，暗的是“应试拼搏部”。当然，如果这属实，也算是一种另类的因材施教或应需施教。

导向的出路前景优势十分显眼的时候，它的影响力或示范作用立马呈现出来。由于是特殊设置，重点小学、重点中学就是过程性稀缺资源。择校虽然类似购买商品的主动选择行为，但不一样的地方，择校也意味着“被择”，因为这是卖方市场为主导，所以作为择方的家长及其孩子需要满足被择方的标准、条件和要求。如果这个择校竞争趋于扩大，那么针对被择方的标准、条件和要求也会随之水涨船高般地提高或加码，以求得竞争趋于平衡，竞争秩序得以维持；反过来，被择方的不断提高或加码，在一定范围内又是在强化择校的竞争价码，因为这意味着它更优质了，同时也意味着为满足这个“更优质”的入口，其标准、条件和要求更多了。结果，必然导致施加给想择校的孩子更大压力，课业负担更多。这一点超级中学的出现，就是这种择与被择博弈互竞、互长不断强化和恶化的例子。

为了遏制择校，从而抑制过负，国家和各地方出台过一些政策措施，如小升初的就近入学、电脑派位、推优、特长生之类。[40]更为重头的政策措施，也作为未来一段时期内的工作重点，是2004年明确提出的所谓基础教育薄弱校的改造工程。[41]但在教育优质资源不均衡存在并继续扩大和固化的前提下，这种为了遏制择校的政策相当皮相化而无济于事；而且这种政策标准一出，等于是给社会开出了一个明确的竞争条件和标准。例如，“推优”“特长生”等标准一出，其实际效果反而是加剧过负，因为等于是给出了择校的明确条件和依据，类似于把潜规则变成明规则而已。这种政策虽有无奈或勉为其难的意味，但相当的鸵鸟化特征也不能不提及。

总体而言，在择校的前提对象已经存在，择校的动力方向趋于集中的情形下，均衡化政策措施是否能遏制择校、应试教育及其过负，还有待于时间和实践的检验。但有一点可以肯定，就是在政策措施总是自相矛盾或自我打架不断的情况下，遏制择校、应试教育及其过负是可望不可及的。

四、升学心理链及竞争链的定型

以上的梳理和揭示，表明当今社会群体意识中的升学心理链的形成和定型，也表明教育体系中升学竞争链的明确和定型。

（一）求学的出路前景及其升学心理链

从第十一章和本章的揭示可以看到，教育出路前景上的分化，与整个社会的阶层分化及其利益差的悬殊是相呼应的，具有很大的同构互适性。教育是一个整体，在当今就业时间大大延后的背景下，教育作为一个整体的性质更为突出、更为明显了，而高度分化的民生差异格局投射到教育上，又形成教育出路前景上的高度分化，结果人们应对并追逐终端性优越出路前景而作出的反应大大提前，甚至提前到幼儿园。这个对终端性优质资源的争夺，是要通过对连续不断的过程性优质教育资源的争夺来保证和完成的，所以要基础教育阶段的竞争力度不持续飙升，过负不大范围发生，几乎是神迹。

这种争夺，有一句精彩的比喻，即“不能输在起跑线上”或“赢在起跑线上”。虽然这是市场化培训机构的广告语，[42]但说白了，也是“娃娃论”的广告包装。不过，它的确反映并抓住了大多数家长的心，获得了大多数家长的共鸣，而这个“共鸣”，就是教育的出路前景具有强烈反差的正反事实教导了家长而形成的。

在成才或发展问题上，每一个孩子是否就是“牛娃”或“泰山”[43]，其实永远存在一个无法完全穿透的“无知之幕”。但是一旦变“牛娃”或蹬“泰山”的阶梯和路径设计出来后，人们会依据这个阶梯和路径去试图透视这个“无知之幕”。何况，当今家庭结构的缩小，对孩子的教育投资成了家庭主导投资，家庭之间围绕这个“变‘牛娃’”或“登‘泰山’”的阶梯和路径，会形成群体互激的氛围，加上学校或培训机构出于自身利益的考量而夸张宣传，那么围绕考分的升学竞争路线及其氛围就自然形成了；并成为规范大人行为及其孩子学习、发展的当然轨道或路线。这一点不仅是大人们的共识，而且内化为孩子们的共识。

例如，中国教育界的一位知名人物，2007 年参加一个有关减轻学生学业负担的座谈会。他发言时说他“最讨厌奥数班，人人学奥数，这是摧残人才”[44]。这时一位小学生举手发言，说“顾爷爷，你说讨厌奥数班，但我们不上奥数班就上不了好的初中，上不了好的初中就考不上好的高中，上不了好的高中就考不上好的大学，上不了好的大学，将来就找不到好的工作，我们怎么养家糊口啊？”[45]这位大佬后来写文章时说：“这样的话出于一个十多岁孩子之口，正是又可笑又可悲。”[46]

这话很可能是大人授意这孩子说的，因为中国的孩子不大有独立并当面挑战权威的勇气和经验。不过，这个孩子的话又一次展示了升学的校链心理或校链逻辑存在，成了支配家长及其孩子求学的主导动机。这一升学的校链心理或逻辑，是当今起支配效用的读书观及其价值观。所以，学奥数不是为了奥数本身，不是喜欢数学，而只是为了升好的中学、好的高中、好的大学；最终也不是为了这些，而是为了在终端阶段找到“好的工作”，为了“养家糊口”。“养家糊口”的说法虽不乏夸张，但这类低层次的需求，居然都要靠上个“好的大学”并找到“好的工作”才能得到保证，那可见这一校链逻辑上的竞争该是何等的激烈了。

中国古代的读书或受教育从来没有低端到为了“养家糊口”这个地步，都是高标为“唯有读书高”“跳龙门”或“做人上人”。但读书或受教育的出路前景真的分化到了这一地步，那的确是难以减负了，而只能指望再一次“读书无用论”的反动来消解了。

（二）求学的出路前景及其竞争链

从以上有关教育制度内因发生和沿革可以看出，起直接作用的并非是经济结构或市场需求，而是政府及其政策措施，反映出政府通过政策、制度制定及其行政行为，对教育的绝对支配效应。

如果说有市场力量起作用的话，那么也是单边市场形成或出现了，即瞄准教育上优势的出路前景而形成的择校需求市场，以及围绕这一需求而产生的辅导、考试、教辅等市场；这是一个互为因果或互激而不断延伸的市场。相对于基础教育而言，上大学尤其是上重点大学本身就是一种价值体现和成就名分，所以这个择校或升学需求有自然合理性，但也为高校的等级制度设置并与就业市场同构化而变得畸形化，从而使得自然合理的竞争需求也畸形变态，成了刺激基础教育不断催发过负的上游源头。

教育是一个整体，即当下的人们上小学是为了上初中，而且是为了上“好初中”；上初中是为了上高中，而且是为了上“好高中”；上高中是为了上大学，而且是为了上“好大学”。目前教育上的制度设置恰好有助于这一择校或/和升学竞争轨道的定型，从而为下游阶段学校逐级瞄准上一级的优质学校作功或努力，提供了明确方向和路径；也就是说，小学会瞄准中学的某些重点学校或示范校作为努力的目标和方向，中学又以某种某些重点学校、示范校或超级中学，作为努力的目标和方向，超级中学则以某些重点大学或国内“一流大学”为努力的目标和方向，由此形成明确而稳定的竞争链。除非无需和不能纳入这种竞争格局的，如某些民办的外向输出型中、小学和作为边缘性存在的“民工子弟学校”，有实力或有雄心的学校都会纳入到这种竞争链中去。何况，有的地方还有来自教育行政管理上坐“红椅子”难堪或暗中“排名制度”之类在催使。

这种竞争的基本规则及其衡量依据就是考分，而要在这一点上分出高下，对大多数学校及其学生而言，只有一条千百年来为实践所不断证明了的简单而易行的策略，即围绕考试内容和范围进行集中的应试训练，加班加点、集体补课或题海战术加猜题押题之类。因此，尽管三十多年来反复提“反对片面追求升学率”，反复批评“应试教育”和“择校”，反复提“减负”，但择校、升学率追求及其应试教育始终红红火火、蓬蓬勃勃。

可见，择校、应试教育及其过负始终居高不下，这原因也要从教育及基础教育自身的制度内因去寻找，才能予以合理解释和有效破解。

五、本章小结

上一章分析了过负生成和加剧的社会大背景格局。这个大背景格局不断裂变，催产了阶层分化及其利益分配上的大分化，形成了悬殊的民生差异；由此投射到教育上，形成了教育上出路前景的高度分化，并与之相互呼应、相互适应。教育上有形无形的升学轨道和路径，本身就是择校、应试教育及其过负的内因源头，而不仅仅是大背景格局驱力使然。

可见，左右择校、升学、应试教育及其过负的强因子，不仅有政绩观上的压力、高校等级制度造成的吸力，更为直接的则是满足和适应这些强因子的基础教育自身的制度轨道或校链轨道。因此，过负的特指性不仅体现为基础教育范围内生源扩大与优质教育资源不足的矛盾，也体现为生源多样性不断扩大而优质教育资源的标准狭隘单一的矛盾。后一个矛盾，本质上也是高教生源不断扩大而教育上良好出路前景却更为狭隘单一所制约的产物，是基础教育的制度设置及其教育教学行为适应并服务于这一现实格局的反映。所以，过负是病症，反映出其内外源头已经存在了诸多问题。

本章的分析表明，仅仅就教育谈教育，只是就教学谈教学，甚至不从教育自身的内部源头改革着手，最后都会走样，不仅不能改善或解决问题，反而会加重病症。新课改就是最切近而典型的例子。这种只从低端开始的改革反而导致了“课内损失校外补”“前段损失后段补”“平时损失假期补”之类重复劳动的问题。结果是，基础教育上游阶段的应试及其过负没什么触动，反而更强化，因为课改多少造成上下阶段之间知识结构连接不畅的问题，需要上段予以“修补”或“弥补”，而低端阶段的应试训练及其过负则向课外或校外延伸，由此也催发了课外或校外培训市场向低端教育延伸和兴旺。

只求保险的低端改革和分段改革，并且着重于教学范畴和教师因素，与将城市堵车现象归咎于警察素质不高的假设一样不着调，更不合乎顶层设计的一般原理和源头治理的有效经验，自然不能真正改善或解决过负顽症。

参考文献

[1] 李岚清．教育访谈录［M］．北京：人民教育出版社，2003：119.

[2] 中国高考1977—2011：历年招生人数及录取率［OL］．苏堤春晓的博客.

[3] 齐鲁晚报［N］．2011－06－03.

[4] 教育部．中国高等教育毛入学率达26.5%［N］．人民网－人民日报，2011－03－29.

[5] 张颖．北京高等教育毛入学率52%率先实现高教普及化［N］．北京晨报，2004－02－08.

［6］李岚清．教育访谈录［M］．北京：人民教育出版社，2003：119.
［7］同上：120.
［8］新闻眼．毕业了，我们的工作在哪里？［OL］．中国网.
［9］李岚清．教育访谈录［M］．北京：人民教育出版社，2003：111.
［10］同上：112.
［11］潘晓凌．春天已远：农村学生在大学里的比例浮沉［N］．南方周末，2011－08－05.
［12］苏晓璇．农民工生存景：金融风暴下的1.3亿农民工［N］．南方农村报，2011－03－10.
［13］林炜．中学生职业理想：高尚体面有钱，不愿做蓝领［N］．中国青年报，2005－07－09.
［14］单鹰．首都高等教育发展战略创新与探索［M］．北京：中国社会出版社，2012：131、145.
［15］袁新文．中国高等教育作出选择 高校告别扩招时代［N］．青年时报，中新网 2006－05－19.
［16］我国高校毛入学率超过24% 在校大学生达2979万［N］．人民网－人民日报，2011－03－08.
［17］教育部．中国教育概况——2010年全国教育事业发展情况［OL］．教育部网，2011－11－14. http：//www. moe. edu. cn/publicfiles/business/htmlfiles/moe/s5990/ 201111/126550. html.
［18］刘海峰．77年高考，一次空前绝后的招生考试［OL］．中国教育网，2007－07－17. http：//www. edu. cn/gaokao30_ 5897/20070717/t20070717_ 243323. shtml.
［19］［20］国家教育发展研究中心．2000年中国教育绿皮书［M］．北京：教育科学出版社，2000.
［21］杨德广．学生学业负担过重的根源究竟在哪里？［OL］．东方网，2009－12－12. http：//pinglun. eastday. com/p/20091212/u1a4873512. html.
［22］民盟群言录．高等教育的得与失［OL］．中国民主同盟网站 http：//www. dem－league. org. cn/qywc/1203/13773. aspx.
［23］谢曼．高职高专图书馆中文图书采访模式探微［J］．职业教育研究，2008（3）.
［24］李志宏，等．高等职业教育：积极发展，规范管理［J］．中国高等教育，2003（7）.
［25］孙玉敏．民办高校20年［J］．招商周刊，2007－06－05，www. sina. net.
［26］民盟群言录．高等教育的得与失［OL］．中国民主同盟网站 http：//www.

dem - league. org. cn/qywc/1203/13773. aspx.
[27] 李岚清. 教育访谈录 [M]. 北京：人民教育出版社，2003：101.
[28] [29] 2008 年中国民办大学学费排行榜 [OL]. 2008 中国民办高校评价研究报告，中国校友会网，2008 - 05 - 28.
[30] 杨德广. 学生学业负担过重的根源究竟在哪里？[OL]. 东方网，2009 - 12 - 12. http：//pinglun. eastday. com/p/20091212/u1a4873512. html.
[31] 高职守望者. 2009 中国大陆普通高校（本科高职独立学院）分布版图 [OL]. 新浪网. http：//blog. sina. com. cn/s/blog_ 64b756ec0100hcm6. html.
[32] 邓小平. 办教育一要普及二要提高. 邓小平文选（一卷）[M]. 北京：人民出版社，1994.
[33] 杨东平. 改革开放教育发展和改革进程大致分四阶段 [M] //邹东涛. 中国改革开放 30 年（1978 - 2008）[M]. 北京：社会科学文献出版社，2008.
[34] 北京：60 所示范校示范什么？[N]. 北京青年报，2001 - 04 - 09.
[35] [36] [37] 中国基础教育改革透视民校办名校现象 [OL]. 百度文库. http：//wenku. baidu. com/view/7d8fb1d376a20029bd642d0a. html.
[38] [39] "超级中学" 为何成了资源掠食者 [N]. 新闻晚报，2012 - 03 - 12.
[40] 小升初入学方式大解析——电脑派位 [OL]. 搜狐教育，2011 - 07 - 04. http：//learning. sohu. com/20110704/n312361582. shtml.
[41] 教育部明年起改造薄弱校 [N]. 人民日报，2004 - 12 - 21：11.
[42] [43] 黄蓉芳. 专家痛斥 "不能输在起跑线上" 称其只是广告语 [N]. 广州日报，2011 - 08 - 04.
[44] [45] [46] 顾明远，教育体制改革是一项系统工程 [J]. 新华文摘，2010 (14)：110.

第十三章　过重课业负担多元合力的驱动

过负从实体和机理角度分析，可以归结为多元合力的驱动。多元主体可以划分内源主体和外源主体，但根子是外源；外源又可以分为师源、校源、家源、政源，或者通过一种行政机制从上到下施加要求或压力，最后传递到学生身上，或者通过平行的相互作用而传递到学生身上，或者通过亲缘关系给孩子施加要求或压力。当然，过负驱力中会有同侪压力的作用，但这一点任何时代都会存在，如非外驱诱发，在此不予论及。本章探讨分析由这些多元实体所形成的驱动合力，借此揭示减负的复杂性和难解性。

一、过负的内源及其假问题

从内源来谈论过负并从内源入手减负，是学校及其教师习惯了的减负话题或减负思路。如果对过负的特指性没有认识，这种减负思路，就可能是围绕假问题做功。在探讨多元合力前，对此先予以说明。

（一）内源实体及其主体性问题

以学生自身为界，内源实体就是指学生本身；就构成因素来说，内源因素就是指过负来自于学生自身上的主体性缺陷或缺失。谈论过负，从内源上来探讨和解决，就好处而言，这思路和想法合乎常识；而通过提升承担者主观能动性来改善和解决问题，也是易于实施并是实施成本很低的一种办法。所以，这种想法和办法为学校及其教师所青睐，也就不足为奇了。

学生自身上的主体性缺陷或缺失，以笔者的梳理，主要可归结为如下四个方面：学习能力不足、学习习惯不良、学习兴趣不强和学习意志不坚。很多学校及其老师，包括专家学者，都喜欢寻找、谈论并期望由此解决这一内源症结而达到减负目的。例如，有小学校长介绍“减负”经验和建议，其思路和落脚点基本上是如此：“加强师资队伍建设”是“关键”，“探索评价方式”是“保障”，“提升学生的学习境界”是“根本”。[1]有的学者则提出：“有了一定的学习兴趣，青少年学生将如饥似渴地学习，而不会将学习和作业视为负担，即使占用了他们的娱乐和休息时间。”[2]

一般而言，如果是日常教育中由微观因素生成的动态随机性负重，这么谈谈并无不妥。改善学生的自我状态，对防止或改善课业负担的过重感是有益的，并且不仅仅对此有益，对学生尔后或一生的学习和成长也有益。但是，当过负是由利益差及其教育的出路前景主导并通过各方合力驱动所催产，而且非任何一方单独减负就可消除时，那么把过负的成因归结到学生自身，把改善和解决的思路引向内源，就会是一个伪问题：这等于把具有深刻社会根源的问题当成一个日常教育中的问题或学生的心理机能和学习品质上的问题了。这种归因导致大人们的当然性御责，由此归因导出的减负其实是增负，因为这等于是期望将一个“他虐”问题转化为自虐问题，反而更加重学生的自我压力和自责心理。这是其一。

其次，学生自身上的主体性缺陷或缺失，很多情况下并不易客观地认知。所谓缺陷或缺失，很多也只是大人或成人视角中的问题，是大人或成人眼里投射出并强加给孩子的问题。把大人或成人视角中的问题投射到孩子身上，并当成一个必须要改善和解决的问题，就不只是一个无所谓的假问题，相反，它本身就是增加或加重孩子痛苦和不幸的教育源头和社会源头。例如，有的孩子喜欢一边玩一边做作业，那这就一定是不好的学习习惯吗？就必须强行纠正吗？在大人眼里是这样，但大人的看法其实并非真有道理。

可见，这种内向化减负思路很容易导致一个良好意愿和不幸结局并存的悖论状态。

（二）内向化减负思路及其假问题

期望并实施内源改善和提升来改善和解决过负的思路，就是一种内向化减负思路。内向化减负思路很容易成为假问题，除了以上说的来源于“成人或大人视角的投射”之外，还有其他一些原因，这里予以完整揭示。

第一，内源因素如学习能力不足，既可以是因，也可以是果，是因是果本身就难以确知、确证。第二，内源因素改善和提升本来就是教育的天然责任，也是教育的当然任务，即使问题存在，大都是教育自身已经有了问题，所以再把它归结为过负的原因，属于倒果为因。第三，内源因素的改善和提升都是有限度的，不是无限的；如果是后者，根本就不会有所谓过负顽症；而如是前者，那把减负建立在相当有限的学生主体的自我效能上，当然不解决什么根本问题。第四，内源因素的改善和提升，是一个自然成长的过程，也是一个复杂多变的过程，这个客观过程无法人为地来纳入和满足减负的要求和标准，不然很可能导致内源因素改善和提升失败。第五，内源因素本身存在极大的个别差异，与课业负担的关系存在很多、很多的“无知之幕”，还没有可靠的理论揭示其间的规律，因此把减负思路引向内源解决，并没有什么可靠的理论依据和理论指导。第六，这种内向化减负思路，消解了问题的特指性，把过负仅仅或主要归结为教育教学范畴中的问题，甚至只是一个学生学习品性上的问题了，导致实践中学校及其教师或者做大量的无用功，或者减负泛化，即把教育教学上的许多必需的工作、任务及其责任，都与减负挂钩，都当成减负工作和减负任务；结果是减负成了教育的永恒目标和永恒任务，减负反而成了捆住学校及其教师教育教学手脚的无形绳索。

以上六点，是减负认识需要有所认知和警觉的，不然也在无形中增加教师的工作负担和责任负担。

（三）日常问题和非日常问题

日常问题是指课业负担的过重感产生，非日常问题即便没有过重感，过负也存在，并且单靠学校及其教师的努力难以、甚至是无法改善或解决的。

尽管从内源思考和解决过负，是教委、学校及其老师一贯或习惯了的思路，但除非能确定这个“过负”是教育上的日常问题，不然，就是归因出错，范畴越位，是在围绕假问题做功，这是常犯却一直没有明确意识到的症结。所以，针对过负三十多年来政策文件发文无数、会议无数、文章无数、措施无数，但并无治本效果，就教育界自身的认识讲，首先也是一个归因出错、范畴越位和减负思路出错的自然结果。

这个错位也导致学校及其教师的困惑不断。似乎什么都可以与过负联系在一起，做什么都要与减负联系一起，而且《国家中长期教育改革和发展规划纲要（2010—2020）还提出“学校要把减负落实到教育教学各个环节”的表达和要求，结果减负成了教育教学的中心，而教书育人这个中心则无意中遁形了。尤其在“轻负高质”“减负增效”和“高效课堂”之类口号下，也在不断激励教育教学中的投机取巧心理，但这种提法本身是否科学，是否合乎教育规律，是否合乎孩子成长的规律，往往不再多加考虑。这是把一个特指问题不当泛化所导致的结果，使得学校及其教师的困惑绵绵。

二、外源主体及其问题

外源主体可以分为直接和间接的，前者是教师和家长，后者则是学校、市场机构、政府部门。就任务讲，有形的如作业增多、课时延长、竞赛涌现、考试频繁、教辅材料繁多和无形的因素如心理压力、竞争压力不断上升等。有形因素与无形因素彼此之间有互为因果的互激性，但无形的因素也有独立性，不直接取决于有形因素的增加，而许多取决于教师或家长的威严或不当拔高的高标准、严要求。

（一）直接的外源主体及其因素

直接的外援主体是教师与家长，但这两个外援主体的作为，其实也受到教育生态环境劣化的左右。所以，改善或解决过负，不能过度针对教师或家长，也要从培育良好教育生态环境的角度出发。教育是绿色的，那就是因为有这个良好的教育生态环境；没有这一点，教育不会是绿色的。

1. 教师主体及其因素

教师可以是外源主体，也可以是中间环节。作为外援主体，就其对过负的影响因素看主要有两点：一是师才，二是师德。师才包括学科专业知识水平、教育教学基本能力。师德包括敬业精神，以及合乎教师职业规范的认知及其实践能力。

正当学业负荷的前提下，师源上的问题也会给学生带来课业负担的过重感。这是一个日常教育范畴中的问题，是需要从提高教师教育教学基本功和水平的角度，加以改善和解决的问题，也是无止境的过程。提高教师质量、教师专业化水平、师德水准，对改善和解决当今的过负或许有一点辅助作用，但这是独立的范畴，即无论有无过负，都是需要提高或提升的。换言之，教师也好，教育也好，都是需要与孩子一起成长、一起进步的，并且要走在孩子前面；但同时必须指出：这并非是想提高就能提高，想怎么提高就能怎么提高的。

师资质量，其实从入口标准和选择就已经存在很大问题了。入口已经问题很大，再谈存量上的提高师资质量，起点亡羊补牢的作用而已，无法期望过高。因此，过度依赖这一点，跟上面说的内向化减负思路，结果上不会有什么不同，因为这也是一种归因出错，并且多类实证材料已反证了这一点：教师学历水平上显示，中国基础教育中教师的学历水平三十多年来是逐年提高的，而且提高得非常快、幅度非常大。既然教师学历水平提高意味着很大程度上是教师质量及其教学水平在总体上的提高，那么应有的结论就应该是过负趋于改善或得到解决；但是，这个结果没有出现。对此，看一下作为当事者教师自己的看法：

有的初中教师在“‘减负大家谈’征文”中问道：“为啥‘减负’越减越负?”而有教高二的教师在其“十二年后再谈减负”一文中则回忆当年自己上高二时的情景：当年盼望自己每天过的披星戴月的日子何时能结束，减负的好日子没有过上几天，一切复归原样，而12年过去了，现在自己教高二了，学生过的还是披星戴月的日子。可见，时间过去了12年，起码是初、高中阶段问题并无改观。

从上可见，指望并通过师资质量及其教学质量提高来减负，事实上不对症，道理上讲不通。这就如治理堵车，想用提高交通警察素质的办法一样荒唐无稽，除非能够证明这堵车是由交通警察的不作为或乱作为所致。[1]

师德因素对过负有影响，会使过负加剧或恶化。它可以直接越出基础教育的课程及其教学的法定设置而增加有形的课业负担，也可以通过暗示或威严来要求学生主科成绩追求高标准，还可以向家长施加精神压力，从而给学生带来额外的心理负担和精神压力。从已经出台的文件看，师德出格而直接加重课业负担的事例很多，如布置惩罚性作业、要求学生买教辅材料、暗示学生上课外班、擅自办班收费、对成绩差的学生歧视，等等。这些问题都存在，而且也不止这些问题，当今学校教育中的身教稀缺，并且熟视无睹，本身就是一个最大的问题。

但是，同样需指出，师德问题受外部环境、制度不公和管理随意的制约巨大，所以问题虽出在教师身上，但主要责任则不在他们身上。中小学教师不是圣人，实际地位和待遇也不高，虽然有“身正为范”的职业戒律，但在当前吏治劣化的大环境下，把师德问题的板子过多打在教师身上是不公正的。

2. 家长主体及其问题

家长是造成当今过负的另一个直接主体，做法多种多样，但对孩子的学业成绩高期望、高标准是共同一致的选择。很多实证调研也证实，有些办学规范的学校，其课业负担合乎规定，但家长外加给孩子的课外负担很多，致使过负一样不同程度地存在。

就行为类型看，主要是四类行为：一是家长亲自给自己孩子布置额外的作业，二是请家教，三是上课外或校外班，四是作为孩子家庭功课和作业督查员的角色。上课外或校外班的情况就很复杂，兴趣班、特长班、补习班、培优班、思维班、奥数班、蹲坑班等，花样百出。就一般取向和目标，主要还是围绕对考试、择校和升学是否有利、是否有用这一主线或轴心进行的，单纯出于兴趣或淘养性情的非功利性目的的不多，所以总体上还是受择校或/和升学制度或政策驱使而来的增负行为。最新实证调研也揭示：年级越高，那么围绕择校或/和升学而选择直接

---

[1] 这当然不是说师资质量或教学质量不需要或不应该，而是说这是不同范畴的事务，把提高师资质量或教学质量纳入针对过负的减负范畴，并指望由此解决，是范畴不当跨越，思路不对，无助于问题解决。这不仅是把一个永恒性范畴降格为一个特指性范畴了，反过来是把一个特指性问题永恒化了，似乎过负及其减负是一个永恒问题。

相关的课外或校外班的比例就大。这表明，年级越高，孩子学习上和发展上的能力分化开始明显及能差开始固化，但为了提高或改善考试竞争力，则不得不依赖额外补习和训练，所以为择校或/和升学目的而上拔长补差之类课外或校外班的，就自然增多起来。

家长的动机无非这么几点：一是所谓传统的望子成龙、成凤心理；二是期望学业一路顺利，日后有个好出路；三是群体互激，盲目攀比；四是赶早心理，以为早学多学有备无患，处于主动地位。当然，不排除根据孩子特长显露而上各种特长班或兴趣班的情况，也不排除出于陶冶孩子气质或仅仅出于看管孩子的想法而上课外或校外班的情况。

针对过负，归因于“望子成龙、望女成凤”的很多，往往被列为第一条。其实，这种归因及其指责想当然的成分居多，很难说绝对没有这种心理，但即便有，这种心理本身已是无知的表现。当今时代别说考上北大、清华，就是考上哈佛、牛津，也不成为什么“龙”和“凤”；“海龟”变“海带”的故事都已不新鲜，[3]也证明了这一点。所以，大多数城市居民所持的不过是普通市民的正常和正当的期望，即希望自己的孩子有好的学业表现，以后能获得体面工作并过上体面生活而已。恰恰这一点是终端性稀缺资源，而通往这一终端性稀缺资源竞争的途径中，又存在着对过程性稀缺资源强竞争机制的制约；不过，针对这一双重稀缺的竞争之中却又含有可能，还有很多成功的范例支撑，这才是家长成为过负直接源头之一的主导诱因。如果只是极个别能成“龙凤”，不成“龙凤”也可以不错，或者“龙凤”类型多种，“龙凤”也不一定非得以学业竞争决胜负，那么除非基础教育如中国竞技体育那样实施国家夺金战略，不然大多数家长则不必给孩子层层加负、时时加压了，倒可以像买彩票一样来轻松对待了。

群体互激、盲目攀比也是孩子过负的施加因素。反过来，存在着竞争性的地方，不造成群体互激、盲目攀比也不大可能。在孩子成长发展上的确存在着很多很多的无知之幕，这一点是造成群体互激、盲目攀比的客观原因，所以家长会怕自己的孩子落后于别人家孩子而产生自卑心理，也怕因为自己没有给孩子多创造机会而耽误孩子的发展，更何况平等竞争本来就是一种正当权利。谁能绝对断定自己的孩子就一定不如别的孩子呢？适度的群体互激是一种有益因素，但没有退出机制和“防火墙”机制下的群体互激弊端多多，因为孩子多多少少成了大人群体互激、盲目攀比的无谓牺牲品。

3. 教育生态环境劣化

过负上，教师尤其家长主动施加的任务和压力不小，而且这两者往往成为这样的互动关系：即教师减负，家长则增负，但教师增负，家长则未必减负，而且双方在成绩要求上更容易达成共识和共鸣，从而形成共同一致的合力，不断给学生增负加压；此外，相互之间，也可以并常常是构成压力转移关系，或者教师把提分压力转移到家长，通过家长转嫁给学生，或者家长的求优诉求转移到教师身上，再通过老师转嫁给学生。从这种互动关系及其教育伦理看，强调学校及其教师率先减负是合理的，也是有益的。尽管如此，过负的主要责任则不应归到教师或家长身上，因为过负顽症投射出来的教育生态环境劣化，影响权重很大，尤其需要重视并改善。这个问题与过负连带一体，由过分追求升学率或择校所致，但常常也是加剧过负的一个课外或校外的生态因素。

课外或校外班的蓬勃兴起，无论是为了提高考分还是为了所谓特长发展，反映了校内教育生态劣化，也反映了课外或校外的社会公共教育场的生态劣化。就学校而言，学校对特长生持极端欢迎态度，因为一方面这可以用以提高学校的声誉、名声或展示学校优质形象，另一方面这可以用以丰富校内教育资源，但这也反映了学校生活本身的单调划一，反映了学校教育对特长和兴趣培养的淡漠及其培养功能的衰退，导致基础教育阶段的学生为满足特长和兴趣发展需求，过度依赖于课外或校外教育，使得金钱或家境成了特长和兴趣发展的决定性要素。学校的基本任务和职能就是围绕几门主科上课、听课、做作业、考试，课程名义上虽然多达十几门，但“双课表”下的学校生活实际上是相当单调乏味，沉闷枯燥，根本不合乎儿童的心理需求和年龄特征。

中小学教育缺乏丰富的生活元素、活动元素和自主元素，一切都纳入管制或按部就班的轨道；这种教育生态下，即便是适宜的课业，也容易导致过重感。中小学内部教育生态单一化、单调化不解决，却又偏爱特长生并作为择校的一个资格要件，这一政策导向在客观上是激发过负的生成和加剧。好的消息是，目前有些小学开始重视校园文化建设，重视多元活动开展，这有利于改善校内教育生态，也有利于减负。

校外教育生态环境劣化，则是宏观大环境变迁的结果。市场经济和商业化大潮、一切向钱看，使得学生的校外教育生态劣化、空间萎缩。即便是所谓“文化中心”的大城市，大楼林立，商场遍布，但能看见多少图书馆、博物馆、儿童活动场所、体育场地？又剩多少自然林地、自然风景和文化遗迹？的确，新建了不少游乐园、海洋馆之类，但大都是商业化模式，就像收费的高速公路一样，即便是挣够了钱也不愿为孩子更多一点地降低门票。很多文化类场馆只对孩子半票，对陪同的大人则是全票，实际上还是抑制了孩子进入这类场所并受到熏陶的机会。

孩子的成长发展是需要有良好的课外和校外教育公共环境的。这个教育环境的生态如何，某种意义上讲，决定着孩子成长发展的质量和层次，决定着素质教育深度、广度和可持续度；把素质教育归结为“决战课堂”[4]，是这些年来最大的方向性误导和理论误导，反而把素质教育搞死了。恰恰这一点上欠账很多：经济发展三十年，经济每年几乎都是两位数增长，但为孩子校外教育生态培育上做了什么，做了多少，大人们真的问心有愧。有的小区都是几万人的小区，却连一个孩子自由自主活动和运动的场所都没有，更别说免费的图书馆或文化体育活动室内场所了。孩子要想有非学业方面的熏陶、感受及其发展，基本上都交给课外或校外机构以商业模式去承担了，结果是孩子自然自发的各种熏陶、感受发展消失了，都变成金钱压力下或要为投资负责压力下的发展了。所以城市中的孩子，活得不累都很难。

城市社会中课外或校外教育生态劣化，加上安全因素上的担忧，是造成孩子过负的一个外围原因。它直接压缩了孩子自然健康成长发展的空间，抑制了孩子自由活动和自主发展的需要。结果，在校内，因为怕这不安全、那不安全，孩子不能自由活动，更不能竞技活动；在校外，孩子则缺乏自由自主活动的安全场所，也不能自由自主活动，并且以校外环境的不安全、不健康为由，更是成了把孩子关起来苦读、严训的直接理由，由此孩子课业负担不重也不可能了。

在如此生态条件下，你要中国孩子体质不下降、身心机能不弱化、男孩的雄性特征不退化，那就只有靠奇迹了。教育环境生态的劣化，使得孩子的生活、活动及其学习等一切，更易于纳入成人设置好的狭窄而统一的轨道中，并随时受成人意志摆布，从而把孩子塑造成一个单向度的“机器人”。无论是读书机器、做题机器，还是考试机器，好处是方便管理、方便指挥；但从育人的角度讲，这不是育人，而是制造“机器”了。从这一角度看，过负就是不当课业负担。

因此，减负不仅需要从课业本身减轻、从学校教育范围来改善，更需要从教育的生态环境优化和拓展来考虑。这个责任，全社会都有份儿，每个成人都有责任，而掌握最大权力及其资源的政府更有份儿。

（二）间接的外源主体及其问题

导致过负的间接外源主体，主要有学校、市场机构、政府部门。这些主体不只是促成过负的被动者，也是过负的施加者，常常集受害与加害于一身；其主观上或许不是为了加负，但客观上则造就过负。

1. 学校主体及动因

过负上的师源作用并不是一种组织系统的行为，而是个体性的，取决于个人的师才、师德，也取决于教师个人的理性权衡；也就是说增负、加压对其有益，就会采用；反之，就不会采用。过负上的师源作用，并不难解决，这在学校层面，甚至教研组层面上就可得以改善或解决，或者说在学校管理层面就通不过。如果不能解决，学校管理层面就能通过或得到默认，说明过负或者是学校层面上的自主、自觉行为，是有统一思想指导的，或者是学校管理层默认甚至放任教师增负的结果，或者是学校作为执行性中介被迫的产物。一般而言，主要是前者，政策文件上几次三番指出“片面追求升学率”原因，主要是针对校方说的，而不是主要针对教师说的：因为对教师而言，所教学生的成绩如何，对其个人有相当重要而直接的价值，而升学率如何，对其个人不具有什么直接的重要意义。很自然，过负如果是校方催产的，那么它也是要通过教师的自觉行动来促成或生成，所以学校是一个间接源。

就动因而言，学校不管是不是独立的法人组织，都有其相对独立的目标追求和行为逻辑，不仅仅是大系统中的一个连接环节或子系统，只接受从上到下的指令并按指令行事。何况，学校之间具有相互竞争的关系，决定这种竞争胜负的标志和依据，目前最强有力就是学生的成绩单和升学率。由于市场经济大背景及其可能的激励前景，这种竞争关系突破了原来的计划经济时代的内涵和界限；换言之，学校不仅是政府资源如政府提供的奖励、荣誉和政策倾斜的彼此争夺者，也是市场声誉、份额和利润的争夺者。由于后者的诱惑如此之大，使有的学校未必看得上来自其政府或政策所提供的某些好处，所以即便是公办学校，也会出现台上唱的是“党的教育方针”，走的却是市场逐利之路。在市场经济大背景下，公办学校其实也或明或暗地成为市场利润角逐的竞争主体了，甚至比民办学校更有竞争的优势。

因此，“片面追求升学率”是计划经济时代就出现的提法，但在当今则受到教育政绩逻辑的驱使，更受到市场逻辑及其利润激励的驱使；这不仅导致过负更易生成，也导致减负的难度及其阻力比以前年代更大了。

2. 市场主体及其负面作用

针对学生升学考试、培优补差、提分拓展之类需求而完全按商业原则进行运作的市场机构，现在多如牛毛。有的发展成为大公司，有的还成为名声远播的上市公司。

市场机构是过负的间接源，主要是靠打动家长而施加到孩子身上。从损害角度看，首先并非是身心上的，而是权利上的，即首先侵害了孩子的正当休息权、娱乐权和自主发展权。虽然这些都是不明晰权利，但有些则是明确的，如双休日、节假日都被上课外或校外班所占用，是明显的侵权；上课外或校外班会存在作业累加的问题，校内外作业累加会导致孩子睡眠时间被占，这是延伸出来的侵权。这些侵权，由于很难形成明确的证据，而且即使有证据，社会或家长也未必认为这是侵权；即使认为侵权，但商业行为是契约关系，法院不会受理，而非商业行为则由于无法找到确切的诉讼对象或明确的事主，法不责众，法院也无法受理。所以，这一问题上对儿童的侵权，除非成为刑事案件，不然法律无从介入，最后只能诉诸于空泛的舆论呼吁或道德谴责，最多是再发一纸减负文件表态而已。

某种意义上讲，市场机构作为过负外源之一是最不值得谴责的，因为它是愿打愿挨的产物，除非是出现违背《广告法》或其他相关法律的欺诈行为。当然，有一点负面作用是明显，那就是这类机构及其广告宣传，的确加剧家长之间的群体互激和盲目攀比，最后自然都要落到孩子身上而累积为过负。由于孩子的成长发展上存在很多的无知之幕，即便身为教师也因为自身主观上或客观上的无知，而无法不卷入这种互激和攀比。一位很有名的小学校长，在一次减负会上以自己学校的教师为例，说她们学校的教师也唯恐落后，不得不让自己的孩子参加各种课外或校外班，并恨不得比别人多报几个才踏实。这位校长表示，她自己很难理解这种现象。

说“很难理解这种现象”，是这位校长的自谦。其实，这并不难理解：这无非是择校或/和升学竞争激烈，超过了教师对自己和对自己孩子的自信所致。对在名校的教师而言，其实还更多了一层脸面上的顾忌：自己是著名小学的教师，而自己孩子的成绩或表现却不如人，脸面上太说不过去了。有的教师在“‘减负大家谈’征文”中，说到过这种保面子心理对过负的效应：“在教育者保饭碗、保位子、保面子，家长保孩子未来、保自己声誉的多重压力下，学生负担怎能不重?”

不管怎么说，就事实而言，市场机构对过负的生成和加剧作用巨大。这个作用，首先是跃出教育方针上所规定的“合格”标准，而明确以夺分优异为导向和卖点。虽然这一点有必然性，不然它们无法生存下来。其次是必然占用孩子正当的休息时间和自主活动时间，打乱了教育上长期形成的传统和惯例，从而破坏了学习上或脑力劳动上紧张和放松的自然节奏。这种打乱，从后果上讲，是破坏或扰乱了孩子成长发展上的自然进程，过多、多大地人为干预孩子成长发展上的自然进程，从最终结果看往往是很有害的。

孩子成长发展过程中过大、过多的课业性人为干预，既是过负的源头，也是危害之所在。很显然，市场机构在这一点上具有不当作用，成为不当角色。当然，也要承认，这只是推波助澜性的作用，因为决定市场机构存在及其行为的需求源头，不是发自其本身。

3. 政府主体及其行为

政府是一个复合名词，在这里也指政府所属下的一些部门机构。在减负上，政府其实是一个矛盾体，政府是减负倡导者、主导者和推进者，但上下之间、各部门机构之间并不一致，其行为指向及其政策意向不一致，政策或制度打架是常有的事，最终结果也常常不是减负而成了增负、加压。例如，上级部门号召减负或素质教育，但下级部门则另有考虑，提出“五高”目标——实现学校管理层次高、教学水平高、升学率高、学生素质高、人民满意率高的“五高”目标，还提出“两个凡是”措施——“做到凡是能够提高成绩的措施就要使，凡是能够提高升学率的方法就要用”[5]。

“五高”与“两个凡是”看上去不宜并列，但你抽掉了其中要害的“一高”，其他“几高”估计都立不住脚，所以两者之间并无本质区别。这类是明对明的上有政策下有对策，还好纠正，但暗的呢？或者明的一套，暗的另一套，又怎么纠正？

例如，中央政府号召减负，省市政府执行减负，但到了区级政府，就有实质的利益纠葛在内了，口头表态上自然不会不同，但行动上则需要另有考虑；现在反而更难了，连择校费都先归区县教委了，后再分配，那区县教委的减负动力还会大吗？现在的办学，成绩优秀和升学率高实际上不单纯是教育品牌和教育政绩问题，也成为促进区域经济发展或提升区域 GDP 水平的有力手段，而后者显然是各级地方政府的兴奋中心。大城市中的中小学生跨区县流动，以及因择校而造成的名校大班化增多，[6]实际上就表明教育成了提升区域 GDP 水平的有力手段。它不仅可以提升本区域的一系列的微型消费，还可以促进本区域房地产的大宗性买卖及其租赁，所以在经济发展为中心的基本国策背景下，减负也意味着一个促进经济发展水平有力支柱的疲软，属于自废武功，自然轻易动不得。有合理理由相信，大城市中那些所谓好学校云集的区县，其学生的夺分压力不会小，课业负担不会轻。

又如，教学质量监测结果排名制度从本意看并无不好，但所谓的教学质量也好，教学效率也好，眼下说到底就是考试成绩或分数。尽管这种排名是隐形的，但这不改变其对学校及其教师行为的压力效应。有调研表明，无论学校干部，还是教师对此监测的反应都很强烈，干部那里的反应比例居首位，教师那里居第二位。[7]有的教师在“‘减负大健谈’征文”中，把这称为“嘴上不说每次都干的排名制度”列为第二条，“‘红椅子’的威胁”列为第一条，并说：“每次考试、抽测之后，市里给区里排名次、区里给学校排名次、学校给班级排名次、班级给学生排名次。一级压一级，还要求不许给学生排名次，可能吗?”这的确是行政行为与减负政策、减负号召与实际追求的自相矛盾或相互打架。

这一监测既涉及评价教师又涉及评价学校，但会带来学校及其教师利益差分化的实质性后果，所以要求学校及其教师既要围绕这一监测制度，又要减轻学生负担，往往成两难选择；而彼此兼顾，大部分学校及其教师则未必做得到或做得好。对此，有老师提出看法，有的则提出建议：“教师的作业布置多数取决于考试制度、考试形式、考试内容等，上级拿这些来衡量教师的业务水平，教师作业布置必然倾向于应试，所以要想减轻学生过重课业负担，绝大多数决定于当前的考试制度”；“教学质量监测排名应以学生入学考试为基数看学生的增长度，而不应简单地只看期末成绩排名”；“建议教育行政部分能够根据各学校的生源情况，分层出质量监控试卷，或者不完全以各校平均分、优秀率等作为评估学校的标准，这对于同样付出辛苦的老师和学生来说都不太公平。应该着眼于是否在原有基础上取得进步，知识和技能是否有所提高。”[8]

公正地说，这点上老师都说对了；但其建议的可行难度太大，政府不大会采纳。不过，最大的不公平是对学生不公平，因为学生还要额外应付所谓的“质量监控试卷”，而这明显又要促使学生为此努力和拼搏，并且是无偿的义务打工，成了名副其实的学习奴隶或教育童工。

从道理上讲，以“质量监控试卷”的分值高低，来推断学校及其教师的教学质量如何，其实不足以说明什么，却容易带来误导。这里不讨论这个问题，但这个事例表明了政策或制度打架的现象很多，也是减负难行的体制障碍。此外，还有如教师的绩效工资制和末尾淘汰制，孤立起来看似乎没有什么不对，但放在当今的社会大背景上看，反而更推动教师对考试的畸形依赖及其对分数的异常追求，从而成为加剧过负的制度源头。

（三）多元合力的结合点

无论是家长、教师，还是市场机构、学校、政府，能够形成系统合力，才能催化成过负，并且不易破解；但合力之所以形成，一定有共同认可、共同需要的连接点，而且它是看得见、靠得住、用得上的连接点。

1. 怎么夸张都不过分的考试分数

这个连接点，说白了，就是考试成绩或分数。它是升学率、政绩、市场利益，以及家庭择校或/和升学期望的主要依托、凭据和载体，所以考试领导、指挥和支配教育，是当今的基本逻辑或规则。在现有的生存大背景及其校链通道下，它太重要了，不仅对学生、家长和教师重要，对市场机构、学校和政府同样十分重要。

对学生来说，这是傲视同辈和得宠的资本。对家长来说，是家庭期望的载体，更是孩子一路顺利通向体面出路的可靠通货，甚至还是家长获得幸福感的一个难得源头。对教师来说，它是获取晋级评先的不可或缺的条件，更是保饭碗、保面子的主导标准；对市场机构更明显了，对外能展示经过自己培训的孩子分数成绩如何，考入国内外著名学校或大学的人员数量及其姓名是最好、最有力的广告内容，也是争夺市场地位并获取高额利润的强力资源。对学校而言，同样重要之极；全面发展也好，素质教育也好，提高教育质量也好，提高教学水平也好，重视校园文化建设也好，等等，那个学校不这么说？但如果没有好的考试成绩，排名上不去，升学率不出色，全白搭，连家长也不会多看你几眼。当然，最好是两手都要抓，两手都要硬，但大部分学校很难两手硬，尤其是短时间内做不到两手硬；那么，这些占大多数的学校会怎么选择？不说自明了。

对学校来说，考试分数上乘，在当下背景上，不仅是争夺政策好处的利器，更是争夺市场利润的利器。教育早被列入“七大暴利行业”之中，而有的小学名校，一个择校生价格最高可达 25 万元[9]。如此市场收益，什么行业会有这么高的收益？有的著名高中搞培养一条龙，用漂亮话说，是创立教育品牌，从中性角度说是保证和提高本部高中的升学率和名大学升学率，用俗一点的话说，就是为了挣大钱。所以，无论怎么着，这个考试及其分数对学校而言是太重要了，真的就是学校的生命线。有学校在家长会上发出拳拳之言：“分数是学校的生命线”；看来的确是切身体会，而不是泛泛虚言。

那对政府呢？其实对考试分数，政府一样是爱它不够的。[1] 因为考试成绩对政府而言，一样是意味多多、妙曼多姿。对在任的一方官员而言，首先意味着政绩，跟 GDP 一样，是看得见、靠得住、用得上的政绩；其次，意味着教育质量，是看得见、靠得住、亮得出的教育质量；再次，是教育吸引力，实际上也就是教育竞争力，是看得见、靠得住、用得上的教育竞争力。在大区域之间或小区域之间发展不平衡、家庭十分重视教育和人员跨区流动的条件下，这一教育竞争力，不仅仅意味着教育自身，也是区域经济发展的一个强助力。一个房地产商都知道周边有个好学校，就是一个好卖点，而一个区域的政府或许不会比房地产商更精明，但也不会不懂这道理，并做好这一点。很多地区全力打造的所谓“超级中学”，动机或动力都是复合的，不然很难获得政府全方位的支持。

2. 意图与效果的悖论及其对考试分数的追逐

的确，政府的意图和行为及其制定的政策和制度，很多时候并不是为了提高考试成绩，起码明面上不会或不是；但其实际效果，却往往导致了家长和学校对考试分数的追逐。例如，在上游阶段教育搞重点学校，后来又搞示范学校，有的地区搞超级中学，那么这种制度及其实施，客观上必然催产或推动择校，会强化学校对考试及其成绩的重视和追逐。因为这一考试成绩，对原非重点或示范学校的学校而言，是自己跻身重点或示范学校的重要资本，可以获得原来所得不到的政策资源或好处的一个资格条件，而一旦跻身成功，其校长的身价立马上升；对已

[1] 政府只是泛称，有上下级区别，有同级之间区别，也有各个部门之间的区别，所辖范围之间的经济社会的区别就更大了，所以彼此之间的价值取向实际上也各有不同，尽管他们唱的政策调子大都相同，文件措辞也千文一面。虽然政府在过负形成上，是一个间接源头，或通过政策发布影响家长再作用于学生，或通过行政指挥所辖的学校、教师再作用于学生，但由于中国国情下，政府具有核心支配地位，所以如果发生负面作用，也一样可以是最大的。这是一。其次，中国的政府机构十分庞大，连街道居委会都像个政府机构，而有些机构如“中青妇联”之类，从性质讲还不是政府部门，只是所谓群众组织，但对学校而言，都是一样只有服从的份儿。这些庞大复杂的机构，对学校都有发言权和指挥权，尽管往往是与教育行政主管部门联合的方式，尤其涉及专题教育、形势教育或政治教育，其大量内容也会随时涌向学校，最后自然都要压向学生。学生是终端承受者，而且是无力抵制的承受者。它们各自的动机或内容分别看或许并无不对，但集中累积压在孩子身上，就改变了性质，好事也会变坏事，成了导致学生过负自上而下的体制源头。

是重点或示范学校的学校而言，为了保持自己的地位和优势，更有必要重视和强化了。

由上可见，政府主动制造教育差别或校际差异，却去责备或埋怨家长们择校；政府自己通过成绩将学校排名，却去责备或埋怨家长和学校的唯分数论、唯升学率论，这显得太没有道理了。与政府相关或相连的人员又率先享受到这种教育差别或校际差异的特权性好处，以自己的实际行动给社会做出择校示范和表率，再责备其他家长热衷择校，责备学校追逐升学率，这种责备就太缺乏说服力了。

这种责备家长们不会听从，学校也未必听从，原因是在市场经济及其择校强趋势下，学校与家庭已经构成了一种共生互依关系。所以，学校明面上必然表态遵循政府指令办学，但实际上更需要满足家长的明确期望和需求，才能得到家长们的青睐和选择，才能真正提高自身的身价和地位。

三、最高层决策的惯性及其局限性

减负从决策层次看，是最高层决策最明显的一种决策。几代最高领导人都亲自加以关注，并表明态度和意见。这成了一种惯例，自然也是一种惯性。这一惯性决策的效果如何，这里简要探讨其中的悖论及其成因。

（一）良好的初衷及其增负的结局

合力连接点有了，合力也形成了，但要破解局面，却绝非易事。在总体大背景及格局未变的条件下，这个合力连接点，就是各方共同的追逐点，它会就像体内寄生的囊虫一样，即便打断了节点还会自然而然生长出来。这就是应试教育被反了几十年却反不掉，提倡素质教育几十年却难以立起来，新课改了十来年，人们反而觉得学生负担更重了的原因。

改革开放30多年来，普通高中不断扩展，而技校、职高之类则不断萎缩，一个小小的随州市都出现了“全市普高职高录取比为6.5:3.5，其中有些地方普职比仅为9:1”的情况。[10]从表面看，应该是合力追逐点的动能降低才对；但诡异的是，事实上正相反，普通高中的增加并没有降低对考试成绩的追逐动力，相反是扩大了这种追逐动能，并向下游阶段延伸。这就是说，扩大普通高中的某个初衷，如为了满足人民群众子女上普高的需求并降低初中择校的动能，并没有得以实现。

以上的原因不复杂。首先，教育是一个整体，并且这个整体的相联性当前是不断扩大和强化了，所以在高中升重点大学或所谓“好大学”的竞争通道及其竞争强度不变的条件下，扩大普通高中的作为，实际上是扩大了高中阶段竞争的基数，等于是顺势增大了竞争势能。其次，就普高本身范围讲，普高自身的校际差异相当明显，并被政策人为地标示出来，而扩大普高并无法缩小这些差异，相反是更扩大了这些差异级数，所以普高扩展是起不到减轻初中的择校动能和应试导向的。

由上可见，与高校的扩招一样，单纯的普高扩张也不能改善或解决择校竞争、分数竞争，以及应试力度，反而扩大了过负生成的多元动能。

（二）全能结构及其减负悖论

中国的政府是全能型政府，虽然小政府大市场或小政府大社会的主张也不时有所显现。全能型的政府，往往是一个集权制体系，自上到下有一个封闭而关联的层级结构，不然也无法做到全能。这种宝塔型权力结构，层级越高权力越大，支配效能越大，好处是从上到下上级意志可迅速贯彻；但缺点也明显，容易导致下面把问题层层上交，以至于什么都要等待上面重视并发指示下指令，才能群集呼应去着手行动或解决。减负上，这一点表现得非常明显，都是最高部门发话，甚至是几代最高领导人发话，才形成轰轰烈烈声势浩大的减负响应。但这并非是科学减负，缺乏可持续性，所以常常是虎头蛇尾，不了了之。

从表面看，集权而全能型权力结构应该是有利于过负的改善和解决。例如，过负如果是师源型的，那么校长或学校领导层面就可以改善和解决，或者说在校长或学校领导层面就通不过。如果是校源型的，那么所辖教委层面就通不过，即便有所显现，在此层面也易改善或解决。如果是区源型的，那么上一级政府层面通不过，也可以在此层面有所改善或解决，等等，以此类推。即便是家源型和市场型的，那么政府的全能型也决定了其解决的全面能力，解决这一点也不是什么难题。

但遗憾的是，这个良好结局没有出现。减负真的像割韭菜一样，年年喊年年减，无法断言无效，但说真有效，又何必如此密集发文件，何必年年讲呢？有的校长戏言减负比推翻“蒋家王朝”还难，有的说比“八年抗战”还艰难得多。当今的中小学校长不都是唯唯诺诺的，有的对此也敢发出这样的戏言：“之所以年年发文件，皆因年年做不到。”而有的研究者，则发现了减负的规律性：“减负”往往出现在要求教育紧密配合、培养高质量的人才，而教育界提高质量、培养高质量建设人才的招数不变，评价质量的标准和方法基本不变之后。[11]

以上这个说法，有把板子过多打在“教育界”头上的嫌疑。但不管怎么说，减负上最高层决策的思路，其实并不能解决问题，集权全能型权力体制的优势并没有显现出来。那么，问题的症结何在？

（三）减负悖论的成因

现在有一个名词叫“顶层设计”，但减负上，有最高层决策或背书，这是否算顶层设计，则无法断言。不过，即便算是一种顶层设计，但这种局限于教育层面设计减负，或者是由易入手的思路，即所谓“小学率先实现减负”的思路，是否能结出正果，虽还需时间来证明，但其与“源头治理”的有效经验相违则是显而易见的。所以，结局是什么，似乎也毋庸多言。

首先当然是经济结构转型没有出现，“三高、三低”并存的经济结构还没有根本改观；其次是高等教育改革滞后，与经济社会的联系和服务还处于表层，所以高等教育快速实现了大众化，但这个态势并没有分流掉择校或/和升学及其应试竞争的洪流，从而没有起到分流掉过负动能的作用。其三是高考制度改革滞后。这一制度改革，近年来有一些新的尝试，如增加春季考试，有的地区实行自主命题，还有就是扩大自主招生名额。但由于高等教育本身改革滞后，这些改革往往导致公平、公正上的漏洞过大，不仅家长不满意，各地区之间也非议不断。至于这些新尝试与减负的效用关系，没有迹象表明有所显示。

此外，除了高校校际差异及其高考对基础教育的终端性指挥棒制约外，基础教育自身就存在了催产过负的制度源头和课程源头。新课改有改善学生现状、提升学生生命活力的满腔热情，但它的行动思路依然是由下溯上，由易入手，以不触犯各类强势利益势力为界，只敢折腾弱势的学校及其教师，所以它的一系列理念和行动，实际上导致了一线学校不经济的多面行动，即一方面要满足上级新课改的要求，一方面又要满足家长择校或/和升学的要求，还要满足政府职能部门的抽查、监测要求。有的学校也许能彼此兼顾，有的只能搞平衡，有的则只能穿课改新鞋，走应试老路。因此，新课改对减负而言，实际效用很复杂矛盾，因为学校及其教师的多面行动、多重任务和多重目标，必然会转嫁到学生那里，从而学生由此被驱使，并导致一进入初中，学习任务和压力快速增大的问题。

可见，减负如果依然遵循这一条惯性思路，即便有最高层决策或背书，也不能解决什么。原因很简单，因为人们不是为上小学而上小学，是为了上中学或好的中学；不是为了上中学而上中学，是为了上大学或好的大学而上中学。所以，过负源头在一级一级地上游，只要上游阶段存在“超、难、多、重”的课程、任务、要求及其压力，只要上游阶段教育的良好前景太单一，良好出路太拥堵，而且缺乏体面的退路，那么应对上游源头的学习及其应试需求必然提前涌现，并且还会创造出针对这些需求的教育服务市场出来。

中国的家庭及其孩子，受这种教育的前景及其轨道驱使，他的个性、自我、志趣、才情及其发展，只有纳入到这个轨道上才能被定位，才能被定价；这种教育不论被赋予了多么好听的名称，但骨子里就是“生计教育”。孩子如果对此“觉悟”得早，那么外驱内化为内驱，受“罪”会小些，或者因习惯了而不觉得是受“罪”；孩子“觉悟”得晚，那就受“罪”大、受“罪”多；孩子不“觉悟”，那就不只是受“罪”，还有可能走上绝路，或者真的走向反家庭、反学校甚至反社会的邪路。

因此，减负要有真效，除了宏观大背景及格局上的改善配套外，教育领域自身各构成部分也必须从上而下地正本清源。

四、本章小结

减负，涉及减任务、减课时、减课程，也涉及减压力和减代价。这种减，既涉及减轻，也涉及减掉，直接目的是为了增学生自主学习和自我发展的必要时空，更是为使学生自主、自立和自强的人格和内在精神立起来、强起来；从学校角度看，则必须表现为学校学习及其生活的丰富多彩，更表现为教育功能目标及其教育模式的转换。

不过，从上面的合力分析可以看到，外驱的系统合力是多么强大，起码是以下四个竞争性压力都一起压向了孩子：第一个是家长之间的竞争，第二个是教师之间的竞争，第三个是学校之间的竞争，第四个是教育区域之间的竞争。这些竞争压力，最后都会压向孩子，都会伸手向孩子要表现、要成绩；在考试及其分数决定命运、身份、升迁、价值，甚至体面生计的规则下，必然又演变为要分数。对此，孩子无力合理合法地抗衡或抵制，要么消极化方式抗衡或抵制，要么以极端化方式抗衡或抵制，而更多的孩子只能靠过度耗用自身的身心资源或机能来顺应这种压力和重负。

以上四大竞争性压力，必然归结为孩子之间的竞争，变成了由外力促成的同侪之间的竞争氛围压力，等于是又增加了一层最直接的同侪竞争压力。如此外在重压下，孩子自我人格和自主精神还能存在多少？因此，针对课时、课程和内容上的减负是需要的，但来自各种群体间竞争而施加给学生的各种竞争压力更需要减，并且从源头减，不能总是上面生病下面吃药这种方式的减。这样，才能破解这一合力或减弱这一合力的强度，因为这些往往是学生外延性课业负担的动态生成源或延伸源。

当前的减负，追求的理想就是既要学生成绩出色，又要学生学习轻松。所谓的“减负增效”“减负提质”或“轻负高质”之类，就表达了这一意愿。这是两难选择，容易引发投机取巧。如果以上的四大竞争不变，会引发课业任务及其要求趋高，会引发应试策略重现，那么最后的结局，依然会是重负保分，重压提分。再好的保分、提分上的教育教学方式或方法，一旦被揭秘而群起效仿，那么在强度竞争及其有限时间的约束下，必然还是会归结为一个原始的应试策略的运用，那就是加班加点、熟能生巧、猜题押题、题海大战之类，才能形成明显分差，获得出线优势。

这个类如象棋的残局效应。一个象棋大师未必能赢得熟悉残棋格局的普通人；同样，一个学问大师，也未必考得过高中生。但你是否会成为一个象棋大师，是否会成为一个学问大师，在这种标准型考试面前，则是没有意义的，更是不值一顾的。

老师们当然懂得这一道理，所以也称“题海战术”为提分夺分的“制胜法宝”。有的教师在“‘减负大家谈’征文”中说，由于考试成绩或分数是评价学校及其教师的主要标准，所以无法“不让一线的教师们想尽一切办法去提高学生的成绩，而多安排练习、作业就是一个最基本的、最廉价的方法”。

可见，不是老师们不知道应试教育不好、不对，不是不知道多安排练习或作业不好、不对，而是知道不好、不对但依然要这样去做。理由很简单，因为老师们或学生们不都是“象棋大师”或“学问大师”，也不是马上就可以成为“象棋大师”或“学问大师”，但分数则是无法不要的，无法不争的。何况，即便成“象棋大师”或“学问大师”，对考试夺分也未必一定能胜出。“雪”花了只能变成“水”，而不能变成“春天”之类的标准型考试，“象棋大师”或“学问大师”怎么可能夺得高分呢？

因此，减负要科学减负；而科学减负就首先需要弄清命题，追根索源，厘清因果，分出主次，衡量可能，确定步骤，明确责任，才能取得真正效果。模棱两可或似是而非的减负口号，很容易带来机会主义，不宜多用。

参考文献

[1] 山子．“过重课业负担”的概念分析及问题破解［M］．基础教育研究，2011（5）．

[2] 谢维和．重要的是减轻中学学生的心理负担［M］．教育研究，2000（4）．

[3]“海龟”变“海带”中国留学生数量增长放缓［OL］．中国新闻网，2005－09－15．http：//www. china. com. cn/chinese/EDU－c/971372. htm.

[4] 推进素质教育：决战课堂！［OL］．丹阳教育网，2011－11－28．www. dyedu. cn.

[5] 赵仁伟，等．谁在挥舞“大棒”？——山东省沂水县发“红头文件”抓应试教育的调查［OL］．新华网济南，2009－11－03．

[6] 郭志成．北京市中小学生跨区县就学规模及空间分布特征研究：新机遇新挑战——北京教育发展研究报告2008年卷［M］．北京：北京出版集团公司北京出版社，2009：128．

[7] [8] 北京教育科学研究院基础教育科学研究所．减负新探 [M]. 北京：北京出版集团公司北京出版社，2012：211、229.
[9] 北京小学择校费最高25万，升学也拼爹. 江西卫视，2012-01-21.
[10] 白领蓝领都是劳动者 普高职高同样受教育 今年中考招生优化中职和普高比例 [N]．随州日报，2007-08-26.
[11] 耿申．教育使命感悟 [M]. 北京：北京体育大学出版社，2007：194.

第十四章　过重课业负担的制度源头及其作用

从实体角度看，过负产生于多元实体的合力驱动；从制度看，可以看到制度源头的作用，既表现为不同实体受制度的驱动，也表现为不同实体对制度的适应或规避。❶

显然，很多制度的制定本意并非是增负，而是出于其他目的或为了解决其他问题，但其推行结果客观上却加剧了过负。这种制度初衷与其实施结果的背离，虽是现实中的常态现象，但在减负上并未引起足够的重视，使得人们怀疑上面对减负到底有多大的真诚度。本章集中分析有关制度源头对过负的效应。

一、教师绩效工资制及其增负效应

近年来，针对教师职业的制度，震动大的莫过于教师绩效工资制和末位淘汰制。说起教师绩效工资制，一定是几家欢乐几家愁。有骂娘的，认为是先从教师身上割肉，然后让教师努力去赎回自己的肉[1]；而计算下来比以前多了的，自然是喜悦与赞美之情溢于言表。这是常态现象，因为任何制度出台都会产生这种褒贬同存的现象。

---

❶　制度，这里包括政策，政策可以看作为时效较短、制定程序简易和适用范围较小的制度，与实体之间有很大的交叉性和交互性，因为有的实体如政府，本身就是制度的制定者，其作为实体对过负的作用，很多也是通过制度或政策，而不只是通过其直接的行为。尽管如此，在过负上，制度源头依然是一个相当独立而重要的变量，因为很大程度上人就是制度动物，是依制度、随制度或逆制度而动的动物，而其他一些实体如家长、教师、学校或市场培训机构，其行为就是由制度规定而变化的，既可以是顺制度而行，可以避制度而行，也可以是逆制度而动。

（一）绩效工资制强化了考试分数权重

教师绩效工资制属于国家制度，依据《教师法》第六章第二十五条之规定，也被认为是保障教育优先发展的举措。这个制度是从企业工资制度移植过来的，国外大公司20世纪80年代就有实行的，其实施办法也相当复杂，属于计分积分制。绩效工资制虽然比传统工资制有其特有的优势和优点，但是否也适合于教师这样的良心职业，对此并没有透彻的研究和可靠的结论，尽管美国、英国也有类似的工资制。相反，这样的制度一出，或多或少倒坐实了“教育产业化”和“学校企业化”的指责，或许这是当初始料未及的。当然，这里不讨论这些问题，主要讨论它与过负的关系。

绩效工资制关键是绩效的认定，并要反映出它与工资之间的函数关系；绩效需要评估，评估目标要被接受认可，评估还需要有可靠的业绩测量手段，业绩则需要有代表性的要素；绩效不仅是绩效工资计算和发放的事实依据，也是不断追求和提高的目标。此外，涉及基数设定是否合理，以及固定工资的绝对值、工资范围是否足够大等条件。这些条件不具备，绩效工资制即使实施，其弊病反而更大。

不过，对教师而言，其绩效主要是什么？其中代表性的、并可清晰测量的要素是什么？其作为评估的目标容易为大家认可接受，这个绩效代表性要素还可以明确追求和提升的？那么，找来找去，也只能找到考试分数上。这个跟老师的作为即进行应试教育的努力及其程度倒有明显的函数关系。即使德智体美劳，都可以设定为分数考核，但显然它们之间的价值或效用系数是极为不同的，那么在当下的现实背景下，学校偏重什么和不偏重什么，从而对绩效考核偏重什么和不偏重于什么，进而教师行为会偏重什么和不偏重于什么，也就不说自明了。

（二）绩效工资制：初衷与结果的背离

这个背离，就是说绩效工资制，尤其与末尾淘汰制结合下，客观上激励了教师对考试成绩的片面追求，从而加重学生应试训练，而减负政策则反对这种片面追求。这种减负政策与工资制度打架，估计也是当初始料未及的。这种制度的初衷是奖勤罚懒，但过负的存在说明在应试或夺分行为上已是“勤”得过了头，“勤”得变了态，而现在又加上绩效工资制的激励，在此方面就只能更“勤”，更不敢懈怠了。这一政策与制度打架，目前已经不是假设或推论，而成事实。2011 年北京市就减负问题针对小学教师的调研，六成以上教师认为教师之间竞争激烈是造成过负的一个重要原因，认为考核教师的评价方法，特别是用分数来衡量的评价机制对教师的压力过大，并直言“改革对教师考核、评价的方法，取消末位淘汰制”“改革评价体系，不要以分数作为评价教师唯一标准”。[2]

因此，过负即使在学校内部也存在了刚性的制度激励。这一绩效工资制及其激励初衷，显然与“片面追求升学率”无关，与分数至上的应试训练无关，但客观上恰恰产生了这样的结果。在家长大群体追逐学业分数为先，在学校强化以分数为主要标志的教育教学质量为重，在衡量教师业绩以分数为主要标志这样的复合压力下，教师绩效工资制在很大范围内必然加剧分数至上的应试教育，从而更加剧过负。这个客观效果，显然不能归咎于教师的个人性因素如师德、师能之类；而师德本身，如身教成为稀缺品，由于为满足或适应这种刚性制度的约束而更趋于稀薄。所以说起来，这种工资制也是师德稀薄的一个激励因素。

二、左右家长、孩子行为的制度及其增负效应

能够直接左右家长和孩子的制度很多，远的如高考，近的有高中会考，再近一点有中考，还有特长生政策。❶ 一些招生制度或政策的初衷往往很美好，如特长生政策也带有遏制家长盲目择校的用意，但客观上反而刺激家长去追逐特长训练：既然给出标准，那就等于人们可依标准去追求，所以结果一样是追加了学生课业负担及其家庭的经济负担。

---

❶ 义务教育阶段招生上不许自设考试，只是一般规定，但说到择校，也有择校考试或提前招生选拔制度。这些属于招生制度或政策，情况就已相当复杂，明规则和暗规则同行，像“占坑班”就是一种小范围内的择校制度，只是暗规则而已，但都能直接左右家长和孩子行为及其方向。

（一）招生制度的实质及其效应

招生制度或政策的变化反映的是教育资源实体的名声和价值。最大最深远的当然是高考及其招生制度，对家长、学生影响巨大，对基础教育阶段的学校、教师及其教学的支配作用巨大。需说明，高考制度及其招生制度，对基础教育指挥棒作用最大，指挥效应最深远，但不属于基础教育范围内招生制度或政策，所以这里不论。

1. 重点或示范校制度催产择校竞争

就基础教育的范围而言，招生制度或政策的变化，反映的是基础教育自身教育资源实体演变及其格局，而造成这一校际差异的最有权威性和影响深远的制度设计，就是重点学校或示范校制度。示范校的设想，多少与当年盛行的所谓“一部分人先富起来”，然后“先富带后富”的想法一样，而重点校的本意则是为了以“一条龙”的方式选择和培养拔尖人才，可以看作特定历史时期为追求特定目标的产物，就性质讲其实并不合乎现代基础教育的宗旨和定位。不过，示范校制度与以前的重点学校制度一样，也出现各种级别，如国家级、省市级，还有区县级。这种分级，是行政惯性下的简单复制，动因复杂。

问题是，既然政府自己制造出校际差异，却又反对人们择校。这没有道理，即便称之为“盲目择校”，也没有道理，更挡不住。盲不盲目，择校首先是有校可择，不然不会有择校问题。既然重点校或示范校属于稀缺资源，拥有它或不拥有它在当下教育上的差别和出路前景上的差别都很显著，那么无法阻挡理性人公理及其竞争规律发生作用，除非先把人都弄成傻子。但反过来，人都成了傻子，也没必要搞重点校或示范校了。

在这个问题上，人们只接受竞争，不接受等待。有的事可以等待，而孩子求学问题上则无法等待。安慰人们说：教育资源会均衡，早晚都有好果子吃；可就一个孩子，错过了就错过了，错过了也无法再重来一次，所以要家长耐心等待的说教是无用的。

2. 重点或示范校制度及其连续不断的增压效应

择校挡不住，就会催产出各种择校潜规则。钱、权、势都可以是择校通货，但无论哪种潜规则盛行，真实的考试成绩总是一个最基本和最可靠的通行条件。这不仅事关择校上的公平，事关示范校自身的生存与发展，事关孩子一生的前程、前景，这几者需要平衡，被择的牛校才能办得下去而不是一锤子买卖。考试高分当然可以通过作弊所得，但再愚钝的家长也知道，作弊是不可能每次都成功的，即便次次成功，总还有露馅的时候，而一旦露馅则往往全功尽弃。国外的总统学位论文抄袭或高官学位不实，一旦被揭露就都得下台，所以最高策略依然是诚实。

但是，既然考试分数的权重很大，择校也不是一次性事件，而是阶段连续性事件，甚至即使择到了理想之校，在校内还会存在分班和择班的问题，所以对高分的追求压力，在基础教育阶段就成了无法松懈的绝对性高压，而且越到后面如中考或高考，由于考分的权重或价值越大，所以高分追求的压力也越大。

可见，这种制度造就了一连串连续不断的增压效应，也造就出应对这一制度通道的教育需求及其培训服务的市场，即又造就了一个连续增负加压的课外或校外市场。这样，很多学生就是在这个内外双压下，直至整个基础教育阶段的终结。

3. 共识具备，作为难有

左右家长、孩子择校或/和升学的通货，——除非能够完全依靠权、钱和关系彻底打通这种制度壁垒的，但大部分家庭做不到这一点——，依然是孩子考试分数这个权重很大的要件。即便有家庭经济优势的，大都属于辅助孩子获得考试竞争力上的助力性优势，而不是能够打通制度壁垒的优势；何况分数就是钱，中考后的录取以分数线而定，所以有时差几分就意味着命运分殊，有时则意味着要多交不少的择校费。

有关择校的研究其实是相当完备了，有的研究报告则是系统完整的大部头报告，[3]尽管揭示的是权钱交易的内幕，但由此带来的增负效应也是显而易见。就北京市小学阶段 2011 年的调研来看，有关招生制度、择校或社会竞争压力，无论教师、学校干部，还是家长，都一致居于选择的前例。部分教师则直言："学生课业负担重主要来自于升学招生考试制度，教育不均衡发展，造成择校现象严重，且择校招生采取的是择优录取方式，给学生造成了过多的课外辅导班的负担。"[4]"减轻学生课业过重的负担首先就要找到课业负担过重的根源，主要是升学考试制度的制约，使得学生、家长、老师都要为这一目标而想尽办法，最终考个好学校，找一个好工作，将来有所作为，要减负，就要从根本之处进行改变。”[5]

减轻或解决择校问题，从而减轻或解决学生过负，从政策导向看出现了很好的变化，因为均衡化成为义务教育的首选，政府在向义务教育上的正当角色回归。但从源头制约的规律来看，这个未必能起到多少减轻或解决过负的作用，因为过负不是由通常意义上的考试决定的，而是由择校或/和升学考试决定的。高中阶段和大学阶段的资源不均衡及其出路前景差过大，一样会左右低学段教育的行为。“不能输在起跑线上”或“赢在起跑线上”的意思，尽管它不过是“娃娃论”的市场化翻版，其实告诉了人们：是终点决定起点，只有比赛谁跑得更早，才能赢得终点。这种广告当然谈不上什么科学性，但它顺应大众期望及其大众的常识心理，因而深得人心。

因此，孤立地考虑均衡化，并不能解决诱发过负的压力前移问题。这结果就是课业负担不断下移，大大超出了孩子自身当下的能力、水平和发展的需要，更是人为地打乱了孩子身心成长、发展所具有自然演进的规律和进程，而教育不再是育人，而像是打激素催熟人；不是育才，而是造才。因此，减负不针对并力求解决接口或出口拥堵问题，就永远只能在治标上不断折腾。

（二）小升初推优政策的初衷与效应分析

小升初推优政策的初衷，具有针对择校并起减负作用的目的，但实际效应又如何？这里简略介绍和分析一下小升初推优政策的效应。

1. 小升初方式的大致概况

据了解，目前在北京小升初大概有 6 种方式，即“推优、派位、文体科技特长生、择校、共建生和上民办学校”等。小升初推优政策，是北京市某区县的创举，然后在 2008 年成为北京全市性的初中入学政策。

这个政策在各区之间实施上有不小的差异，主要在推优比例、招生区域、跨区推优还是本区推优和填报志愿上有差异。当然，也有不实行推优的区县，如合并前的宣武区。[6]据北京奥数网介绍，“原西城区是北京最先实行小升初电脑派位的，而宣武区是北京率先取消了小升初电脑派位”，但小升初推优入学也被称为“小派位”，原因是小升初推优入学的录取类似高招录取，“首先将学生按照第一志愿学校进行划分，然后再根据志愿学校招生计划进行电脑随机摇号”。[7]另外，“由于采取‘差额推荐派位’，不排除推荐学生有‘落空’的可能。所有被推荐学生将按所填志愿顺序随机派位，如果学生最终所有志愿都没有派出去，则只能参加全区电脑大派位”。[8]所以，从操作上讲，这是一种小范围内的电脑派位。

2. 多样化的推优标准难挡考分暗流

从法律上，以上这一推优政策的法律依据不强，但它的现实感强；也就是说它一定程度上承认择校和择生的合理性，无法强行取消而只能加以规范。这个政策给低学段学校一定的推举权，给家长一定的择校权，也指定高学段被择的学校一定的接收义务，各方的利益兼顾比较周到，应该说有不小的合理性，比任由高学段被择的学校按自己的偏好来择生要合理。但难题也在于推优的标准或资格是什么，怎么制订，合理性在哪里，又有多大的合理性，等等。

据了解，标准或资格各区县不尽相同，各年也有变化。据网上资料介绍，“2010 年西城、东城、石景山、丰台四个区，主要是靠‘综合素质评价’和‘三好生’推优；海淀区、崇文区要靠分数排队来推优，分数高的才有资格推优；而朝阳区只有‘市三好’才能推优”。[9]到了 2011 年，北京最大小升初辅导机构八人教育吴老师介绍，获得一定荣誉称号或综合素质全 A 者就会有资格参加“小学优秀毕业生”的推荐。一般性的介绍中，往往囊括以上这些标准或资格，如“小升初推优是指小学根据学生的身体素质、综合素质、三好学生、优秀学生干部和学业成绩等一定标准，选出一些优秀学生向重点中学进行推荐”。[10]

这一推优政策标准或资格，初一看明显带有淡化考试成绩的初衷在内，因为不以分数为排队指标而有综合素质之类标准或资格；但只要有点小升初择校经验的家长都知道，这个所谓“综合素质”之类，其实高学段被择的学校不会多看一眼，最多是看里面的分数情况。对此，“变相的考试”就是一个例证：“小升初名义上严禁考试，严禁将竞赛成绩作为入学依据，然而实际上有些中学依然或明或暗地在进行考试，只是考试的形式变成了‘展示才能’‘参加活动’。许多家长不得不带上孩子，到这些学校让孩子‘展示才能’‘参加活动’。大家都心知肚明，这就是变相的考试”。[11]

可见，综合素质评价及其综合素质手册之类形式大于实质，甚至也是一个催生糊弄或变相作伪的评价制度上的根源。

3. 推优以荣誉制度为前提的疑惑

另外，虽然有淡化考试成绩的初衷，但这一推优政策也是以默认当前学校中搞的一套荣誉制度为前提，除了“综合素质评价”是这些年新推行的制度，其他如“全国十佳少先队员标兵、全国十佳少先队员；北京市十佳少先队员标兵、北京市十佳少先队员、北京市红领巾奖章、北京市三好学生；区十佳少先队员标兵、区十佳少先队员、区红领巾奖章、区三好学生、区全面发展优秀小学生奖”[12]这类复杂的荣誉制度，都是惯例和传统；并且按梯次进行：“由于推优名单有限，因此确定小学生是否具有推优资格按梯队进行。首先获得全国和北京市级别荣誉称号的学生，将肯定获得推优资格，这一部分学生比例约占学生总数的5%；其次为获得区县荣誉称号、学科成绩全A；再次为五、六年级参加教育行政部门认可的各项竞赛获奖者；最后还有五、六年级曾担任大队委、中队委或班委者。”[13]

这类标准或资格及其按等级排队的推优做法，尽管好像是没有办法的办法，但具有多少现代基础教育的内涵？“现代化”在哪里？这是“率先现代化”的做法吗？可以不管这些，但这一推优政策对减负起了多大作用，要考察一下。学生过负往往是择校或/和升学竞争激烈所致，那这类推优的资格设定，对减轻择校或/和升学竞争又起到什么作用？

事实上，它变单一的分数竞争为全面的竞争，不是减轻负担而是追加负担，尤其是心理负担和精神压力上升。有材料称：“小升初推优政策表面看来公平公正，实际上杂乱无章。一名小学生要想获得推优资格，首先要通过得奖、考证、竞选班干部等方式来证明自己优秀。即使获得推优资格，还必须经过评分、志愿填报和服从分配等激烈竞争的方式才有机会步入比较理想的学校。”[14]笔者多次亲历的小学生访谈，从中得知被访谈的小学生为了满足推优条件，参加校外学科性辅导班、提高班或奥数班的，占绝大多数；参加校外特长或兴趣班训练的，很多也是出于满足推优标准而作的多手准备。这些学生的动机很明确，尽管告知这大都是家长的意愿，但实际上已内化为他们的自觉及其行动，用他们自己的话说是“不累，习惯了”。另外，由于“三好学生”或“优秀班干部”的权重被这一推优政策放大，由此催生的腐蚀性问题也多了起来：“有的家长为了让孩子评上三好学生和优秀班干部，请客送礼已不鲜见。”[15]

可见，即使从教育性的角度看，这一推优政策的负作用也不小；从教育方针的角度看，也完全突破了“合格”的标准，而在刻意渲染高标准。其他一些负作用，如推优比例的校际差异是扩大校际不均衡，分梯队筛选推优资格改变了荣誉称号的效用性质等。

4. 皆大喜欢而减负效用不明

小升初推优政策作为一项政策能够得以实施，取决于它获得的支撑点比以前多了：第一当然是领导层面上被认可；第二就是家长层面，认为看起来机遇多了，公平性大了；第三是低学段学校的权利大了，因为具有推荐的资格和权利；第四是高学段的被择学校的压力小了，因为等于是在事实层面承认了它“变相选拔学生”的合法性。但要说它对减负起到了好作用，则还没有充分的根据。

例如，有人认为这一政策使得“家长为了孩子能上个好学校，有的甚至从小学二年级便开始投资孩子考外语证、奥数等”。[16]逻辑上必然这样，因为你承认了变相挑选学生的合法性，那也等于承认了高学段被择的学校换一个名目变相以分取人具有合法性，而这无疑加重了推优之外的大量力争被择的学生之压力，催促其尽早应对这类考试作出学习准备。从网上某区的2010年推优比例来看，69所中学中推优40名的学校是46所，约占推优校总数的67%。[17]对此，这里分析一下。

40名学生对有的初中校而言是一个不大的量，就一个班的量。那其他招生名额呢？是不是可以按自己的标准进行挑选？按理性人假设看，以服从40名推优的政策义务来换取自主选“才”的变相合法性。是太值了。但对减负而言，显然不是好兆头，而是增加了变相合法的政策激励，对家长和孩子的增负效应增加了，意味着孩子从一开始就要做好双重或多种准备，才能最大程度地保证推优和被择都不落空。

这种制度激励或政策激励看起来标准多类，从而推优和择校的通道也随之扩大了。从表面看，似乎也合乎全面发展的宗旨，但实际上则是全面竞争及其全面负担埋伏于其中了。全面竞争及其全面负担埋伏其中，又要过负不生成，不加剧起来，这不大讲得通的。因此，减负问题上，制度及其政策自检、自纠，始终需要跟得上，不然减负都是白忙乎。

三、影响学校行为的制度及其增负效应

涉及学校的制度林林总总，但近年来的“教学质量监测制度”对学校的影响很大。颇为幽默的是，很好的制度初衷却转化为过负的一个制度源头。这里以此为例简要分析一下。

（一）“教学质量监测制度”：非议与回应

“教学质量监测制度”属于质量监测和评价范畴，排名是其天然属性。这个制度实施过程中引来一些非议，某地教育行政管理的官方回应解释是这样的：“不是全市全部学校、全体学生参与的统一考试，不组织集中统一阅卷，不公布学生个人成绩和按成绩排名，不按成绩对学校排队。教学质量调研监测是一项常规的教学研究和质量管理工作，并不是一项统一考试。”[18]

这种回应或许有必要，但非常缺乏说服力。公不公布监测结果，并不影响监测结果自然排队的客观存在，而只要后者客观存在，那么这个压力就会转化为针对学生的又一压力；何况不公布，学校及其教师真的就不知道了吗？不公布或暗箱操作，就可不发生副作用？这是一种非常陈旧的思维惯性，其实比在阳光下操作是坏处更多、更大。对此，学生的反应是这样的，也极为幽默：“我们刚分文理（班）就是为了减少负担的，结果来个 7 月统考，搞得大家‘亚历山大’，还不如不分班。”[19]老师的反应是这样的：“有老师公开批评这种以考试为中心，以分数为目标，以分数作为衡量学生和老师水平的唯一尺度，属于典型应试教育。”[20]

可见，这个制度对学校影响很大，对教师和学生同样影响很大，虽然它不是一项“统一考试”，但比“统一考试”更可怕，更不敢掉以轻

心，因为它是悬在各方头上的达摩克里斯剑。这个制度对学校及其老师有如此影响力，那么，除非有学校敢于抵制这种质量监测，从而阻断这种制度压力，不然是必然成了给学生增负、加压的制度源头。

（二）“教学质量监测制度”：来自学校干部和教师的趋同反应

以上的情况是南方城市的情况，也是高中阶段的情况。那么，北方的情况怎么样？低学段的情况怎么样？2011 年北京市针对小学阶段的过负调研，就过负原因排序，在学校干部问卷中，“使用教学质量监测结果排名”排在第一，认为“影响大”和“影响比较大”的高达 87.1%；[21]在教师问卷中排名第二，比例也高达 80.25%，只比“现行的招生与考试制度”这一选项比例略低一点。[22]有的教师还提出具体建议：“教学质量监测排名应以学生入学考试为基数看学生的增长度，而不应简单地只看期末成绩排名”，“建议教育行政部门能够根据各学校的生源情况，分层出质量监控试卷，或者不完全以各校平均分、优秀率等作为评估学校的标准，这对于同样付出辛苦的老师和学生来说都不太公平。应该着眼于是否在原有基础上取得进步，知识和技能是否有所提高。”[23]

由上可见，地不分南北，学段不分高低，但“教学质量监测制度”的影响权重都很大。从以上学校干部和教师的反应看，前者对此的敏感性更大于后者。正如该报告所说：“很多区县将‘教学质量监测结果’作为评价学校甚至学校领导、教师工作的依据。由此很可能使得（被）调查对象（指学校干部——笔者注）对‘使用教学质量监测结果排名’非常敏感。”[24]

教学质量监测制度初衷是为了贯彻落实新课改精神、推进素质教育，还有所谓“科学评价、科学诊断基础教育的问题和原因”的目的，有的地区也直接把减负目标挂钩上，如“引导学校实现‘轻负担，高质量’的教学目标”。与教师绩效工资制一样，这个制度实施起来也相当复杂和费劲，甚至可以说需联动上下左右各方的浩大工程，其中监测类型分为集中监测、随机监测、特长监测三种，每类中赋分有好几项，赋分值也各不相同。[25]

但为什么实施结果却有违初衷，学校的干部和教师反而都把它与学生过负联系在一起了呢？而且，不管是“监测”导致了“轻负”，还是因“高质”而导致了“轻负”，都不错，都值得；但该制度实施这么多年以来，是否真起到如此作用？似乎无法得出这一结论。

（三）“教学质量监测制度”：自身上的内涵缺陷

分析起来，这一制度实施结果的不佳与它的内涵缺陷是一致的，不完全是外部条件不到位或为外部因素所扭曲的结果。

首先，无论集中监测、随机监测、特长监测，重点在于前两类监测，前两类不仅赋分值最大，而且也是笔试的学科内容，所以无形中还是在强化笔试，突出主科成绩，主导方向失偏。其次，由于这一制度影响权重很大，其试卷成了学校及其学生的重要参考内容及其教学导向。这在客观上等于是在本已试题、试卷泛滥的当下，又增加了一种新试题、新试卷。第三，这一监测是一把达摩克里斯剑，不知道什么时候落下来，但随时都可能落下来，所以学校日常都不敢掉以轻心，于是又制定出各自学校内部的微型监测或检测制度，细分为平时检测、月检测、期中检测和期末检测，检测结果分等，有的还设有奖金奖励。第四，学校层面可制定微型检测制度来应对，那教师层面呢？很可能更变本加厉或推波助澜。例如，学校月测，教师会以周测或更多的日测来应对，不然学校的月测或其他检测结果很可能对自己考核不利。

可见，如此驱力下，结果自然是层层强化学校及其教师以考试为中心的动能和惯性。所以“教学质量是学校生命线，是办学的永恒主题”这类动听口号下的教学质量，说白了也就是考试成绩或分数；但遗憾的是，教学质量监测制度并非淡化了这一基本逻辑，相反是从貌似正确合理的角度更强化了它。

（四）“教学质量监测制度”：假设及其局限性

从原理上分析，这种以学生考试分数作为监测或检测教学质量和教师水平的方式，是一种间接检测和评价办法。但这种制度设计用到教育上，是一种简单类比的产物：是把学生类比为工业产品，把学生当成学校教育教学的直线性产品。

这种制度建立在一个很明显的假设上，即学生的考试成绩与教学水平和质量具有相当直接的线性函数关系。这一假设有很大的可靠性，尤其在应试的范畴内有很大的可靠性，但实际上这种监测无法检测出来考试分数多大程度上是学校教学的结果这一函数关系：因为多大程度上这是学生自身因素或自身努力的结果，多大程度上是家庭教育的结果，多大程度上是校外培训的结果，这些变量全蕴含和混合其中了，很难分离出来。更难分离出的，多大程度上是良好教学和师资水平的结果，多大程度上是加重应试训练或加负的结果。因此，由监测结果来反推教学质量及其教师水平具有极大的不可靠性，因为教学上的象棋残局效应策略很难被排除掉。

可见，教育教学结果与工业产品是很不同的，后者的过程及其间的因果关系可以十分明确和确定，而前者则不能做到这一点。所以，通过简单类比和简单模仿而作出的质量监测制度，未必起到有益作用。

以上这还是小问题，而大问题或最大的局限性，在笔者看来有两个：

一是从对学校教学的影响看，由于其权重过大而驱使学校教学及其教师行为更注重对监测负责，而不是注重对学生负责，是依据监测目标和标准进行教学，而不是依据学生的实情和可能进行教学。这两者有时不一定矛盾，但导向偏了，则很容易偏离教育的本相。二是就与过负的关系看，是这种教学质量监测制度，作为一种鉴定和评价制度，其权重过大及基本导向有偏，不符合基础教育学生身心健康第一、全面发展为主的主导理念，依然在引向或满足文化课为主、主科知识为重、笔试及其分数为大的传统教育教学惯性，从而驱使学校和教师更多强调和催促学生的主观努力和积极顺从，并顺便把更多的应试压力及其课业负担转移到学生身上。

四、新课改的悖论作用

新课改问题多少是禁忌性的话题，因为它属于最高权力背书的改革。

不过，新课改设计不成熟、不周全的问题已表露出来了，实践上的问题也为教师们所感受，而且与过负又瓜葛不断。这里就其悖论作用，做一番简要探讨。

（一）新课改：“新”与“软”的悖论

新课改就理念上讲，强调学生为主体，强调生活化，强调实践创新，强调师生关系的平等，强调知识的自我建构，强调合作和探究，等等，很有意义；如作为实验而言，也未尝不可尝试。但新课改最大的问题是理想化大于现实感，理论探索薄弱，从理想出发，诉诸于行政权力，又诉诸于教师的良心和良知。这种教育实验在纯净的实验室可以成功，但在现实世界中则必然走样，因为现实世界中还尚未出现支撑这些高调理念的多种条件和依据。部门也好，学校也好，教师也好，家长也好，一旦发现这些高调理念与现实的轨道不一致，并且遵循后者更为重要和关键时，那么再高调漂亮的理念也会被放弃，哪怕是偷偷地放弃。

新课改没有触及高考制度，无法改变“考试领导教育”“分数支配教育及其学习”的基本逻辑和规则，而自身却又满足不了这一居于支配地位的强势逻辑和规则的要求，那么它的结局会是什么？

新课改不能改变基础教育上游阶段的课程内容，以及难度优先的课程理念，它自身也无法满足这些课程目标的要求和标准，而达到后者则是更为重要的目标和选择，那么它的命运是什么？

新课改不能触及知识化、学科化为本的体制格局和机构，而后者具有明确标准和程序，在行政管理上又被作为教育质量监测和教育督查的主要依据和要求，导致“教育质量是学校的生命线”变为“教学成绩是学校的生命线”的一般局面，而它自身同样不能适应并满足这一目标和要求，那么它搞的综合评价的命运是什么？

可见，新课改的悖论，其实质也表现为“新”与“硬”的不配套。过度迷信最高权力背书，不一定能达到“硬”清基结果。新课改没有去清基而搞课改硬推，看起来很硬，但如果这种方式清不了基，那么结果就是自己成了软东西，最多是成了说起来重要、做起来次要、急起来不要的改革。

（二）新课改：“增”与“减”的悖论

新课改除了以上的不适应或不能满足而变“软”外，新课自身也存在自相矛盾的地方，形成了减负悖论。

虽然减负并不是一味地减，也需要合理地增，但只要在成人本位的框子下增，那与减负就必然相冲突。例如，在"'减负大家谈'征文"中，有一线教师说："尽管有新课改，但我们放眼一望，小学课程纯粹黑压压的一片。在同一时间内，原来只要求完成一至两科的教学任务，现在要完成几科甚至十几科。教育任务客观地成倍增加，势必使学生的课业负担也随之相应增加。"有的教师通过对1980年的课标和2011年的课标比较，说"从20世纪80年代至今，学生在校时间减少的同时，自习减少了，课程和课时却逐渐增加了。"

这就是说，难度优先的课程设置不能改变，却又通过新课改插入宽度优先的课程，那减负怎么减？大部分教师和学生都是普通人，这种课程设置的假想、遐想意味或色彩太重了。

还有，把社会需要与教育简单连接一体，把教育单纯看作为应对或服务社会需要的直接反应器或对应器。在"'减负大家谈'征文"中，有一线教师对此也表达了看法："学校教育肩负着培养未来社会需要的具有与之相适应的知识技能人才的责任，于是随着世界经济一体化进程的加快和国际间交流和合作的日益密切，学校就必须在小学阶段开设英语课程，而随着计算机的普及和广泛应用，学校又在小学就开设信息课，诸如此类。这样直接导致学生要学的课程越来越多，接受的信息量越来越大、负担越来越重。"

这其中，就有新课改主张的"三类课程"的影响，实际上就表现为一个在教学内容上旧的扔不掉或不敢扔，新的却随便加的问题。新的理念与实际措施之间自相矛盾，减负难以下手。

课程加宽，会引发教育内容累积或超量，引发学习的加时或超重。但不仅如此，即便单科教材也存在这样的扩张问题。在"'减负大家谈'征文"中，一线老师这么说："我教英语20多年了，教材的更换还是比较频繁的。给我的感觉是书越变越厚，越变越大，内容也越来越难。"此外，还存在"课标给的标准课时与教材内容要求不符"的问题。

这类矛盾，很可能是课标以大众主义思路制定，标准课时和教材内容则按精英主义思路制定所致。当然，这也很可能就是几个所谓专家关起门来随便想当然设定一下，并没有严格运算或测算的产物。

有的一线教师也表达了上级要求增多及其自相矛盾。一位教师说：“现行的教育制度不完善，是造成学生负担越来越重的杀手锏。国家喊着减负和素质教育的口号，对分数的要求却不见降低，反而加大对其他方面的要求，名为减负，其实是加大了学生和教师的负担。”另一位也表示出类似的看法：“有时相关教育部门也表现出减轻小学生课业负担的态度，采取的措施大多是增加其他的教育内容比例的措施，如增加学生的艺术课程学习；增加学生的科技能力培养；增加学生体育锻炼时间；等等，但这并不能真正减轻小学生课业负担。内容是增加了，对语数英学科的分数要求不变，学生学习更累了。”

新课改还要搞综合评价，直接表现为要求增多、任务增多，以及评价时间的增多，在原有背景和要求不变的条件下，自然演变为增负而不是有利于减负。

可见，以上各类增与减的悖论，都在推行新课改中表现出来，结果新课改与减负渐行渐远了，而与过负却渐行渐近了。悖论乎？

（三）远水与近渴：教师们的趋同感

新课改显然面临着一个大背景改不了、资源不均衡改变不了、制度制约改不了、教育主管部门的管理目标及其方式改不了、教育质量的评价标准改不了、课程格局改不了的局面，最后的结果自然是考试领导教育或分数支配教学的基本逻辑和规则变不了；能剩下的就是那些漂亮理念及其恢宏的战略远景，构成了一道美丽的海市蜃楼。

在这种什么也动不了、改不了的情形下，仅仅宣传点新理念，仅仅改变一点教学方法并围绕课堂打转的新课改，显然无法满足家长对择校、升学及其对分数的期望和追求，所以也迫使家长因校内得不到，就转移到课外或校外去寻求满足。这客观上促进了课外或校外教育服务市场的兴旺，由此也加大、加重了学生的身心负担。可见，不触及根本约束及其利益关联的新课改，对减负难以起到正面作用，尽管在纯净的实验室里它可以成功。

显然，漂亮理念及其恢宏的战略远景只是远水，解决不了家长和孩子的择校或/和升学近渴，也解决不了学校及其教师的各种近渴。所以，教师的感觉也渐渐趋同，觉得“现在的素质教育，很多时候的感觉好像是又回到了过去应试教育的整法上去了，题海战术又回到了各学校班级，一大部分学生又在读死书、死读书。”有的则说：“现在许多学校在功利的诱惑下，从过去‘片面追求升学率’到现在的‘全面追求升学率’，将素质教育抛在脑后。迫于这种压力，一些学校纷纷以‘升学第一’替代‘健康第一’的指导思想，以牺牲学生的身体健康为代价。”还有的直接说：“在实际的教学实践中我们却发现，新课改在某种程度上非但没有达成‘减负’的目的，反而一定程度地增加了学生的负担。”

由上可见，新课改与减负的悖论还真的出现了。那么，指望由新课改来推进素质教育，看来并不是一条正确的路径，起码其论证缺乏严谨的科学性。

五、本章小结

制度源头当然需要人的选择才能起作用。制度环境或制度空间是极为复杂也是相当矛盾的环境，但制度环境或制度空间中的各个主体会从最有利于自己的立场和角度作出选择，从而强化有利于自己利益的行动或顺应使自己利益最大化的制度，虚化有损于自己利益的行动或规避不利于自己利益最大化的制度。各个主体的这种利益最大化选择恰好在考试及其分数上聚合成一种共同合力，从而汇合成过负，而刺激各个主体作出强选择的这些制度，也就是过负的制度源头。

显然，存在激励强选择的制度，也必然存在弱选择的制度。那些与自己利益不大有关，或者有关也不重要的制度（包括政策、方针、指示、规范、口号之类），自然会被虚化或规避，最多是作为门神摆设。减负，包括所谓素质教育或新课改，虽然是最大的政策号召及其规范，但如果你把它放到整个制度环境或制度空间去，用利益最大化的理性人公理及其群体竞争规律去衡量，马上就会发现它不可能成为激励强选择的制度，所以减负（包括素质教育或新课改）常常虎头蛇尾搞不长的原因就在这里。有的老师写减负文章，就把学校形容为“在素质教育与应试教育的夹缝中求生存”，而把教师形容为“在绩效考核与育人的夹缝中求生存”。这个“夹缝”，也是学校或教师在制度环境中对不同的制度约束自我比较和选择的产物。

不过，通过制度源头检索，可以看到把过负归咎于“片面追求升学率”或“单纯追求升学率”的归因，其实是不全面的。这个归因，对家长大部分有效，对学生部分有效；对学校大部有效，对教师部分有效；对教育行政最高层无效，对地方教育主管大部有效。但从制度源头看，很多制度设置并不具有这个初始动因。例如，重点校或示范校制度设立，显然不是为了“追求升学率”，也不是为了满足“追求升学率”的需要；教学质量监测制度也不是——上面说了，它有一连串好听的理由；微观一点的教师绩效工资，显然也不是；至于小升初制度，以及新课改实验，就更没有也不可能是为了满足“追求升学率”的需要，而是为了治理或减轻“片面追求升学率”或“单纯追求升学率”的问题。

但是，为什么这些制度的制定及其推行，其结果反而是起到了增负效应而成了过负的制度源头呢？连明确以推进素质教育为目的的新课改，反而成了客观上增负的一个悖论性源头。

因此，从减负的角度讲，首先意味着清理制度环境或制度空间。不清理那些对激励“追求升学率”“分数至上”和“考试支配教育教学”有强效应的制度，而诉诸于人们的良心发现去抑制或克制的围绕以上目标的冲动和行动，或者只盯着教学或课堂，那么减负最后归为虚拟化、虚弱化是必然的，因为这会产生一个“好人吃亏，听话倒霉”的减负结局，那怎么可持续？制度环境或制度空间不清理、不打点，制度环境或制度空间本身就杂乱无章，比如，择校费制度及其问题，涉及实质利益及利益链的损益，就难以去应对和清理。既然如此，就无法要求人们不对各种制度作出有利于自己的选择，而只顺应减负的要求。

总之，只要以上的各类制度存在，那么人们的选择及其行为都是合理或合法的，尽管其综合结果却成了不合理、不正当和不合法。因此，减负不能仅仅归结为家长或学校及其教师“片面（单纯）追求升学率”上就完事了，因为这不是因，而是果，是当前制度环境或制度空间下的必然之果。

参考文献

[1] 凭什么用我的钱来奖励我［OL］. 凤凰网（教育）edu. ifeng. com.

[2] 北京教育科学研究院基础教育科学研究所．减负新探［M］．北京：北京出版集团公司北京出版社，2012：213.

[3] 杨东平．“北京市小升初择校热的治理”调查报告［OL］．阿尔法互动教育网．http：//www. edualpha. net/article－40034－1. html.

[4]［5］北京教育科学研究院基础教育科学研究所．减负新探［M］．北京出版集团公司北京出版社，2012：210.

[6] 邓兴军．宣武区小升初不实行“推优”［N］．北京青年报，2010－05－06.

[7]［8］什么是小升初推优？［OL］．中小学教育网．http：//www. g12e. com/new/201112/yu2011120513425954979433. shtml.

[9]［10］小升初推优需要具备哪些资格？［OL］．中小学教育网．http：//www. g12e. com/new/201112/yu2011122714162032092246. shtml.

[11] 张景华．“推优”加剧小升初竞争 优惠政策效果喜忧难定［N］．光明日报，2011－05－10.

[12]［13］［14］［15］［16］小升初推优需要具备哪些资格？［OL］．中小学教育网．http：//www. g12e. com/new/201112/yu2011122714162032092246. shtml.

[17] 2010 小升初家长须了解的推优分配表［OL］．中国教育在线，2010－09－21．http：//www. eol. cn.

[18]［19］［20］马东梅．高中“统考”？是教学质量监测［N］．新京报，2012－02－16.

[21] 北京教育科学研究院基础教育科学研究所．减负新探［M］．北京：北京出版集团公司北京出版社，2012：229.

[22] 同上：211.

[23] 同上：212.

[24] 北京教育科学研究院基础教育科学研究所．减负新探［M］．北京：北京出版集团公司北京出版社，2012：229－230.

[25] 莲山．中小学教学质量监测方案［OL］．http：//www. 5ykj. com/Article/cyg-wssfa/96503. htm.

第十五章　出口拥堵及臃肿

目前而言，人们已经形成了这样的大致共识，即高中课业负担最重，初中次之，小学相对最轻。这种感觉，应该说具有很大的确切性，但这具有一定的必然性，即未必是问题。问题是：教育是一个整体，上学的孩子及其家庭会瞄准上一级及其终端目标做出反应，而且上游阶段的课业及其考试难度，深深地支配着下游阶段的教与学，在择校或/和升学竞争的约束条件下，这就成了下游阶段生成过负的强诱因子。所以，从总态势看好像规律依旧，没有问题，但过负还是发生了，潜伏于这个所谓必然而合理的总态势中了。而支配作用最大的一环，就在于基础教育最后阶段的高中教育及其高考，其中的课程及课业构成，无论就国际范围还是与国内的香港或台湾比，无论是从未来需要的角度，还是从国家的某些规定来看，都存在了不当的臃肿。

本章探讨高中阶段教育结构演变及其课程、课业的构成概况，揭示其对下游阶段教育的支配性影响。

一、普高快速膨胀带来的出口拥堵

高中对基础教育而言是终结阶段教育，属于基础教育的出口；高等教育对高中而言则是接口。毕竟只有极少数人能够跳过高中阶段而直升大学就学，所以高中教育波及或影响的人数和范围极大。

（一）现有约束下，普高膨胀扩大了高考竞争力度

目前的情形是，作为接口的高等教育极为放大了，也快速放大，但接口中校际差异及其出路前景分化严重，所以人们所中意的接口还是相当地单一和狭小。而作为出口的普高，有的大城市如北京普高学生已达

到70%，普职比例多年来一直处于上升趋势，[1]以至职高招生困难，生源外地化。可见，高校大扩张并没有带来高考竞争的减弱，也没有带来普高扩张的减弱，就源于此。事实正相反，不仅未减弱，恰恰是由于普高的迅速扩大，更扩大了高考竞争的基数，高考竞争变得越发激烈了。这一点第十二章中已分析过了，即进入高考的普高学生，期望进入“一本”的985大学和211大学，是其自然的初始动力；推算下来，这个竞争力度不低于文革后考大学的竞争力度。

从上可见，民生格局的分化与高校格局的分化，以及这两种分化彼此呼应，作为当下的约束条件，是高中过负生成的外部源头，而高考不过是顺应这一格局源头的机制或环节而已。但这种格局源头加相应选择机制所导致的一个必然结果，就是高中过负的合理化、合法化，甚至常态化，并诱使学业竞争及其压力逐步向下游阶段教育渗透和扩散。

（二）市场新信号出现，但择校或/和升学基本趋势未变

就业市场中文化层次用人倍率，是反映并刺激人们求学需求的指标。[2]总体而言，三十多年来这个求学需求在市场及非市场因素的激励下不断趋高，并表现为本科教育、研究生教育和博士教育的不断扩张；而且，就学历而言，具有终端性价值的最低学位，目前在人们心目中就是所谓“大本”，也就是说具有本科学历，才算是受过高等教育，所以“续本”始终是一个热点和热潮。但在当前，续本早已不是指一般的“大本”，而是期望得到“一本”类高校尤其是名声响的大学其成人高教的大本。成人高校生源衰落，而普通大学成人高教兴盛，原由就在这里。对高中生尤其是普高生而言，追求“大本”则是指“一本”校的大本，起码是“二本”校的，“三本”类大本目前则形同鸡肋，不仅体面心理上满足不了，市场接纳度也低很多。有文指出：“一个清华毕业生有一二十个单位抢着要，而普通高校毕业生却常常无人问津，这又加剧了升学竞争。这就是我们今天面临的现实。”[3]就说明了这一点。

当然，经济形势的变化也带来一些市场新信号，如“技工荒”信号。“技工荒”出现后，产生一些教育回流，即大学生甚至研究生重上职高。[4]按理，技校生占居就业市场优势会降低普高的膨胀及其高考的竞争力度，但事实上，这样的好事并没有成为趋势，而大都是个案。原

因是多方面的，如沉淀成本过大、生命成本浪费过大、回炉再投入成本的制约、预期或发展前景不明朗，以及群体反应滞后效应等，但其中一个重要原因，还是由技工的苦力性质并无改善而依然如故所致，即“工作强度大收入低”[5]。

可见，出现了市场新信号，但不足以改变导致家长已经惯性化了的选择偏好，尤其是大城市里居民依然难以对职高或高职感兴趣；何况，依据这种信号作出的选择及其结果反馈、传递到家长那里的，并非都是积极的事例。有两个数据可以表明这种市场信号作用不大。例如，2004年左右知心姐姐的调查数据表明：“除了7.29%充满激情和想象的答案，剩下92.71%的中小学生的回答几乎千篇一律为：‘上一个好大学，找到一个好工作。’”[6]较后的数据是这样显示的：“其中重点校的家长更是高达85%，而希望孩子上中专、技校、职业高中的只占12%。”[7]

这前后两个不同时段的数据表明情况似有好转，但追求优质教育资源的择校或/和升学总趋势依然未变，并无太大的改观。既然总趋势依旧，那么考试领导、支配或指挥教育教学的这一基本逻辑也只能是涛声依旧。

（三）高中阶段过负的延伸效应

就不同阶段过负的危害性而言，有一点可以肯定，即高中阶段过负与小学阶段过负，其危害系数不等同，因为前者毕竟接近成人，所以承受力和抗挫折能力要高很多，而后者则低得多，从而过负对后者的危害性大得多。这是事实。从这个意义上讲，小学率先减负是有意义的。当然，并不应高估这一点，因为高中生的承受力和抗挫折能力同样不是无限的，其绝大部分人在高三之前依然属于儿童的范畴。

需提及的是，这种由低向高的减负设计，导致入学衔接差过大，衔接难度加大的问题反过来又造成课业负担陡然升高的态势及其恐惧感，成了小学生进入初中、初中进入高中的不适应及其不适应扩大化的新问题。这在推论上是成立的，事实上也存在于一部分学生身上；但更大的问题，则是上游阶段课程及其考试不减轻或减不了，其课业就会向下蔓延和渗透，结果上游阶段的课程及课业构成成了下游阶段过负的强诱因，因为它催发下游阶段教育提前应对上游阶段课业及其要求的需求，导致教学及其学习上的“卯吃寅粮”，或者说是教学及其学习上的“提前加班”或“超前学习”。这是另一种“过度教育”。[8]

这种现象很难简单化地说是道非。在小学阶段很多孩子上课外班或校外班，其家长及孩子本身抱着这类提前学习或超前发展想法的已很多，其终极动机是在择校或/和升学上占据竞争优势，而不是仅仅针对并满足于“衔接”。[9]幼教小学化的倾向，其动机也大致类似。但有一个结果是必然的，那就是这种上游不改、专改下游的减负思路，很容易导致“小学率先减负”沦为一句空话。

那么，除了前面说的系统合力和多类制度源头外，就法定课程及其课业在高中这一出口阶段，是否就存在了不当的问题？如果存在，把过负主要归咎于高考制度，那就不尽恰当或合理，也无助于问题的改善和解决，因为高考出题显然也要考虑和兼顾高中课程内容及其标准的。以下就这一问题作出分析。

二、高中课程及其课业的臃肿

普高快速膨胀，出现了出口拥堵问题，但就课程而言，普高课业本身就极为庞大臃肿了。其不仅难度惊人，宽度也惊人，现在又有所谓“综合课程”或“共性技术”，而且什么课都要搞个德育渗透，自然掺杂性很高，好听点也就是复合度也惊人。当然，普高的课程及其课业臃肿不是孤立突兀的现象，而是我国整个基础教育的“难度优先”设计思路不变，却又掺和进“宽度增加”思路所自然膨胀出来的产物。这种设计，或许对选拔或依据现有格局配置高等教育资源有价值，但由学校、家庭及其教师、学生所承受的各类代价太大了。

这里先谈谈基础教育阶段课程及其课业臃肿的一般表现。

（一）基教课程及其课业臃肿的一般表现

中国基础教育重视所谓“双基”，既是传统，也是优势，还是沾沾自喜的资本，所以“基础教育的中国比美国好，高等教育的美国比中国好”[10]之类的说法是颇有市场的。所谓“好”，也就是说中国基础教育扎实，知识完整，技能熟练，而美国高中毕业生离开计算机连简单的加减心算也算不来。当然，脱离开时代需求及其背景，孤立地比较几门主课的“双基”，其实是没有实际意义的，因为彼此追求的目标并不一致，比较无从发生。这个简单道理虽然都懂，但这类比较也还是经常发生，其中一个重要驱力，主要不是因为孩子需要，而是因为成人需要，由后者的偏好所致。

这个成人需要及其偏好体现出的，就是强烈的学科本位导向支配基础教育课程设置及其教材编写；并且，由于当今学科知识本身爆炸，这个学科本位主导的课程及其教材，也必然随之膨胀，越上溯越严重。旧的不能丢，新的不断添加进来，最新的更是多多益善，最难的也要及早传授、掌握，所述理由都是绝对的、战略性的，国家、民族层面上的，谁也不敢说“不”；结果，教育成了新学科、新知识、新理论的敏捷反应器和快速容纳器。如此情形下，要课程、教材、课业不膨胀，那怎么可能？由此却要学生负担正常，又怎么可能？

这个学科本位的价值导向，滋生的问题是课程多、教材深、作业多，强调学科的完整性系统性，而且阶段越高越艰深，恨不能把大学的课程尽快、尽多下移给高中，甚至尽可能下移到初中。至于这些知识、技能与孩子的当下生活有多大联系，跟其未来生活和工作有多大关系，跟其身心发展是否有益，除了必须考虑跟考试是否有关外，基本是不需要考虑这些问题的。与此相连的结果，如考试多、考试难，以及作业上的难题、偏题和怪题都会冒出来，以至于在小学阶段就出现不少连硕士父母都做不出的难题。[11]❶连幼升小的题目都很“雷人”或“变态”[12]，其实质并不神秘，无非是由幼教资源紧张所延伸出来的配置手段。

显然，难题、偏题和怪题的效用主要是有利于拉开分差、分出高低，有利于遴选和评价，从而维持稀缺资源分配的格局和秩序。不过，它对大多数智力平常的儿童而言，加重其智力和心理负担的作用太明显了；即便对天智杰出的孩子，一味强加的难题、偏题和怪题，就一定有利于其智能发展？其实也未必。这种唯智论的教育，更多是产出心理不健康或者满足大众智能猎奇心理的表现型人才，从知识增量或学问推进

❶ 笔者本人也亲身遇到这样的经历，小学四年级的儿子暑假作业中遇到一个数学题请求我帮助，但我自己怎么也解答不出，只好请大学数学系的副教授帮解答，结果他也做不出。这类习题或作业，主要的问题是跨度太大，而不是一概非法的问题。

的角度讲，其实都不是人才，不然，科技创新的强国一定早早属于考试一流的中国了。

（二）认识已成，积习难改

对基础教育课程及其课业臃肿，有知名人士从过负生成的角度指出过：原因之一是“学科内容过深，尤其是数学、物理等学科，还有英语学习的低效率”：“譬如，与国外相比，中国的数、理教材最高深，我们的五年级小学生可以解答美国九年级（初三年级）数学试题，而且还能在他们的班级里遥遥领先。在历次国际中学生奥林匹克比赛中，我们的学生连年夺魁。”[13]而义务教育阶段其课程及其课业的繁重和繁多，直观上可以立显：课本、习题册堆满课桌，而习题卷全年级需用用麻袋装：“寒假作业：每人96张大试卷，中考宝典做120页，全年级有624人……，试卷连在一起共23.36256公里，从广州到佛山才22公里！”[14]

到了高中阶段，课程及其课业的繁重和繁多更是赫然醒目了，连一边打吊针一边复习的事都出现了。[15]此阶段一个最突出的特征，是绝大部分家长到了这个阶段就无法亲自辅导孩子了，哪怕你是大学教授往往也辅导不了。很多高中试卷及其题目即便是本学科的教授，估计也很难做出来。这虽然不只是大陆的问题，台湾也有这样的问题，结果台湾的教育部长当众出了丑。[16]至于教材课本之多，也是令人咋舌。普高高一年级由学校统一发的各科教材课本，不包括需要另买的配套习题册之类，就达60多本，摞起来足超半米，而且这些教材课本，都打着“新课改实验教材”的名义。高中阶段需要应对的考试名目，同样是相当繁多：高考、会考、区考和校考四考合一，有的学校甚至规定每两周考一次。学校教学显然会根据这些考试的权重分别用力、用心，但如此繁多的考试名目，以及如此密集的高中考试，使得高中教育成了名副其实的考试集中训练营。要考试集中训练营的课业负担不重、其压力不大，那除非它不是考试集中训练营。

与香港比，更可以清晰显示大陆高中课业臃肿的基情是会考、课程多。香港中学文凭考试相当于大陆的高中会考，“分为4个核心科目（中国语文、英国语文、数学、通识教育）和2至3个选修科目”，后者又“分三个类别，学生最多可报考8门”；[17]而大陆高中会考是“语文、英语、数学、政治、历史、地理、生物、化学、物理，通过9科考试，才可以参加高考”[18]。中国高中虽然已出现选修的课程，但9科必考，更要应对高考，那么对很多高中生而言，所谓选修也会形同虚设，未必还有多少余力和闲情去选修，所以过负必然生成。香港“核心科目”+“选修科目”+“报考门类”的设计，学生依据自身条件和学力来应对的自由度相当宽，自身条件好和能力强的可以多报，但也不可无限多报，有高线限定；自身条件和能力一般的，可以少报；此外，还可以按自己的兴趣和优势选择报考类别，而自身条件和能力差的，则满足会考基本规定数即可。

可见，香港的会考及其课程设计思路，体现了以“学生为本”和“育人为本”的理念，同时满足了高才生和多才生的挑战需要，以及由此遴选人才的目标。我们的9科考试及其课程设计和施教，更多是体现了9科背后的成人意志；事实上是成人权力对儿童意志的任意强加和强制，而强加和强制长期化如果不能被良好内化或接纳，从来就是心理疾病或精神崩溃的根源。如果能被良好内化或接纳，他虐转化为自虐，由此造就出来的人，虽然可考试一流，但大都不是开创、开拓性人才。

（三）新课改或素质教育的变味

一般而言，能进入基础教育尤其是高中的学科，都是强势学科及其内容。所谓强势学科及其内容，也意味着支撑这些学科本位背后的成人势力是强势的，所以高中课程的学科本位及其分化繁多，是成人势力争夺教育空间占领权的表现，并表现为强势学科有泛滥扩大之势。但是，如此多的学科内容都要压在高中生头上，都要通过考试来检测和论高下，并且强势之为强势，就是要有考试来体现和保证，不然也不算什么强势学科。那么，除了少数天赋出色的学生外，大部分学生很难不支付额外的生命成本和其他成本来完成这些沉重课程及其课业。好在高中会考可以只求合格，它与高考的权重及其夺分目标无法相比，从而学生可以把重心偏移到高考及其相关的学习、练习和复习上，但不管怎么平衡，高中的这种多重目标及其多重任务，的确可以说是高中阶段过负生成在法定课程及课业本身上的内部根源。

可是，仅仅一个学科本位及其泛滥就演化为如此繁重的课程及其课业，那么这种教育空间的占领，又遇上社会本位、市场本位或学校本位的争夺呢？这些争夺，都打着漂亮的旗号，结果是课程设计搞均衡，类似当年美国人的“门户开放”。不管何种均衡，这种只增不减而像摊大饼一样的均衡，最终倒霉的都是学生，并且在小学阶段就开始显现。这已不是推论，而是事实了。来看一个例子：“一名南京市的小学生，去年他的作业中多了一项‘暑假生活课程行动’，虽然只有薄薄 12 页纸，但每一个章节都包含了阅读、练字、探访亲友、综合实践等内容。据孩子说：‘作业看起来很轻松，但做起来很费劲，暑假作业在开学前一天才完成。’”[19]

问题还不仅仅是课程均衡和课业混搭，更是导致课程膨胀与课时限定政策的直接冲突。这一点上一章已论及，教师的感受也相当一致。它使得学校及其教师要么不知所从，要么只能用机会主义来应付，而家长则用课外或校外教育的补充和超前来防备。可见，这种什么都要放进去的新课改或素质教育，起不到减负作用，相反使过负更趋复杂化，越减越难。

素质教育也好，新课改也好，都必须清基。它需要理念上清基、课程上清基、教材上清基、考试上清基、管理上清基，而且是自上而下的清基，不然必成四不像。不清基，能建成新房子吗？没听说过。新课改或素质教育自称与众不同，但由于它没有清基，也可能是做不了清基，所以反而成了床上叠床，屋上架屋了，这自然是无助于减负。更荒诞的是，它起不到减负作用，却还要单设的减负行动来为它提供推进、推行的前提条件。这种循环论证的论调可以成立，那么谁又来为减负提供可行的前提条件呢？

（四）难于上青天的高考和难于下青天的高中课业

中国的高考难、高中课业难已是常识，但高中课业难与高考难成为一种互补互支现象，则还需要检讨一下。

相比较，高考的支配、指挥效应最大，因为在中国最大或最重要的考试就是高考。说考试领导教育、指挥教育、支配教育，归根到底就是高考领导、指挥和支配教育。每年高考的那几天几乎成了全国上下一致关心的大事件，其重大性真的只有早年的科举考试可比，甚至有过之而无不及。中国官员不怕上访，但对高考事宜则是十分敬畏的，唯恐保障上出纰漏，触犯众怒。不过，既然高考难于上青天，那么要让高中课业下青天就做不到了。

中国的高考有多难？它与课程及课业的关系是什么？与过负又有什么关系？国家总督学顾问陶西平说：“长期以来，大家比较关注的影响学生课业负担过重的关键因素有两个，一个是学校和教师的教育思想和水平，一个是选拔和考试制度。所以，产生了两种说法，一种是减负的瓶颈在教师，一种是减负的瓶颈在高考。”[20]

陶先生这里直接说了高考，表明在这一问题实际上已有共识。诡异的是，共识已成，但问题依然，并产生了既不能取消高考，也难以降低高考难度的悖论。既然考高难度降不下来，那么高中课业难度也不可能降下来，其课程及课业也不可能减轻。不过，既然找出以上两个原因却不能改善或解决，甚至也不能触动高考，那么说明问题的深层根源不在教育本身，解决之道也不首先在教育改革本身了。

中国的高考有多难？笔者没有根据说它是全世界最难的，但说它比美国的 SAT 考试难[21]，比美国高考 ACT 考试难得多[22]，这是根据充分的。就数学而言，有的网民还指出，美国“高考”数学难度只相当于中国初中[23]；据辽宁卫视介绍，也要比韩国的难[24]。因此，粗略地说中国的高考比发达国家的要难，这一结论是站得住脚的，也是最少争议的。

高考难，一是有高中艰深课程及其繁重训练的支撑，这需要在高考上有所体现并保障；二是满足上游高等教育阶段选拔的需要，挑选出高考中出类拔萃的学生；三是为了拉开分差，以适应高等教育阶段优质资源不均衡的现有格局，并维持一种按分取人的和谐秩序。所以高考难与高中课程难是一体两面、互支又互竞的问题，对下游阶段教育的影响深远。

需提及的是，美国的 SAT 或后起的 ACT，很大意义上讲是不可以与中国的高考相比较的。第一，SAT 或 ACT 不规定高中资格才可考，初中生也可以去考；第二 SAT 或 ACT 取决于高校自己的认可和选择，而不取决于官方背书，并作为强制性的选择条件和标准。因此，与中国的高考相比，SAT 或 ACT 对学生的效用及其压力与中国高考对学生的效用及其压力是不可同日而语的。可见，SAT 或 ACT 对美国高中教育及其整个基础教育的支配、指挥作用，与中国高考的支配、指挥作用，更是不可同日而语了。

三、高中学习时间异常与高考难度异常

比起笔者关于高考难度的那种毛估估的看法，有位叫“混休琼”的网民的见解要高明、准确得多。其《论中国高考试题难度的严重不正常》一文[25]，出色地解答了中国高考的试题难度问题，其中包括试题难度系数的如何确定问题，从什么时候开始试题难度系数不正常了，是什么原因导致了这种不正常，以及与过负的关系。

该文一个很创新的思路就是从学习时间的变化来确定试题难度系数，直观上的确很说明问题。笔者认为这是一篇很难得的好文章，所以这里单列一部分来介绍该文内容。

（一）高考试题难度严重不正常及判定依据

该作者认为，中国的教育仍然是“应试教育”，中国学生的学习负担并未见有多少实质性的减少，一个很重要的原因就是中国高考试题难度的严重不正常所致。他认为判定试题难度，不应根据知识点多少和内容抽象程度来判定，也不应当仅仅依据得分率来判定，而应该根据考生学习、复习和准备的时间长短关系来判定。

这个系数在 0 ~ 1 之间摆动：越趋于 1，说明难度小；越趋于 0，则难度越大。其中提出了三个判定原则：“（1）学生用正常的学习时间学习和准备，考出来的难度系数是试题正常的难度系数；（2）学生用稍多于或稍少于正常的学习时间学习和准备，考出来的难度系数会有些误差，但误差不大可以接受；（3）学生用远远多于或远远少于正常的学习时间学习和准备，考出来的难度系数误差会很大，可称为是试题的严重非正常难度系数。”[26]

作者接着计算了高中三年实际学习时间与正常学习时间之差：“由前面的计算可以知道，高中学生的实际学习时间为 920 天，约为正常学习时间的 1.5 倍。所以，现在通常得到的高考试题难度系数其实是真实

难度系数的1.5倍。也就是说，用现在的高考试题难度系数除以1.5得到的才是高考试题的真实难度系数。”[27]

那么，这个严重不正常，是从何而开始的呢?

（二）高考试题难度不正常的起始点及原因

作者认为：“中国是从1995年5月1日起开始实行5天工作制的，所以，可以认为，中国的高考试题的难度系数是从1996年开始变得不正常，而从大约2000年左右开始变得严重不正常。”

一个原因是1995前，初中、高中还实行淘汰制，而在1996年取消了，于是大量对学术性课程不适应者进入初高中；同时，升学率的竞争却加剧了。前者要求降低初高中的教学内容难度和范围，而后者则要求加大初高中的教学内容难度和范围，而在教育政绩或数字化行政管理的驱力下，其实是后者占了上风，所以作者说：“这样看来，现在高考试题的难度应该比6天工作制时候的难度要降低几个档次才对。但是，如果我们拿1990年前后几年的高考试题和最近几年的高考试题进行比较，可以看到，最近几年的高考试题其难度绝不会比1990年前后几年的高考试题简单，而是更难。”[28]

这样高考与学校及其教师行为的互激怪圈出现了：高考试题的难度，决定了高中教师会努力地占用学生的课余时间去应对，后者的行为又决定了高考出题者来提高难度，不然拉不开分差，也无法达到甄别和选拔的目的。结果，自然是新一轮互激循环下去。所以作者说“出题者为了维持他们心目中理想的难度系数，就不得不一再提高试题的难度，而学校和教师为了应付这越来越高的难度，就不得不一再增加教学的时间，结果就成了水涨船高之势。所以，中国的高考试题，难度系数好象是一直保持稳定，但试题的真实难度实际上在不断提高，而学生的学习时间也是不断地增加。只有当学生的学习时间被彻底榨干之后，高考试题的真实难度才有可能最终地被稳定下来。这就是高中学生学习负担过重的原因”。[29]

作者在原因分析上也有很出彩的地方：“中国高考试题的难度长期以来都是严重不正常的。这是导致中国学生学习负担过重、中国各种教育改革不成功的一个十分重要的原因。”这是“对高考试题分析时机械地去理解试题难度系数这一概念，简单地用考试分数来计算试题的难度系数，而没有考虑学生的学习时间是否正常所致”。[30]这种常识问题上的栽跟斗，作者认为跟广大老师迷信专家有关。对这一点，笔者不太同意，而认为跟依法治教或办学自主权的不到位、不清晰关系更大。

作者认为原因之二是，学生的“健康成长”和“选拔人才”的教育目的搞颠倒了。这一点是对的，但这个思想原因作为动力之所以能够得以存在，不是单纯的认识缺陷造成的，而是由实际利益差及其出路前景差太大造成的。

更令人担忧的是，这种难度优先的陈旧思路，不仅在高中课程以及高考上不断复制，而且蔓延到针对尖子生的“自主招生”的小高考上。[31]学生中也有这样的认识：“有考生很认可这样的考试方式，如果和高考一样就失去了意义。”[32]这种看法不能简单说有错，但考虑到高考自身难度系数居高不下的条件下，这种难度优先的思路再上升一级并复制到针对尖子生的“自主招生”的小高考上，那么等于是一种雪上加霜，而不是起有效分流的作用。如果中国高考和高校自主招生的考试都是这种思路，那么可以想象，过负是不用期望去解决了。当然，只有一个办法能彻底消除这个难题，即等到大部分家长及其孩子对高考或这类自主招生都不感兴趣的时候，它们的指挥、支配效能就自动消失了，从而过负也就不减自消了。

另外，如果再深入一步探讨：这样的高考制度真的能选拔人才吗？与这种高考制度紧密结构一体的教育，又真的是在培养人才吗？除非改变“人才”定义，不然结论恐怕会相反。显然，单纯局限于高考及其教育来回答这个问题，对此是讨论不出什么来的，所以这里不讨论这个问题。

（三）归因分析：儿童权利缺位

简要分析一下，该作者的思路是从学习时间的不正常窥探到高考难度的不正常，因为看到了两者的函数关系。这两者具有互激性，不是简单的因果关系；相比较而言，高考及其高考难度的设定具有更大的独立性，所以对后者具有更大的支配性影响。但问题是，作者提到的“正常的学习时间”概念为什么建立不起来？

众所周知，与围绕考试出题范围进行题海战术及其猜题、押题之类考试法宝一样，靠增加学习时间来提高应试竞争力的办法，是一个最通常、最常识性、最古老或最本能性的办法。问题是，为什么最终还是会归结到这个最简单最原始的办法上？前面提及过，看来还是象棋残局效应的规律起作用了。也就是说，在竞争面不断扩大的约束条件下，任何提高应试能力的良方所具有的优势，一旦可以被模仿或学习，那么这种良方扩散的自然结果，就等于最后谁也没有优势；如果这种提分良方比较优势不足，那么还是会选择方便实用的应试训练办法。从而，除非天智杰出者，对大部分学生而言则依然要靠拼体力、拼时间、拼勤奋的题海战术或密集训练来应对，尤其对那些师资力量一般加生源较差的学校更会是这样来应对。结果，高中成了炼狱，读书成了苦役，学生成了学习的奴隶，或者成了做题或考试机器。小学教师现在要求学生达到的考试水平，是“卷子一看都懂，一做全对”；那对高中教师来说，更是这样的期望了。

因此，在高考指挥、支配权重居高不下的约束下，高考难度的不正常也必然导致学习时间的不正常。这一点是无法在总体上靠“提高师资质量”“提高教学效率”或“改进教学方式”之类来改善或解决的。这类改善或解决往往也是远水不解近渴，理由前面多次说明过了。但“正常的学习时间”概念建立不起来，其根子则是儿童权利的严重缺位和不清晰。

无论教师还是家长，都可以无视这个“正常的学习时间”。学生自己要么认识不到自己的“正常的学习时间”，要么无权要求这个“正常的学习时间”，更无能力提出这个“正常的学习时间”，儿童成了真正的弱势群体，并且还没有专门的保护者和维护者。家长、教师、学校、教育管理部门，等等，说起来都是儿童权利的保护者和维权者，但一旦论及考试及其分数，涉及择校或/和升学，那立马又变为儿童权利的主动或被动的侵权者，而且都打着“为了孩子”的各类漂亮旗号。所以，过负的成因很多，责任者很多，但保护者与侵害者一体，维权者与侵权者同体，结果或者是法不责众，或者是侵害者、侵权者主体不明，难以成为一个法律问题。这类问题，最多是发一番议论，开几次会议，造一通声势，宣告一下上级重视了，最后大都是不了了之。

这种围绕高考而进行的应试教育，的确会导致一个优生与“差生”双输的局面。不过，教育部好像已在采取措施：其称“全国高考命题难度在逐年下降”[33]，还有改变“一考定终生”的设想。[34]如果这一点真有实质性突破，那么对改变应试教育及其过负，一定会有积极的连锁效用。尽管这不算根本的改革办法，但起码会减少高中学生高考复习结束后用“烧书”或“撕书”来宣泄压抑情绪的行为。[35]

四、高中法定课程及课业本身的臃肿

上文引述的文章表明，学生大量课外时间的被占用，实际上表明高中学生的学习具有双重性，即一方面要完成高中阶段规定的法定课程，另一方面要瞄准和围绕高考内容和范围来学习。这两者之间没有绝对界限，但后者在目标上具有更大权重或价值则是无疑的；所以教学上围绕后者施教并且导致大量侵占学生的课外时间为高中教育的常态现象。此外，如果高中课程及课业本身艰深和繁多不减，那么高考也是不可能降低难度系数的，因为在高考权重为大的前提下，高考难度系数降低就意味着高中课程中很多内容会被师生双双抛弃。显然这是教育当局所不愿看到的情景，也是决定、左右和支配课程设置的各种强势势力所不愿意看到的，更未必做好了接受这一事实的思想准备。

（一）高中课程及课业的臃肿

显然，无论变法及其结局是什么，这里还是先仔细看看所谓“法定课业”本身到底怎么样。课程及课业在出口阶段本身就很臃肿，那么溢出方向或辐射效应只能向下，所以减负重在下游，往往是在做方向性错误的无用功。

关于这一点，不是笔者的发现，陶西平先生已经明确提出来了。他在《对“减负”瓶颈的再思考》一文中，明确提出减负的瓶颈除了教师和高考之外，另一个瓶颈就是这个法定课业上的问题。“我们的课业负担的源头———课程设置、课程标准和教材是否需要首先放在‘减轻’之列?”[36]对此，他认为存在，并且更应该关注和减轻：“我们更应该关注的是，现行规定的教学内容的‘重量’，是否首先应当进一步受到限制?”[37]

他所举的例证针对整个基础教育，但也有明确涉及高中的例子：“北京一位知名小学的校长认为，现行教学内容偏多、偏难，教与学都很吃力，教材的跳跃性产生的空白，使得无论是由教师教，还是由学生学来填补，负担都很重。北京市教委的负责同志则告诉我，高中一年级新课改全年使用的教材竟有62本之多。”[38]

所以，他最后又强调说“‘减负’是一个多口瓶，制约它通畅的瓶颈不是一个。当我们在关注‘教师’‘高考’瓶颈的时候，相关部门也应当带头关注一下课程设置、课程标准与教材这一更为重要的瓶颈。”[39]

陶西平先生提了一个很好的问题，并把“课程设置、课程标准与教材”视为“更为重要的瓶颈”。瑕疵是没有明确提出需从上游开始改变，而不是避重就轻从下游改变。新课改本意有减负的意向，但实施结果在课程设置、课程标准与教材层面上，却是一个有形无形的增负。上面谈过了，这跟新课改不能清基有关，与这个悖论相连的利益链不能清除有关。这意味着在这一层面上利益相关各方存在了争夺教育空间的博弈，但新课改并无博弈制胜的能量和能力，而只能求得均衡。的确，参与博弈的相关各方是达到了均衡性互适和共容，但孩子呢？孩子依然成了各自利益博弈的牺牲品或义务打工者。所以，揭示和理解这一原因不难，但破解这一悖论的实践却很难，因为无法在教育层面来破解这一点。

由上可见，高中阶段的过负就课业源头上讲，已存在了法定课程及课业设置严重不当的问题了，并非仅仅由既要围绕高考目标施教又要围绕高中课程施教这一双重性叠加所致。局限于后者来分析过负，也使高中校及其教师会受到过多的不当指责。

（二）减负要顶层设计和源头治理

可见，新课改的意向与其实际扮演的角色有着很大的冲突。减负上总是瞄准一线学校及其老师，其实成了一种方向性误导，也有违顶层设计的原理，其经常出现的结果必然是上面生病下面吃药。陶西平先生的话其实印证了这一点：“新加坡的教育部长尚达曼，去年底在谈到提高教育质量问题时说了一句很精辟的话，‘教得越少，学得越多’。其实，这种学习的辩证法在我国推进减负工作中早就倡导过。但比较多的是告诉教师应当懂得‘教得越少，学得越多’的道理，而对我们整个课程体系建设的指导作用并不明显。”[40]（同上）

这是一种温柔或幽怨式的埋怨。但谁应该对这一结果负责？显然不是一线的学校及其教师。这一点，苏联的巴班斯基谈减负时已谈到了，他认为这个不是一线的学校及其教师所能解决和应该解决的。应负责的不负责，该做功的不做功，却把减负的责任及其任务过多地推到一线的学校及其教师身上，但一线学校及其教师在多数情况下只是中间环节，不是源头。源头不减，源头拥堵，中间环节又无权自主裁减，减负自然不会成功，甚至减负成了做样子、摆姿势。况且，即便有勇气自主裁减的学校及其教师，但家长又未必同意，或者转移到课外或校外，或者请家教或亲自辅导，导致学校及其教师减负而家长却增负的总体均衡态势。这样，有勇气自主裁减的一线学校及其教师，反陷入两头不讨好或自讨苦吃的境地；假如自主裁减的结果是考试成绩不出色了，那这样做的学校就更尴尬了。

由上可见，减负的正反馈阙如或不足，一线学校及其教师的减负动力只能慢慢消退，减负能维持三分热度就很了不起了。

五、本章小结

本章展示了基础教育课程及课业的一般特征，主要介绍高中这一基础教育出口阶段课程及其课业的臃肿情形。这种臃肿不仅仅是由高中围绕高考施教和围绕高中法定课程及课业的双重性所致，而在高中法定课程及课业设定上就存在了。其中的一些比较，如与美国比、与香港比，与韩国比，也显示了这种法定课程及课业的臃肿现状。新课改进入高中并没有改变这一现状，相反，为适应各方博弈均衡格局反而加大了高中法定课程及课业臃肿，“高中一年级新课改全年使用的教材竟有 62 本之多”，必修课程有八九门之多，就是一个铁证。这还不包括需要配套的一大堆练习册或习题册之类。

本章介绍了一篇探讨过负的新视角文章。该文将高考难度系数确定依据，从原来的考试分数向学习时间转换，从学习时间的不正常窥探到高考难度的不正常，而高考难度的不正常催产了高中过负，并是恶性过负，因为高中实际学习时间为920天，实际上等于是没有节假日和寒暑假了；何况高中从入学到高考实际上只有两年零八个月多一点的时间。作者有关过负的新视角，证明了本书概念探讨中提出的学习和发展外驱化这一实质。“正常的学习时间”建立不起来，表明了儿童权利的不清晰和不到位，更表明了儿童学习及其成长发展以外驱为主，并被外驱任意支配。

就当今有关过负源头的三个认识，即陶西平先生说的：“一种是减负的瓶颈在教师，一种是减负的瓶颈在高考”，另一个是“课程设置、课程标准与教材这一更为重要的瓶颈”。当然，这不是一个层面上的问题，这种排列也不正确。师资质量本身不是想改变就能改变，不是想提高就能提高的；即便是，这是不同范畴的事务，不是过负的源头；其作用主要针对日常教育中动态随机性的负重有效，对具有深刻社会背景及其由权力因素和由制度因素催化出的过负，则是无效的，因为教师只是一个中间环节。当前择校及其应试潮流下，要中间环节对抗趋势潮流是不大有用的，相反其顺应潮流的可能性和增压动能更大。不然，就不会存在城市的过负程度比农村地区的高、知识分子阶层子女的比其他阶层的高，以及重点校的比普通校高这类现象了。

本章分析说明，减负要有顶层设计并从源头治理着手。这可以说是本章及其本书的一个基本结论。否则，一线学校及其教师减负责任过大、任务繁复、压力过大，而且指令矛盾，常常导致一线学校及其教师不知所措。这不合理，也同样侵害了教师的正当权益，更容易诱发教育教学上的机会主义行为；就教育的宗旨而言，后者的危害更需要防止。

参考文献

[1] 刘美霞. 北京中招录取普高与职校录取比例［OL］. 树人网讯，2010－08－23. http：//zhongkao. shuren100. com/bkzn/201469. shtml.

[2] 中国社会科学院. 2008年社会蓝皮书［M］. 北京：社会科学文献出版社，2008.

[3] 乔树森. “减负”要减到“根儿”上［J］. 普教视点，2000（6）.

[4] 何涛．名校研究生回炉上“保姆技校”引发争议［N］．广州日报，2009－8－11.
[5] 技工荒难掩技工弱　工作强度大收入低成离职首因［OL］．中国新闻采编，2012－7－25．http：//www. chinanpn. com/article－576236－1. html.
[6] 中华人民共和国教育部办公厅．未成年人思想道德建设大家谈：愿书包轻些，轻些，再轻些［M］．北京：教育科学出版社，2004.
[7] 李佳．减轻我国中小学生学业负担的综述研究［J］．基础教育 2008（4）.
[8] 钱红艳．家长盲目追求超前学习，暑假“衔接班”爆满［OL］．南报网，2012－07－20．http：//www. njdaily. cn/2012/0720/186706. shtml.
[9] 樊未晨．辅导班成正餐 无奈家长让课外培训掏空口袋［N］．中国青年报，2011－1－10.
[10] 文妍．美国不是中国教育的参照系［N］．中国青年报，2003　11－10.
[11] 硕士父母做不出小学题 题目太难还是硕士“文盲”［OL］．华声在线，2012－5－4．http：//www. voc. com. cn/article/201205/201205040822029852. html.
[12] 永玥．幼升小试题你会不会做？成年人：感觉题目“变态”［N］．京华时报，2010－7－27；新华网，http：//news. xinhuanet. com/edu/2010－7/27/c_12377225. html.
[13] 朱永新．我替孩子说几句［N］．人民日報，2004－5－21：13.
[14] 14 岁初中生黑掉教育局网站 晒寒假作业喜与愁［OL］．山东教育网，2012－02－10．http：//news. sdchina. com/show/2193704. html.
[15] 时言平．高考“吊瓶班”，为何让人心情沉重［N］．华西都市报，2012－5－7.
[16] 民代质疑高中课程太难台“教育部长”被当场考倒［OL］．人民网－台湾频道，2010－3－10．http：//www. fjsen. com/b/2010－03/10/content_ 2908698. html.
[17]［18］相岚．新世纪英国中等教育普通证书考试改革［J］．基础教育，2011（5）.
[19] 刘敏，等．暑假结束了，抑或并未开始？［N］．中国教育报，2010－9－2.
[20] 陶西平．对“减负”瓶颈的再思考［J］．中国教育学刊 2008. 03.
[21] 粟日．2011 年高考：美国高考 SAT 难度小于中国高考［N］．长沙晚报，2011－9－9.
[22] 毕达教育．美国高考 ACT 考试与中国高考的难度对比［OL］．毕达教育网，http：//www. betteredu. net/2011/0817/196. html.
[23] 美“高考”数学难度相当于中国初中［OL］．人民网－教育频道，2008－7－10．http：//edu. people. com. cn/GB/7494649. html.

［24］社会新闻．韩国高考难度低于中国　各科目满分者可达 1%．辽宁卫视，2011－11－11.

［25］［26］［27］［28］［29］［30］混休琼．论中国高考试题难度的严重不正常［OL］．http：//www. 360doc. com.

［31］［32］2012 年自主招生：山东考生称题目太难思路太偏［OL］．齐鲁网，2012－2－13．http：//news. iqilu. com/shandong/yuanchuang/2012/0213/1143207. shtml.

［33］周逸梅．教育部称全国高考命题难度在逐年下降［N］．京华时报，2009－4－25.

［34］教育部官员称今后将改变高考“一考定终身”［OL］．中国新闻网，2009－4－24．http：//www. chinanews. com/edu/jygg/news/2009/4－24/1663081. shtml.

［35］阎华．大连街头十几名高中生跪地烧考卷求全过［OL］．新浪辽宁新闻网，2012－04－12，http：//ln. sina. com. cn/news/shms/2012－04－12/25917. html.

［36］［37］［38］［39］［40］陶西平．对“减负”瓶颈的再思考［J］．中国教育学刊 2008（3）.

第十六章　减负的政策建议

减负的文件最多，减负的政策规定最多，减负涉及的内容和范围最广，减负的重要性也被强调得最重，并且给减负背书的领导人级别最高，所以给减负提政策建议是相当为难，也是相当困难的一件事。尽管如此，但本书的完整结构又要求有这一部分，所以这里勉为其难地提出一些不成熟的建议，以供参考。

一、以往减负的政策建议及其局限

系统浏览减负的政策文件，有关减负的政策要求或规定，大体上也形成了一些固定的套路。如坚持——坚持党的教育方针；重视——领导重视，全社会都要重视；转变——转变教育观念；更新——更新教育思想；规范——规范办学行为；提高——提高师资质量、教学效率；改革＋创新——改革旧教材教法，创新教学模式或方式；发挥——发挥学生主体性、主动性；减少——减少学生作业；增加——增加体育活动或动手操作活动；均衡——教育资源均衡化；禁止——禁止学校办班、教辅材料泛滥、惩罚性作业；等等。

减负难，一个认识上的原因是当事各方主体的认识很难统一。政府有政府的想法，各级政府和同级政府之间的想法其实也不统一；学校有学校的想法，各阶段的学校也各有所思，不统一；教师有教师的想法；家长更有家长的想法；课外或校外办学机构有自己的想法。认识不统一，作为由一种系统合力催产出来的现象或问题，就无法克服或解决。不统一的基点是两个方面：一是政策强调减负是必须的，而政策受体则认为过负是被逼的，并非我想要增加学生负担；二是政府认为过负是有害的，还会带来多危性后果，而家长则不认为是危害，而认为是达成竞争目标的必要代价；或者虽然认可有一定的危害，但无路可走，总不能让自己的孩子放弃择校或/和升学竞争吧？学校则认为政府的话我不敢不听，但家长的期望和需求我也不能不考虑，不能不服务好，所以只能搞动态平衡，甚至搞阴阳平衡。

这种认识不统一，其实是达成认识统一的基本条件不到位的产物。减负过多地在文件、会议、讲话、宣传上落实，这已经造成了各类政策受体的心理餍足症，所以，需要针对达成认识统一的“基本条件”上下真功、做实事，才能消除减负的认识不统一。以往的减负文件，总是强调“端正思想、转变观念”先行，但也不明说谁该首先“端正思想”、谁该首先“转变观念”，怎样算“端正”了，怎样算“转变”了？大都是把问题归究于学校或市场机构，归究于教师或家长，归结于成龙成凤的传统思想或应试教育，这种权力大的责任轻、权力小的责任重的减负思路，其成效有限也属必然。以下提出一些政策建议，以供参考。

二、宏观层面的建议

1. 明确基础教育的定位和定性

基础教育在现代社会中，它的定性和定位应该是公民基础的教育，也就是形成一个公民所必备的文化知识、生活技能和公民身份认知的基础，以满足公民的社会生活、家庭生活和个人成长的基本需要。基础教育不是升学或选拔教育，基础教育的主体是儿童，即便是天才，都是自然显露的产物，不是人工造就或人为选拔的结果。中国基础教育的这个定位和定性立不起来，在基础教育内部，就形成了升学或选拔及其训育的偏好和主流，那么减负就与这个自身的偏好和主流相冲突了。这个定位和定性立不起来，那么升学制度及其课程、教材、教法的变革就缺乏根本依据和方向，教育现代化则会误入歧途而变成现代设备、硬件的堆积，反而更为强化择校及其应试竞争趋势。

2. 改变和调整民生分配格局

这个是生成过负的终端根源。如果依然如全国政协委员蔡继明所说："中国权威部门的一份报告显示，0.4%的人掌握了70%的财富，财富集中度高于美国"[1]；如果中国的基尼系数依然超出国际公认的警戒线；[2]如果依然是分配不平等和社会利益共享机制断裂，成为贫富差距冠军[3]，那么要改善或解决过负，几乎没有宏观上的希望。简言之，没有"共同富裕"，不能建立公民社会，公民教育演变为争夺发展资源，甚至是争夺体面生存资源的生计教育，过负就不可能最终破解。❶

3. 扩大国家在儿童教育及学习上的责任和义务

当前，公民就业时间大大延后，初中毕业法定不能就业，高中毕业未必有业可就，大学毕业也难以争得体面就业，而且失业保障体系并不涵盖大学毕业生，更别提高中毕业生了。在这种条件下，导致家庭对孩子的教育及其学习上的责任和义务急剧上升，提前顺应并扩大了升学或选拔的潮流，而不是满足于公民教育的定位。基础教育是公民基础的教育，国家有责任和义务来满足基础教育的义务性，使公民基础的教育与儿童期统一并与成人期衔接起来。如果国家推卸这个责任和义务，那么基础教育性质过早断裂在所难免。由此造成的结果有二：一是基础教育的末端教育异变为应试为主，并对下游阶段教育及其学习产生支配性影响；二是导致国家的减负号召没有说服力，因为家庭对孩子的教育及其学习上的责任和义务上升，也必然意味着家庭对孩子教育及其学习上支配权和影响力的上升，而后者的目标与减负的目标并不一致，与基础教育的定位也不一致，不会听从国家的减负号召。这个新形势、新情况不正视，发再多的减负文件也不会管用。

4. 政教要分离

看一个国家的教育是否现代化，关键就是看这一点。中国的教育无论从教育方针看，从体制结构看，从求学动力看，还是从毕业出路看，说白了与古代科举制下的教育并无多大分别，仍然是官本位体制的附属物。公考和国考热的狂潮，也再一次印证了当前教育的这种科举属性不是在淡化，相反是在加重、加剧。上游阶段教育与官本位体

❶ 对此，好的信息是开始有所转变，最高领导人明确提出了"中国将逐步建立社会公平保障体系"，可概括为"权利公平、机会公平、规则公平"的"三公保障体系"。

制过于结构一体，利益好处和前景优势赫然醒目，那么要下游的基础教育不受影响，不瞄准这一目标追逐，这没有道理，也缺乏反对的底气。而要追逐这一目标，除了靠“拼爹”“拼钱”之类的，或除了极少数才智杰出者外，大多数家庭及其孩子只能靠拼分；而要拼分，要有效拉开分差，那么就意味着“拼命”；而要“拼命”，自然过负就随之而来。

因此，教育现代化不错，但教育现代化的实质搞不清楚，也不从有强支配力和影响力的上游阶段搞教育现代化，那么这样搞现代化，一点也不会导向对过负的改善和解决。[1]

5. 政府管理要严守依法治教原则

教育行政管理依法治教不足，或者随形势而变，或者因政府部门增多而增多，或者随主管领导人个人兴致而变，历来是导致过负的一个源头。学校及其教师面临的婆婆增多，必然导致由此而来的临时性课业增多，也必然最终转嫁到学生头上；有时则随形势或主管领导人个人偏好随意设课；有时则是这边是要求搞素质教育或新课改，那边是分数要求并不降低；这边要求课程生活化，那边则要求强化知识点或技能点，等等。这类要求和课程，孤立起来看，其理由似乎都无不当，但统合起来看，最大的问题就是偏离依法治教，给学生带来了防不胜防的不当课业负担，更是侵犯了儿童的合法权益。

这类问题涉及政府与学校的关系不清，涉及政府管理权与学校自主权的边界不清，从而导致学校教育教学以政府指挥棒运转，而不是依据基础教育定位和依据教书育人规律运转，那么一旦政府是政绩为要或者政府指挥棒各自矛盾，很容易导致学校及其教师的机会主义行为流行，最倒霉的还是学生，要承受由此矛盾局面带来的各种负担。

这个问题是教育现代化需考虑的一个突出问题，所以教育现代化首先是政府率先从自身的现代化做起，才能有说服力和真内涵，才能通过教育现代化而堵住过负的各类源头。

---

[1] 教育现代化，是改革开放以来全国各地最为一致并反复申张的发展目标，但它改善还是解决了过负？这一段历史恰恰也是教育现代化与过负比翼双飞的历史，这已很说明问题了。

三、中观层面的建议

1. 降低高考权重和难度

高考的权重太大，成了决定家庭和孩子重大命运的阀门，那么要人们看淡择校、升学、应试及其分数，就成了讲故事。目前而言，表现为国家的减负号召与升学制度及其招生制度矛盾显性化，导致减负政策和号召缺乏说服力。

高考权重太大，也是因为背后是国家垄断和国家通过高考配置高教资源的作用太大的缘故。好处是有国家信用支撑，坏处是导致整个基础教育形成考试支配、领导和指挥教育教学的基本逻辑，其实是突破了基础教育作为公民教育的定位和定性，而在这一基本逻辑支配下，要基础教育阶段的过负不发生，除非出现神迹。高考权重过大，既是高校缺乏自主权的表现，也是维护高校弱自主权这一格局的需要，所以这一问题不与高校的学术自治联系起来，也是无解的。❶ 高考改革近年来动作不断，但不触及这个要害，所以没有什么真效果和大效果，其难度自然也降不下来。

高考难度一方面有独立原由，另一方面这也是保障高考权重的一个手段或方式。高考难度对过负而言是直接的技术性原因，只对凭分选人的强择机制有价值，从培养人才或从知识增量的角度讲，其价值可以是负面的。原因很简单，因为再难的高考，其实都是已知，都不过是在已知领域里人为的花样翻新；❷ 而对未知领域的知识创新有其自身的规律及其条件，绝非靠增加考试难度并实施相应的训练，就能培养出知识创新人才来的。

2. 改变重点校或示范校制度

重点校制度或示范校制度，是导致人们择校的直接的制度原因。为

---

❶ 当然高校自主权不是校长或书记独裁。这类现象，其实是官本位在高校内复制下的必然延续，不是高校自主权的必然产物。

❷ 不然，全世界的知识创新都会被中国学生囊括了，但这种事并没有发生。科举制实行了上千年，统一高考也实施了几十年，这种事并没有发生，也不会发生。

了维护择校秩序并体现公平性，自然会采用凭分择取机制，这表现出形式上的公平性，但成了大部分普通家庭及其子女拼分及其“拼命”的根源。这一源头存在，过负难以不产生。这种制度设置，也是政府角色和功能定位不清的产物，均衡化与这类制度设置并存的现状及其考虑，就是政府角色和功能定位紊乱在当下的典型表现。由于事涉主政当事者或部门的灰色利益或其他考虑，政府会偏向于哪一种选择，其实是不说自明的事。因此，既想搞均衡化，又想把重点校或示范校控制在自己手中，其实已经决定了均衡化的前景及其限度，也决定了择校问题无解，自然围绕着择校条件而起的过负更无法消除。

政府在这一点上有不可推卸的责任和任务。“片面（单纯）追求升学率”之所以可能，择校之所以风行，也是因为政府首先制造了“片面追求”和“可择”的制度差异及其资源差异。自己制造了差异，却责备人们去追求和择校，这说不通的，也无济于事。真想减负，政府就必须回归自己的公共角色搞均衡化，将自己与重点校或示范校切割，并将重点校或示范校放归市场去运作，满足部分人群的特殊需求。这样还可以杜绝围绕择校上的许多潜规则及其腐败现象的发生。

3. 改革课程、教材制度及机制

课程及其教材容量，是过负生成的静态要件，是过负生成的四大源头之一。课程及其教材容量包括法定来源，也包括市场来源，但从前面分析可见，即便只分析法定来源，就已看到决定课程规格、课程类型以及教材数量的各方势力的博弈深入其中了，突出表现是课程门类越开越多，课程标准越来越多，课本和教材越来越多。例如，高一年级有 9 门必修课，有 62 本课本，光书本费就达 600 多元，而且都打着“新课改实验”的名义。这种“新课改实验”到底是减负还是增负？这种“新课改实验课程及其教材”满足了各方势力的博弈均衡，各方皆大欢喜，但家庭和孩子则大倒其霉，家庭要为这种博弈均衡多掏钱，孩子则要承受这种博弈均衡带来的多重负担和多重压力；学校及其教师也倒霉，既要满足减负的诸多要求，又要完成这种庞大课程及其臃肿教材的教学，动辄得咎。

按照二八定律，绝大部分孩子都不是所谓人才，更非所谓天才，但到了高中阶段，用这种难度优先的思路来设计课程和教材，现在又掺入宽度思路，并付诸实施，那么你要学生的负担不重，要孩子不“拼命”，这有多大的可能性？以为教学方法上讲点窍门、心理上讲调动兴趣、动力上激发点自主学习之类，就能应付或解决过负，那过负根本就不是什么难题或顽症了。因此，要从源头改革课程、教材制度和机制，切断各方势力借此牟利的动力，起码，减少课程门类、降低内容难度，削减课本容量，增加活动和动手课程，这些是可以做到的。这个改革不进行，或不彻底，那么课程、教材上法定来源上的不当，历来是市场性课业负担催生的源头，因为它诱使市场依据法定课程、教材的教辅材料及其提分培训机构的不断增生。许多实证材料均显示学生择校或升学而参加校外班或课外班的上升趋势，是随年级而快速上升，这个趋势与法定课程、教材上的不当，相关性很明显。可见，不去改善或解决课程、教材上法定设置上的不当，却直接去取缔市场机构及其教辅材料，其结果就类似割韭菜。

4. 扶弱助贫，改变学校评估制度

政府政绩评估往往以 GDP 为依据，而学校“两率”或“三率一分”就是教育政绩上的 GDP。当前的学校受质量监测制度评估，也受实际“升学率”“流失率”或“三率一分”的评估，尤其是“升学率”。学校为了满足各方要求如政府、有关部门、家长，以及自我的期望，抓升学率是最好的策略、最重要的命门，因为“升学率”是最大公约数，是共性需求对象。在这种评估制度及其利益荣誉分配差下，导致了校际之间具有极强的竞争关系，何况当前还有市场利润的巨大吸引力掺入其中，所以也表现为竞争的动力巨大。重点校或示范校可以择生，还可以搞变相“一条龙”的培养，普通校则“差生”或学困生云集，结果导致马太效应强劲。好的越好，差的越差，普通校或者陷入心理无能的绝望状态，或者陷入拼命抓应试训练的赌徒心理。政府在这类问题上，其实偏爱心理明显，而不是扶弱助贫。因此，政府对学校进行分类评估，保证所有公办学校在基本的政策利益和条件配备一致的前提下，资源倾斜应面向薄弱校，而不是向所谓重点校或示范校，不然均衡化永无可能。这是合理的，因为薄弱校要取得好的教育教学效果，所付出的艰辛要大于所谓重点校或示范校，而后者更多依赖于学生自身而已。

普通校的价值在于培养大批好的普通公民，这是有巨大价值的，只有升学精英而缺乏大批好公民的社会，精英也是无用的，这样的社会更是病态的。政府对学校评估的价值理念及其政策措施不转移到这一点来，说明现代化及其教育现代化没有找准基本方向。

5. 利用经济杠杆调节分流

上个高职高专没有上大学的受益多出路好，上个三本或独立学院，没有进重点大学受益多出路好，而且前者的上学费用居然大大高于后者。中考后，也面临这样的实际问题，上示范高中的受益多出路好，而费用却比上职高或技校低，比上民办的高中更低。这种做法也是教育被垄断下违背市场规律的表现。既然受益多出路好而费用低，那么要普通家庭及其子女不去努力一把，不去拼命竞争一把，这怎么可能？因此，减负是需要经济杠杆来配套的，要利用经济杠杆来调节分流，降低竞争力度，从而达到一定的减负目的；不然，马太效应只会越发强劲，无法抑制来自学校、教师、家长及其学生的追逐劲头了。

6. 建立刚性防火墙

从消极的防御机制讲，需要一定的惩处机制作为防火墙。这个防火墙对家校，对校长、教师和家长都应起作用，但目前看只能针对学校及其教师。没有刚性的惩处机制，任意加负可以不负责，产生后果也可以免责，或者只是批评教育，或者只是异地做官，只有柔性管理，却无刚性处罚，总是收益大于风险，那么减负往往难以为继。

过负发生，主要不是无知的产物，而是明知不对、不好依然如此而连带出来的产物，也意味着这样做的结果对施加者是收益大于风险。它的产生就意味着办学规范及其指导思想的失效或被突破了。虽然最后的惩处机制是必要的，减负的政策文本上也已有这类惩处条文，但最大的问题是操作性和针对性都不强。例如，是针对阴阳课表的违规，还是针对上课超时；是针对任意扩大班额，还是针对收费补课；是针对身体素质测定，还是针对恶性后果，等等。如果仅仅针对恶性后果出现才做出惩处反应，那么减负的惩处机制或刚性防火墙没有必要建立了，甚至减负也不必提了，因为这无法阻止学校及其教师这类微观而直接源头在增负或加负上的冒险行为。

四、微观层面的建议

1. 注重校长的选拔和培训

校长是学校及其教育的灵魂性人物，校长有没有正确的教育思想及其人格魅力，历来是一个学校是否出色的前提，也是一个学校能否有效减负的关键。一个好校长，不仅可以有效地挡住很多中间环节附加进来的课业负担，也是学校内各种管理因素或师源因素导致的动态性课业负担灵敏“检测仪”，更可以在法定课业、教学负荷状态下主动追求减负尝试，取得了较好的减负效果，并给学生自主发展开辟了更大的时空。不少减负典型校及其减负经验都一致表明，关键在于有一个乐业敬业、育人为本的好校长，是微观层面减负的保障条件。

这个问题主要涉及校长的选拔、评价机制。但也正因为如此，一些典型校的减负经验很难具有推广性。因此，没有宏观上其他合理制度的配合，这类微观层面上的减负经验很难被不同背景的学校所接受，意义受局限了，从而也难以改变由考试及其分数指挥、支配教育教学的一般逻辑所产生的过负。

2. 改善教师待遇

师资欠佳历来是动态随机性课业负担的师源因素，这是微观层面的上动态随机现象，但也是易纠现象。就如不宜把城市堵车都归结为警察素质问题，尽管某件具体堵车事件可以是警察素质导致的，更不宜把过负归结为师资问题。师资质量，说白了就是师资待遇的函数而已，不想改善或提高师资待遇的所谓提高师资质量，都属于叶公好龙的举动。

改善教师待遇，当前涉及三个问题。第一个是降低班额。班额太大，分数权重很大，那么教师从考虑自身的利益最大化出发，自然会选择省事而出分的应试训练方法，把更多训练任务施加给学生。第二个是减少淘汰压力。现在教师末尾淘汰制压力不小，这个压力某种意义上讲不应该有；如果有，并且很大，说明教师的入口把关就已经出问题了，入口把关出问题了，再用淘汰制校正或补正，其实是加大了教师之间的不当竞争，教师之间的竞争一强化，那么在教师绩效评估主目标确定的约束条件下，倒霉的还是学生，学生多少成了各科教师的免费打工者或义务争分者。也就是说，分科教学及其分科教师，从提高教学质量的优势转变为课业增负的劣源。第三个是平衡教师待遇。当前教师待遇中问题太多，要么是高校与中小学之间悬殊大，要么是贫校与富校之间悬殊大，构成了基础教育内部的贫富两极分化。如果考试及其分数可以是改变这一贫富命运悬殊的一种通道或一种尝试，那么学校也好，教师也好，会怎么选择，几乎不说自明了。有的学校减负经验之所以很难推广，就是因为各自的贫富地位不同所致。

近一二十年来有关教师专业发展及其培训的主张及其研究已经相当多了，但放到减负大背景上看，其实并没有多大效果和价值。原因之一就是教师待遇的不平衡太大了，教师管理也过于工业化模式了。

3. 增加学校教育的活动份量

当前的学校教育，静态性及其静态性脑力劳动的课程及其教学太多，可以说过于违背孩子自然天性，孩子所谓的很多问题，其实都是这种教育教学本身制造出来的。与过去“文革”前相比，当前教育中劳动少，家务劳动也在减少；服务劳动少，那种感恩性的洗脚服务倒时有发生；参观少，野外自由活动少。校内的体育活动，其实也少；安全第一，体育也十分单调，连每天体育锻炼一小时居然都要靠国家政策提出和保证，这大概也算是举世的教育奇闻了。

独生子女政策下的这种安全感病态追求，必然导致静态性及其静态性脑力劳动的课程及其教学大量增生，才能合乎这种病态追求并填满学生的在校时间。这种状况，对住宿校来说更是惊人。学生吃完晚饭后，几乎就是一台台作业做题机器，教室就是作业做题车间，教师就是作业做题监工。安全目标是达到了，管理也方便了，但过负的代价则必然要付出；如果学校及其教师评估下来，这个过负代价是值得的，即便只是换取来安全及其管理方便的效果，那么学校及其教师还能真心减负吗？可见，这种教育模式及其产生根源不改变，其实也是不可能改变过负的。

因此，遵循教育规律也好，育人为本也好，注重健康成长也好，一定要对当前教育模式及其产生根源有效认知，并在合理改善的基础上，尽可能增加和扩大学校教育的活动含量。

4. 改变分数权重

既然分数权重很大，那么在升学或/和择校上改变分数权重可以起到显著效果。事实上近年来也在这么做，如特长生政策、推优政策都是。这些政策初衷很好，但减负效果并不佳，因为这种政策并不能降低多少分数权重，还导致了家庭及其学生去追逐其他政策条件而双培加大经济、时间和精力的投入，实际上反而强化了过负。既然再三强调身心健康，那么在优质教育资源不均衡的前提下，就应该把身心健康标准放到升学或择校的首位。比如，对学生，如果近视达到某种程度或某种身体素质不达标就不能择校，分数再高也不行。对学校也一样。如果一所小学几年里的近视上升率超标或其他健康指标不达标率上升，就取消推优资格，而一所初中或高中则取消其择优或择生资格。这样，人们还会过度追逐分数吗？还会力拼应试训练来提高分数吗？

5. 增加课堂教学中活动及动手操作含量

这类措施，也是新课改所倡导的，不仅各科教学中有所体现，在课程设置上也有所体现，如综合实践课或校本探究课之类；但新的调研也显示，总体上还是“听－讲－练”课堂模式为主导。[4]

这类模式为主导，主要还是受笔试为主、分数为大的逻辑支配的结果，也表现为基础教育的施教及其过程受外部支配、指挥的权重太大。所以，局限于课堂及其教学上增加课堂教学中活动及动手操作含量，对减负而言，有一定的调节意义，但不能解决根本问题。在外部支配、指挥逻辑基本不变的约束下，这一点改变很容易让位于应试训练，所以这一点改变或变化，其价值只能是微观性的。这类课堂层面上的减负经验已很多，但推广起来却困难多多，原因也就在这里。

五、认识层面的建议

1. 明确减负的直接目的及其要求

当前减负过多从战略高度来强调，诸如培养创新人才、民族国家的伟大复兴之类。这类战略阐述，有一定意义，但也太迂阔；而学校则不清楚减负的直接目的及其要求，从而把减负降低到仅仅是作为工具、手段的地步。

减负的直接目的就是本书第四章阐述的：一是保护或维护好儿童的身心材质这一民族的最重要的天赋资源，二是体现为儿童法定权利和权益的保障和落实，三是给学生自我发展和自主发展留出必要的时空。所以，减负不只是作为工具手段才有价值，而是其本身就有自足的价值。在这个前提下，需要社会、政府、社区、学校、家庭为孩子的自我发展和自主发展提供和创设丰富的条件、活动和内容。正因为后一个条件不具备或不充分，也导致了学校或家长担忧减负后孩子多余时间如何支配或如何度过的问题。这个问题，学校责任及其任务更重，但也限于认识不足和其他条件不足，当前的中小学承当不起这个责任及其重任，满足不了这个要求。当然，也意味着与在校时间的政策规定冲突明显。

当前的学校满足教学功能的目的也许不错，但作为维系城市秩序而作为孩子自由活动、自主发展空间的功能则是很不足。大多数中小学都是出于省事心理或安全御责心理，早早把学生推出门外，说起来也算是为了减负，甚至也算是在遵守办学规范。这个功能发挥不足，导致家长加负的机遇、条件增加，也是导致市场性加负源增多的原因。这一问题发生于学校，但主要责任不在学校，政府有责任把学生尽可能长时间地留在学校进行自我发展、自主发展提供人员、财力和资源之类保障条件，学校才能成为学生爱呆、家长放心的一个精神乐园。

2. 明确育人和育才的关系

育人是基础教育的中心主题，是第一位的，这个育人就是公民教育；育才不是基础教育的中心主题，而是高等教育的中心主题。中国基础教育具有浓重的育才情结，而且早早从制度和特权上予以设定和保证。重点校、特长班、少年天才班、翱翔学校之类，都是表现。这是精英意识为统治的基础教育，还不是现代基础教育；它也必然诱使学校和家庭去追逐成才训练，变相逼迫孩子早早成才，早早表现出才分，结果是过负早早降临。

基础教育中的天才儿童、特长儿童或早慧儿童，是一个自然显露的过程，不是刻意甄别和培养的产物，刻意甄别和培养的这类所谓人才，大都会成为流星。基础教育可以和应该为这类儿童提供其潜能和特质发展的宽松环境和多类机遇，如跳级、自由学习或尽早送入高等学校之类，但不能把绝大多数普通儿童淡漠了，以刻意甄别和培养的这类所谓人才为重和为荣，因为普通儿童中毕竟还有后发人才或晚成大器的；更不应该采取强压式教育来多产人才，这只能是牺牲大多数普通儿童的身心健康为代价，危害极大，得不偿失。

爱才、惜才和育才是精英教育的天然本性，也是其天然使命，但它成为基础教育的统治意识，哪怕只是暗中起作用的潜意识，这是基础教育过负产生的一个思想内因，尽管当前的过负更多谈不上由育才训练所致，而是驱使全体学生过各种考试关并争夺高分所致。但不管怎么说，减负也意味着要淡化基础教育中浓重的精英意识，意味着必须明确基础教育的定位和定性，才能破解过负的一个在基础教育自身上的内因。

3. 明确育人与减负的关系

育人是基础教育的中心主题，这是古老的命题。从减负前提对象的定义看，减负就是减去不当课业负担，所以也是减去不利于或有害于真正育人的课业负担。从这个意义上讲，提减负而又刻意强调“增效”、“高效”或“提质”之类是不必要的，这也意味着“效”、“质”的含义另有所指了。

育人是基础教育的中心主题，但现代基础教育不仅仅是以课业来育人，它本身还是儿童生活和成长的一个构成环境和法定过程，所以不应该是课业及其笔试考试统治一切，甚至将此延伸到儿童课外或校外的生活。从这个意义上讲，减负就是强化或突出了育人的效率和质量，而不是相反。如果依然把“育人”局限于“课业”，把育人等同于课业，那么减负实际上是不可能有效进行的。即使就课业层面讲育人，那么育人是第一位的，减负是第二位的；这就是说在保证育人的前提下，来研究探讨减轻课业负担。这里，理性人公理不完全适用于教育，理性人原则要退居第二位，不然就成了为减负而减负，且妨碍育人了。

因此，要分清育人的两个层面，育人与减负的关系才能分清，减负才能有更好的针对性。

4. 明确减负与教师职责的关系

教师是一个职业，其知识、效能、技能、职业素养之类的提高和完善，是一个永恒而独立的范畴，也是无止境的境界，教好书、育好人更是其应尽的基本职责。这一点与减负是无关的，不论有无过负或负重，这都是需要的、应该的。教师质量的提高或改善，教师敬业精神及其师德的提高和改善，教师专业能力或职业技能的提高和改善，它客观上有助于学生学习上降低不必要的能量支出，也有助于改善或解决微观因素导致的动态随机性的负重问题，但其本身并非是解决过负之道，更不是减负行动本身；对特指的过负而言，过于注重这一范畴来减负，会给教师增加不当的身心压力，也使教师思想混乱，因为这夸大了教师的能效，也造成一种错觉，即把自身素养的提高和改善与减负结构一体，这就意味着没有减负号召就不需要提高和改善自身素养了。就效果而言，如果教师“全知全能”的有形之手越来越长，反而是增加学生负担而未必是减轻。

因此，理清“过负”或“负重”的不同含义，教师职责及其教师能效提高和改善才有合理的作用范围，不然越俎代庖、吃力不讨好的减负就难免不发生。教好书、育好人是其应尽的基本职责，不因减负而转移。现在连“备好课”都成了减负，这就是减负泛化的典型表现。

六、本章小结

本章从四个方面提出了一些建议，这些建议既针对四大源头，也针对一些含糊的减负认识。由于过负问题具有总体性，依赖于社会的背景及其格局的总体变革，而不决定于局部环节和细节的改变，而这一点改变难度很大，顶层设计、源头治理的推进程度及其方式还没有明显进展，所以目前一方面减负政策思路和表达呈现了强烈的路径依赖特征，另一方面减负的政策受体心理餍足症出现。

当然，解决过负的总思路和总方向，还是国家现代化及其教育现代化。目前而言，这一点需要反思和检点，才能为减负提供一个总体的思想基础及其方向。不然，基础教育要满足各方的期望，要服从多方的指挥，要顺应分数竞争的格局，那么最后还是会合成出最大公约数来，并由此合成出过负来。

就目前而言，宏观大背景及其格局的改变是一个历史进程，不可强求，但像“扩大国家在儿童教育及其学习上的责任和义务”、“改革课程、教材制度及机制”、“扶弱助贫，改变学校评估制度”和“利用经济杠杆调节分流”，其中都大有可作为空间；而微观上的“改变分数权重”，把“健康第一”具体化可操作化，就可作为评估学校及其校长绩效的首要标准，完全可行，减负效果也会快速显示。这些大都属于“为不为”的问题，而不是“能不能”的问题。在这些问题上没有大动作，没有真举措，那么减负热情就很难维持。这已是再三发生的历史教训了。

参考文献

[1] 韩洪刚 . 0. 4% 的人占有 70% 的财富：中国财富集中度高于美国中国财富集中度高于美国［N］. 时代周报，2009 - 7 - 1.

[2] 人社部研究员：中国基尼系数已逼近 0. 5 警戒线［OL］. 新华网 . http：//news. xinhuanet. com/politics/2012 - 9/19/c_ 123733242. htm.

[3] 22 个亚洲国家贫富差距中国排第一［OL］. 财经论坛网，2009 - 8 - 8. http：//bbs. finance. qq. com/t - 213277 - 1. htm.

[4] 北京教育科学研究院基础教育科学研究所 . 减负新探［M］. 北京：北京出版集团公司北京出版社，2012：185.